Aktuelle und klassische Sozial- und Kulturwissenschaftler|innen

Herausgegeben von
S. Moebius, Graz

Die von Stephan Moebius herausgegebene Reihe zu Kultur- und SozialwissenschaftlerInnen der Gegenwart ist für all jene verfasst, die sich über gegenwärtig diskutierte und herausragende Autorinnen und Autoren auf den Gebieten der Kultur- und Sozialwissenschaften kompetent informieren möchten. Die einzelnen Bände dienen der Einführung und besseren Orientierung in das aktuelle, sich rasch wandelnde und immer unübersichtlicher werdende Feld der Kultur- und Sozialwissenschaften. Verständlich geschrieben, übersichtlich gestaltet – für Leserinnen und Leser, die auf dem neusten Stand bleiben möchten.

Herausgegeben von
Stephan Moebius, Graz

Norman Braun • Thomas Voss

Zur Aktualität von James Coleman

Einleitung in sein Werk

Prof., Ph.D. Norman Braun
Ludwig-Maximilians-Universität
 München Institut für Soziologie
München, Deutschland

Prof. Dr. Thomas Voss
Universität Leipzig
 Institut für Soziologie
Leipzig, Deutschland

ISBN 978-3-531-16906-4
DOI 10.1007/978-3-531-94109-7

ISBN 978-3-531-94109-7 (eBook)

Die Deutsche Nationalbibliothek verzeichnet diese Publikation in der Deutschen Nationalbibliografie; detaillierte bibliografische Daten sind im Internet über http://dnb.d-nb.de abrufbar.

Springer VS
© Springer Fachmedien Wiesbaden 2014
Das Werk einschließlich aller seiner Teile ist urheberrechtlich geschützt. Jede Verwertung, die nicht ausdrücklich vom Urheberrechtsgesetz zugelassen ist, bedarf der vorherigen Zustimmung des Verlags. Das gilt insbesondere für Vervielfältigungen, Bearbeitungen, Übersetzungen, Mikroverfilmungen und die Einspeicherung und Verarbeitung in elektronischen Systemen.

Die Wiedergabe von Gebrauchsnamen, Handelsnamen, Warenbezeichnungen usw. in diesem Werk berechtigt auch ohne besondere Kennzeichnung nicht zu der Annahme, dass solche Namen im Sinne der Warenzeichen- und Markenschutz-Gesetzgebung als frei zu betrachten wären und daher von jedermann benutzt werden dürften.

Lektorat: Dr. Cori Antonia Mackrodt, Yvonne Homann

Gedruckt auf säurefreiem und chlorfrei gebleichtem Papier

Springer VS ist eine Marke von Springer DE. Springer DE ist Teil der Fachverlagsgruppe Springer Science+Business Media.
www.springer-vs.de

Inhaltsverzeichnis

Vorwort 9

Teil I: Leben und Kontext

1 Werdegang und zentrale Einflüsse 13
   Kasten: Paul F. Lazarsfeld 15
   Kasten: Robert K. Merton 16
   Kasten: Gary S. Becker 20

2 Ideengeschichtliche Hintergründe 23
   2.1 Britische Moral- und Sozialphilosophie 23
        Thomas Hobbes 24
        David Hume 25
        Adam Smith 28
   2.2 Klassiker der Soziologie 31
        Émile Durkheim 31
        Max Weber 34
   2.3 Liberalismus und Wissenschaftstheorie 41
        Friedrich A. von Hayek 41
        Karl R. Popper 44

Teil II: Arbeitsschwerpunkte und Inhalte

3 Quantitative empirische Sozialforschung 50
   3.1 Frühe empirische Untersuchungen 50
   3.2 „Coleman-Report" und Kontroversen 59
   3.3 Spätere Schul- und Bildungsstudien 62

4 Wissenschaftsauffassung und Methodologie 64
    4.1 Wissenschaftsverständnis und Theorievarianten 64
    4.2 Rationale Handlungserklärung als Mikrofundierung 68
    4.3 Mehrebenenschema und Aggregationsthematik 72

5 Untersuchung von Handlungen und Handlungssystemen 75
    5.1 Handlungstheoretischer Bezugsrahmen 76
    5.2 Beziehungen und Handlungsstrukturen 80
    5.3 Soziale Normen 82
    5.4 Soziales Kapital 87
    5.5 Verhaltensanomalien, das Selbst und der Sozialisationsvorgang 89

6 Analyse korporativer Akteure und moderner Gesellschaften 95
    6.1 Korporatives Handeln und Herrschaftsentzug 95
    6.2 Untersuchung moderner Gesellschaften 100
    6.3 Aufgabenstellung der Soziologie 103

7 Mathematische Modellierung 110
    7.1 Soziale Strukturen und Prozesse 111
    7.2 Macht in korporativen Akteuren 117
    7.3 Lineares Handlungssystem 122

Teil III: Wirkungen und Aktualität

8 Wirkungen und Weiterentwicklungen 131
    8.1 Empirische Bildungsforschung 131
    8.2 Soziale Netzwerke und Sozialkapital 134
    8.3 Rational-Choice Soziologie 137

9 Aktualität und Anregungen 141

Literatur

Literatur (im Text zitiert) 145
Ausgewählte Schriften von James Coleman 153
Symposia über Colemans Foundations of Social Theory
in Fachzeitschriften 155
Ausgewählte Sekundärliteratur zu Foundations of Social Theory
und Quellen zur (Auto-)Biographie von James S. Coleman 155

Zeittafel 157

Vorwort

James S. Coleman gehört zu den einflussreichsten Soziologen des 20. Jahrhunderts. Seine wissenschaftlichen Arbeiten haben nicht nur das Fach Soziologie nachhaltig geprägt, sondern auch verschiedene öffentliche Debatten – besonders über Bildungspolitik in den USA. Der vorliegende Band gibt einen Überblick zu diesem umfassenden, vielschichtigen Werk, das Bahnbrechendes auf verschiedenen Gebieten der Sozialwissenschaften enthält. Schwerpunkt ist Coleman der Sozialtheoretiker. Ein bekannter amerikanischer Soziologe hat einmal ironisch bemerkt, dass der Status eines „Theoretikers" in der Soziologie oft gleichbedeutend damit sei, zu solchen Autoren zu zählen, die mathematisch inkompetent und abstinent von empirischer Forschung sind (Stinchcombe 1968). In dieser Hinsicht ist Coleman ein untypischer Vertreter der Sozialtheorie. Geradezu charakteristisch für seine Sozialtheorie ist der Einsatz formaler mathematischer Modellierungstechniken (sowie von Computer-Simulationen) und auch der enge Bezug zur Empirie. Anders als viele Vertreter der „Grand Theory" hat Coleman nicht nur Pionierarbeit in der Weiterentwicklung und Anwendung mathematischer Modelle in der Soziologie geleistet, sondern in großem Umfang und wirkungsvoll empirisch geforscht. Seine Arbeiten zur Bildungssoziologie haben bildungspolitische Debatten entscheidend beeinflusst, weil sie zum Teil im Widerspruch zu Annahmen und Alltagsüberzeugungen der in diesen Debatten engagierten Beteiligten standen.

Die hier vorgelegte Darstellung der Hintergründe, Inhalte und Wirkungen von Colemans Werk beruht teilweise auf bereits publizierten Überblicksaufsätzen (v.a. Braun 2007) und Lehrbüchern (Braun und Gautschi 2011; Braun et al. 2012). Wenn Passagen aus diesen früher erschienenen Arbeiten übernommen werden konnten, so wurde dies zur Gewährleistung der besseren Lesbarkeit des Textes nicht explizit vermerkt. Ebenso wurde deshalb im Rahmen der Darlegung der ideengeschichtlichen Zusammenhänge und der biographischen Daten auf umfassende Quellenangaben verzichtet.

Wir danken Sascha Grehl M.A. und Maximilian Dexbach B.A., die uns bei der Endkorrektur tatkräftig unterstützt und einige inhaltliche und stilistische Verbesserungen vorgeschlagen haben. Dank schulden wir auch Angela Fabry für ihre Hilfe bei der Erstkorrektur und der Erstellung des druckreifen Manuskripts.

München und Leipzig, Norman Braun und Thomas Voss
im Frühjahr 2013

Zusatz zum Vorwort

Norman Braun ist überraschend am 9. Juli 2013 mit 53 Jahren verstorben. Dieses Buch erscheint jedoch – abgesehen von kleineren technischen Details – in der Form, in der es bis zuletzt mit ihm abgestimmt worden ist. Norman Braun war dieses Buch auch deshalb sehr wichtig, weil seine eigene wissenschaftliche Laufbahn und seine Forschungsarbeiten stark durch James Coleman geprägt wurden. Norman Braun absolvierte aufgrund der Einladung und Initiative Colemans von 1988 bis 1992 ein PhD-Studium an der University of Chicago und promovierte dort mit einer Arbeit *Socially Embedded Exchange*, die eine Reihe von Weiterentwicklungen von Colemans linearem Handlungsmodell enthält. Ich selbst kannte Norman Braun zwar bereits aus Deutschland, hatte aber erst in Chicago, wo ich (ebenfalls auf Initiative Colemans) 1990 als Visiting Asst. Professor beschäftigt war, Gelegenheit mich mit ihm intensiver auszutauschen. Seither waren wir freundschaftlich verbunden, hatten regelmäßig Kontakt und trafen uns häufig auf wissenschaftlichen Konferenzen.

Norman Braun war einer der fähigsten Soziologen seiner Generation. Seine Forschungen zu Tauschnetzwerken, abweichendem Verhalten (besonders zu Drogensucht und Drogenmärkten), sozialen Diffusionsprozessen und zu den Grundlagen der Rational-Choice-Theorie hatten internationale Ausstrahlung. Wie kaum ein anderer Soziologe war Braun in der Lage, mit mathematischen Modellen sozialer Prozesse umzugehen und sie weiter zu entwickeln. Er verfügte zudem über intime Kenntnisse und ein tiefes Verständnis ökonomischer Theorien und die Fähigkeit, sie auf soziologische und soziale Probleme anzuwenden. Mit seinem viel zu frühen Tod verliert die deutsche Soziologie einen der führenden Vertreter der Rational-Choice-Theorie, von dem noch viele wichtige Beiträge zur theoretischen, empirischen und anwendungsorientierten Forschung zu erwarten waren. Es bleibt zu hoffen, dass seine zahlreichen Schülerinnen und Schüler sowie Kollegen einige dieser (zum Teil sehr konkreten) Vorhaben fortsetzen und zu Ende bringen werden.

Leipzig, im Juli 2013   Thomas Voss

Teil I: Leben und Kontext

Im Rahmen einer knappen Beschreibung biographischer Daten werden zunächst Einflüsse auf Colemans intellektuelle Entwicklung identifiziert. Anhand relevanter Autoren folgt eine Skizze ausgesuchter ideengeschichtlicher Hintergründe von Colemans Werk.

1 Werdegang und zentrale Einflüsse

James Samuel Coleman wurde am 12. Mai 1926 in Bedford im US-Bundesstaat Indiana geboren. Er wuchs in einem protestantischen Elternhaus auf. Beide Eltern waren Lehrer, einer seiner Großväter Geistlicher. Sein Vater James Fox Coleman stammte aus dem Süden der Vereinigten Staaten, während seine Mutter Maurine Coleman, geb. Lappin, aus dem Mittleren Westen kam. In Colemans Kindheit und Jugend zog die Familie mehrfach um. Den überwiegenden Teil der Kindheit und frühen Jugend verbrachte Coleman im Nordosten der USA, nämlich in den benachbarten Bundesstaaten Kentucky und Ohio. Die durch die Ortswechsel ausgelösten Erfahrungen mit unterschiedlichen sozialen Kontexten haben bei Coleman früh ein Interesse für eine intellektuelle Auseinandersetzung mit sozialen Beziehungen entstehen lassen. Die High School schloss er 1944 in Louisville/Kentucky ab. Anschließend absolvierte er – unterbrochen durch kurze College-Aufenthalte – einen zweijährigen Militärdienst und ließ sich zum Piloten bei der US-Marine (Navy) ausbilden. Coleman begann 1947 ein naturwissenschaftlich orientiertes Studium an der Purdue Universität in Indiana, das er 1949 mit einem Bachelor-Abschluss in Chemical Engineering (Verfahrenstechnik) beendete. Kurz danach heiratete er Lucille Richey, zog nach New York um und arbeitete für die Eastman-Kodak-Company als Chemie-Ingenieur in der Entwicklungsabteilung.

Die anwendungsorientierten Forschungsaufgaben, mit denen er betraut war, waren für Coleman wenig anregend und lasteten ihn nur teilweise aus. Coleman entschloss sich daher nach kurzer Berufstätigkeit zu einem Neuanfang. Er schwankte zunächst zwischen einem Doktoranden-Studium mit Schwerpunkt Physikalische Chemie, für das er beste Voraussetzungen mitbrachte, und einem Studium der Soziologie, für die sein Interesse durch einige wenige Kurse und Lektüre-Erfahrungen seit Beginn des Studiums an der Purdue University geweckt wurde. Schließlich stellte er fest, dass seine intrinsische Motivation für eine weitere Beschäftigung mit Chemie nicht groß genug war, während ihn soziale Probleme im weitesten Wortsinn intellektuell stark inspirierten. Wohl deshalb beschloss er zu Beginn der 1950er Jahre, eine akademische Karriere im Fach Soziologie anzustreben. Hierfür nahm Coleman 1951 ein Graduiertenstudium der Soziologie an der Columbia Universität in New York auf. In einem autobiographischen Aufsatz schreibt Coleman (1990a, S. 75), dass sein Leben in zwei Abschnitte geteilt sei: Das Leben *vor* und das Leben *nach* dem Studienbeginn an der Columbia University. Dennoch kann man davon ausgehen, dass Colemans Ingenieur-Studium, das ihm u.a. Grundkenntnisse über mathematische Modelle physikalisch-chemischer Prozesse (zum Beispiel der statistischen Mechanik über die Verteilung von Molekülen in Gasen) verschaffte, einige seiner späteren soziologischen Forschungen nachhaltig prägte, nicht zuletzt deshalb, weil er in diesen physikalischen Theorien Muster für die Formulierung von Mikro-Makro-Beziehungen sah (vgl. Coleman 1995). An der Columbia University konnte er u.a. Robert K. Merton zu seinen akademischen Lehrern zählen, den nicht nur er sehr bewunderte und der einen starken Einfluss auf ihn ausübte. Merton entsprach nach Coleman (1990a, 1995) dem Typus des charismatischen Gelehrten und Theoretikers, der aber jüngeren Wissenschaftlern wenig Gelegenheit zur Zusammenarbeit auf einer gleichen Ebene bot. Die zweite wissenschaftliche Autorität in Columbia war Paul F. Lazarsfeld, der als ausgebildeter Mathematiker stark an der Verbesserung des methodischen Instrumentariums der im Entstehen begriffenen modernen empirischen Sozialforschung interessiert war. Er verschaffte Coleman 1953 eine Anstellung als Research Associate im Bureau of Applied Social Research und verstärkte Colemans Interesse an der quantitativen Sozialforschung und der mathematischen Soziologie. Unter anderem regte Lazarsfeld Coleman an, eine Abhandlung zu mathematischen Modellen sozialer Prozesse zu schreiben, die zu Colemans erster wissenschaftlicher Publikation führte (Coleman 1954). Tätig war Coleman in einem empirischen Projekt, das von dem jungen Seymour Martin Lipset (Ph.D. 1949) geleitet wurde. Coleman war in dieser Zeit führendes Mitglied einer informellen Gruppe jüngerer Forscher, die von Merton und Lazarsfeld „young turks" genannt wurden, weil sie das Ziel einer

Neuausrichtung der empirischen Soziologie verfolgten. Dabei ging es ihnen vor allem um eine Berücksichtigung der sozialen Kontexte individuellen Handelns (zum Beispiel in Form der Einbindung von Individuen in soziale Netzwerke) in der Umfrageforschung. 1955 beendete James Coleman sein Graduiertenstudium mit dem Ph.D., wobei Lipset als sein Doktorvater fungierte. Dabei wäre er in der mündlichen Prüfung fast gescheitert. Auch deshalb erhielt er zunächst keine Stellenangebote.

Paul F. Lazarsfeld

Paul Felix Lazarsfeld wurde in Wien am 13. Februar 1901 als Kind jüdischer Eltern geboren. Seine Mutter war Psychologin und Publizistin, sein Vater Rechtsanwalt. Nach der Matura 1919 studierte Paul Lazarsfeld Mathematik und Physik an der Universität Wien und besuchte daneben Vorlesungen über wirtschafts- und sozialwissenschaftliche Themen. Er promovierte 1924 mit einer Dissertation aus der angewandten Mathematik, die sich mit einem Problem der Anwendung der Einsteinschen Gravitationstheorie beschäftigte und 1925 in der *Zeitschrift für Physik* publiziert wurde. Von 1924 bis 1925 ging er für eine kurze Post-Graduierten Ausbildung nach Frankreich. Danach lebte er bis 1933 in Wien, wo er bis zu seiner Beurlaubung im Jahr 1927 als Gymnasiallehrer für Mathematik und Physik tätig war.

Aufgrund seines ausgeprägten Interesses an sozialen Themen und seiner Vertrautheit mit statistischen Verfahren wollte Lazarsfeld empirische Studien durchführen und auswerten. Nach seiner Beurlaubung aus dem Schuldienst wurde Lazarsfeld bis 1933 Mitglied des Psychologischen Instituts der Universität Wien als nicht aus universitären Mitteln bezahlter und mit Lehrauftrag ausgestatteter Assistent von Karl Bühler und Charlotte Bühler; hier initiierte und leitete er die 1931 gegründete „Österreichische Wirtschaftspsychologische Forschungsstelle", um seine Vorstellungen von Sozialforschung umzusetzen. In dieser Zeit entstand die Studie *Die Arbeitslosen von Marienthal*, die Lazarsfeld zusammen mit Marie Jahoda, der ersten seiner insgesamt drei Ehefrauen, und Hans Zeisel publizierte und die vielfach als wegweisende Arbeit im Bereich der empirischen Sozialforschung angesehen wird.

Im Jahr 1933 trat Lazarsfeld ein zweijähriges Stipendium der Rockefeller Foundation in den Vereinigten Staaten an, das ihn nach Newark im Bundesstaat New Jersey führte. Kurz darauf siedelte er endgültig in die USA über, wo er neben Tätigkeiten für die National Youth Administration und der Universität von Newark zunächst die Forschungen des „Office of Radio Research" an der Princeton University leitete. Dieses Office wurde im Jahr 1939 an die

Columbia University in New York City verlegt und erhielt im Jahr 1944 den Namen „Bureau of Applied Social Research", wobei Lazarsfeld nach seinem Umzug nach New York in dessen Leitung blieb. 1949 heiratete er in dritter Ehe die Soziologin Patricia Kendall. Der Sohn aus dieser Ehe Robert Kendall Lazarsfeld ist heute Mathematikprofessor an der University of Michigan. Von 1939 bis 1971 war Lazarsfeld in wechselnden Positionen als Professor an der Columbia University tätig und arbeitete dabei besonders intensiv mit Robert K. Merton zusammen. Mit dem Wissenschaftstheoretiker Ernest Nagel hielt Lazarsfeld wiederholt Seminare zur Methodologie der Sozialwissenschaften und zur mathematischen Soziologie, an denen James Coleman teilnahm.

Lazarsfeld war ein Pionier der quantitativ orientierten empirischen Sozialforschung. Ein Schwerpunkt seiner Arbeit betraf Umfragen in der Markt- und Konsumforschung. Besonderes Augenmerk galt hier dem Teilgebiet der Erhebung und Untersuchung von Längsschnittdaten. Er begründete zudem die Sozialforschung über Massenkommunikation (z.B. Wirkungsstudien von Radiosendungen). Aufgrund seines Interesses an Wahlforschung analysierte Lazarsfeld u.a. Vorwahlen der Präsidentschaftskandidaten in den USA. Er entdeckte, dass bei Wahlentscheidungen die persönliche Beeinflussung in Gruppen von Freunden und Bekannten wichtiger war als der Einfluss von Massenmedien (z.B. Wahlwerbung). Generell war Paul Lazarsfeld vom Nutzen gemeinsamer Forschung überzeugt und förderte daher stets Forschungskooperationen.

Nach zahlreichen Ehrungen und weiteren Tätigkeiten (z.B. für die University of Pittsburgh) gründete Paul Lazarsfeld im Jahr 1963 das Institut für höhere Studien in Wien mit, wo er immer wieder auch als Gastprofessor aktiv war. Am 30. August 1976 ist er in New York City gestorben, wo er seit 1939 gelebt hatte.

Robert K. Merton

Robert King Merton wurde als Meyer Robert Schkolnik am 5. Juli 1910 in Philadelphia im US-Bundesstaat Pennsylvania geboren. Seine Eltern waren jüdische Einwanderer aus Osteuropa, die als Kleinhändler (z.B. Milchladen) oder Arbeiter (z.B. Tischlergehilfe) den Lebensunterhalt verdienten. Bereits als Schüler in Südphiladelphia hielt sich Merton zur Lektüre oft in der nahe gelegenen Carnegie Bibliothek auf. In dieser Zeit trat er auch als Zauberkünstler auf, wofür er seinen Geburtsnamen zuerst in Robert King Merlin und ab 1924 in Robert King Merton änderte.

Von 1927 bis 1931 studierte Merton Soziologie an der Temple University in Philadelphia. Auf einer Tagung begegnete er dem Harvard-Soziologen Pitirim A. Sorokin. Dieser Kontakt beeindruckte Merton so stark, dass er sich nach seinem B.A. um einen Studienplatz in Harvard bewarb. Dort studierte er bis zu seinem Ph.D. im Jahr 1936, wobei neben Sorokin auch Talcott Parsons zu seinen Betreuern gehörte. Bis 1939 war Merton in Harvard als Instructor in Soziologie tätig. In den folgenden beiden Jahren begann er als Associate Professor und danach als Full Professor of Sociology an der Tulane University in New Orleans im Bundesstaat Louisiana zu arbeiten. Von 1941 bis 1984 war Robert K. Merton in wechselnden Positionen als Professor im Department of Sociology der Columbia University in New York City beschäftigt. Er war von 1942 bis 1971 Mitglied der Leitung des „Bureau of Applied Social Research", wo er insbesondere mit seinem Kollegen Paul F. Lazarsfeld kooperierte.

Im Vergleich zu Lazarsfeld, der sich selbst als Empiriker ohne starkes theoretisches Interesse präsentierte, besaß Merton ein ausgeprägtes Interesse an soziologischer Theorie, das sich unter den klassischen Autoren zunächst an Émile Durkheim und danach auch an Max Weber orientierte. Im Gegensatz zu Talcott Parsons war sein theoretischer Ehrgeiz aber nicht auf die Entwicklung einer allumfassenden Großtheorie gerichtet. Sein bescheidenerer Anspruch bezog sich vielmehr auf die Formulierung von „Theorien mittlerer Reichweite", d.h. empirisch prüfbaren Theorien für jeweils abgegrenzte soziale Sachverhalte und Abläufe, die sich auf der Grundlage von bestimmten Annahmen über menschliche Handlungen und deren situative Beschränktheiten begründen lassen.

Vor dem Hintergrund dieses Anspruches beschrieb und erklärte Robert Merton in einer Vielzahl von Aufsätzen und Büchern verschiedenste Sachverhalte und Abläufe der sozialen Realität (z.B. Freundschaft, Kriminalität, Wissensentstehung). Dabei ging er von Akteuren mit klaren Motiven aus, deren Handlungsmöglichkeiten von der jeweiligen Einbindung in Sozialstrukturen abhängen, ohne jedoch vollständig dadurch determiniert zu sein. Jeder Handlungsträger hat also nach Mertons Überzeugung immer eine Wahl. Soziale Strukturen waren für Merton zudem stets mehrdimensional – sie bestehen aus vielfältigen Statuspositionen, die ihren Inhabern unterschiedlichste soziale Rollen zuweisen. Somit erscheinen Konflikte zwischen verschiedenen Rollen und Statuspositionen als der Normalfall, weshalb jedes Sozialsystem ihre Begrenzung oder gar Verhinderung durch geeignete Regelungen (z.B. Zuweisung von Rollen in Abhängigkeit von Ort und Zeit) gewährleistet.

Daneben berücksichtigte Merton, dass einzelne Akteure nicht nur durch diejenigen sozialen Gruppen beeinflusst werden, denen sie angehören. Vielmehr

gibt es auch eine Orientierung an Bezugsgruppen („reference groups"), die Rollenmodelle liefern oder Vergleichsmaßstäbe vorgeben.
Im Rahmen seiner Beiträge prägte Robert Merton weithin geläufige Begriffe und Ideen. Beispielsweise wies er in seinem 1936 erschienenen Aufsatz „The unanticipated consequences of purposive social action" mit einfachen Argumenten nach, dass absichtsgeleitete Handlungen von Individuen im Aggregat paradoxe Effekte und Widersprüche nach sich ziehen können. Die von Merton in diesem Beitrag verwendeten Begriffe wie z.b. „self-fulfilling prophecy" oder „self-destroying prophecy" sind in die Alltagssprache eingegangen. In der Sozialforschung werden sie im Zusammenhang mit der Eigendynamik sozialwissenschaftlicher Prognosen häufig verwendet. Ähnliche Popularität haben weitere Begriffe Mertons (wie etwa „role model", „manifest and latent functions", „dysfunctional", „opportunity structure", „serendipity" oder „role set") zumindest in der soziologischen Fachsprache erlangt.
Zudem hat Robert Merton schon vor vielen Jahrzehnten theoretische Grundlagen für die Untersuchung selbstverstärkender Prozesse im sozialen Leben erarbeitet. Besonders wichtig erscheint der von Merton im Rahmen eines klassischen wissenschaftssoziologischen Aufsatzes eingeführte „Matthäus-Effekt", wonach Akteure mit hohen Statuspositionen (und gutem Ressourcenzugriff) deswegen noch weitere Ressourcen erhalten („Dem der hat, wird gegeben"). Derartige Effekte kennzeichnen soziale Dynamiken, die heutzutage unter Stichworten wie „Nichtlinearität", „positives Feedback", „Potenzgesetz" oder „winner take all" näher analysiert werden.
Robert K. Merton war zweimal verheiratet (in zweiter Ehe mit der Soziologin Harriet Zuckerman) und Vater von drei Kindern. Sein Sohn Robert C. Merton erhielt im Jahr 1997 den Nobelpreis für Wirtschaftswissenschaft. Robert K. Merton starb am 23. Februar 2003 in New York, wo er seit Anfang der 1940er Jahre wohnte.

Das folgende akademische Jahr konnte Coleman, begünstigt durch glückliche Umstände und seine Fürsprecher Merton und Lazarsfeld, am Center for Advanced Study in the Behavioral Sciences in Palo Alto/Kalifornien verbringen. Während dieses Aufenthalts entstanden detaillierte Pläne für einige seiner späteren empirischen Forschungen und grundlegende Vorarbeiten zu dem 1964 publizierten Buch *Introduction to Mathematical Sociology* (dessen Erscheinen Coleman bereits für 1958 ankündigte). Von 1956 bis 1959 war Coleman Assistant Professor am Department of Sociology der University of Chicago. Während der Zeit in Chicago arbeitete Coleman vor allem an seiner Studie *The Adolescent Society*. Im Jahr 1959 nahm Coleman eine unbefristete Stelle als Associate Professor am damals neu gegründeten Department of Social Relations der Johns Hopkins Universität in Baltimore/Maryland an, die nach lediglich zwei Jahren in eine volle Professur für Soziologie umgewandelt wurde. In dieser höchst produktiven Phase vollendete Coleman die Arbeiten an seiner *Introduction to Mathematical Sociology* und leitete das größte sozialwissenschaftliche Forschungsprojekt der Geschichte (Moynihan 1996), den später so genannten „Coleman-Report" über Chancengleichheit im Bildungssystem.

Nach zwölf weiteren Jahren kehrte Coleman, der damals mehrere andere attraktive Angebote – unter anderem von der Harvard University – ausschlug, 1973 nach Chicago zurück, um eine Professorenstelle am angesehenen Department of Sociology der University of Chicago zu übernehmen. Anfang der 1970er Jahre trennte sich Coleman von seiner ersten Ehefrau, die mit den drei gemeinsamen Söhnen Thomas, John und James an der Ostküste blieb. 1973 heiratete er die aus Polen stammende Soziologin Zdzislawa Walaszek, mit der zusammen er seinen vierten Sohn Daniel bekam. Die Entscheidung zugunsten Chicagos fällte Coleman wohl auch wegen der hervorragenden Infrastruktur für empirische Forschung in Chicago. Der Universität ist nämlich das National Opinion Research Center (NORC) angegliedert, mit dem Coleman häufig eng kooperierte.

In Baltimore und Chicago bildete Coleman eine ganze Reihe von späteren Professoren der Soziologie aus, die es selbst zu einiger Bekanntheit gebracht haben (z.B. Ronald S. Burt, Scott L. Feld, Gudmund Hernes, Guillermina Jasso, Peter V. Marsden, Aage B. Sorensen, Seymour M. Spilerman, Kazuo Yamaguchi). Zudem pflegte er guten Kontakt zu anderen Fakultätsmitgliedern und Professoren anderer Disziplinen: In Chicago gehörten beispielsweise Gary S. Becker, Mary C. Brinton, Russell Hardin, James Heckman, Peter Hedström, Howard Margolis und Edward O. Laumann zu dem Personenkreis, mit dem sich Coleman mehr oder weniger regelmäßig traf.

Coleman hat zahlreiche Ehrungen und Ehrendoktorate im In- und Ausland erhalten, darunter auch Mitgliedschaften in den angesehensten wissenschaftlichen Akademien der USA, die nur wenigen anderen Soziologen zugesprochen wurden. Er gehörte (wie auch Gary S. Becker) zu den Hochschullehrern, denen die University of Chicago den extrem selten vergebenen Titel eines „University Professor" zuerkannte (mit dem international bedeutende Hochschullehrer, die innerhalb der Universität disziplinübergreifend einflussreich sind, geehrt werden). Viele Vortrags- und Kongressreisen führten ihn nach Europa und Israel. In Deutschland pflegte er gute fachliche und persönliche Beziehungen zu Mitgliedern eines von Rolf Ziegler und Hans J. Hummell initiierten Arbeitskreises zur „Mathematischen Soziologie" (MASO), der in den siebziger und achtziger Jahren u.a. regelmäßig

Fachkonferenzen zu verschiedenen Themen mathematischer Modellierung veranstaltete, an denen Coleman oft partizipierte. Aus dieser Arbeitsgruppe ging die spätere Sektion „Modellierung und Simulation" der Deutschen Gesellschaft für Soziologie hervor. In den Niederlanden gehörte Coleman zum Beirat und zu den Förderern des ICS (Interuniversity Center for Social Science Theory and Methodology), einer Doktorandenschule, die eine empirisch-analytisch ausgerichtete Soziologie-Ausbildung anbietet und inzwischen weltweit hohes Ansehen genießt. Das ICS wurde in den achtziger Jahren aufgrund einer Initiative von Siegwart Lindenberg, Frans Stokman und Reinhard Wippler gegründet. Umgekehrt hat Coleman auch immer wieder jüngere Soziologen aus Europa zu Gastaufenthalten an die University of Chicago eingeladen und großzügig gefördert.

Gary S. Becker

Gary Stanley Becker wurde in Pottsville im US-amerikanischen Bundesstaat Pennsylvania am 2. Dezember 1930 geboren. Auch nach dem Umzug der Familie nach Brooklyn/New York kümmerte sich seine Mutter um die insgesamt vier Kinder, während sein Vater als Teilhaber ein kleines Geschäft betrieb.

Nach der High School absolvierte Gary Becker von 1948 bis 1951 ein College-Studium mit um ein Jahr verkürzter Studiendauer und einem Schwerpunkt in Mathematik an der Princeton University, das er mit dem B.A. abschloss. Danach besuchte er die Graduate School of Economics an der University of Chicago, wo u.a. Aaron Director, H. Gregg Lewis, Theodore W. Schultz und Leonard J. Savage lehrten. Besonders beeindruckt wurde Becker von Milton Friedman – dessen Auslegungen und Anwendungen der Mikroökonomik für die Analyse beobachtbarer Sachverhalte und Prozesse beeinflussten Beckers Forschungsauffassung auf so nachhaltige Weise, dass er die mikroökonomische Methodologie während seiner gesamten Karriere verwendet hat.

Generell eignet sich der mikroökonomische Ansatz zur Erklärung derjenigen Entscheidungen und Konsequenzen im menschlichen Leben, die wesentlich mit Knappheiten (von z.B. Einkommen und Zeit) zu tun haben, Abwägungen zwischen konkurrierenden Handlungsalternativen verlangen und sich im Rahmen von Gleichgewichtsanalysen formal untersuchen lassen. Zentraler Bestandteil der mikroökonomischen Theoriebildungsstrategie ist die Rationalitätshypothese. Gemeint ist damit die Annahme, dass Menschen in verschiedenen Lebensbereichen und Handlungszusammenhängen diejenigen Wege einschlagen und diejenigen verfügbaren Mittel einsetzen, die nach ihrem eigenen Urteil jeweils die Realisierung des besten Ergebnisses erlauben. Anders gesagt: Jeder Akteur versucht annahmegemäß im Rahmen von zu treffenden Entscheidungen und damit einhergehenden Handlungen, durch eine entsprechende Verwendung vorhandener Mittel vor dem Hintergrund gegebener Vorlieben oder Präferenzen jeweils einen bestmöglichen Zustand zu erreichen.

Unter der Bezeichnung Rational-Choice-Theorie wird diese Methodologie inzwischen auch außerhalb der Ökonomik verwendet. Sicher reflektiert dies die Popularität von Beckers Veröffentlichungen, die sich schon früh keineswegs auf ökonomische Fragestellungen beschränkten – im Mittelpunkt seines Interesses standen vielmehr gerade Sachverhalte und Abläufe aus benachbarten Disziplinen (z.B. Demographie, Kriminologie, Psychologie und Soziologie). Beckers Anspruch und Theoriebildungsstrategie zeigen sich bereits deutlich in seiner Ph.D. Dissertation von 1955, die 1957 unter dem Titel *The Economics of Discrimination* publiziert worden ist und erstmals das Phänomen der Diskriminierung im Arbeitsleben im Rahmen einer formalen ökonomischen Modellierung thematisierte.

Nach einer ersten Heirat im Jahr 1954 und einer kurzen Zeit als Assistant Professor in Chicago akzeptierte Becker ein Stellenangebot der Columbia University in New York, wo er von 1957 bis 1970 lehrte. In seiner Zeit als Professor in New York fällt die enge Zusammenarbeit mit dem Arbeitsmarktökonomen Jacob Mincer und die Veröffentlichung des Buches *Human Capital* im Jahr 1964, das ein fachübergreifendes Forschungsfeld mitbegründete. Gleichfalls vielbeachtet, wenn auch kritisch diskutiert, wurde der im Jahr 1968 erschienene Aufsatz „Crime and Punishment", in dem Becker den ökonomischen Ansatz zur Analyse von Entscheidungen über kriminelle Handlungen und deren Bekämpfung verwendete.

Noch kontroverser sind seine Beiträge zur Untersuchung von Fertilitätsentscheidungen aufgenommen worden, obwohl sie beobachtbare Implikationen haben, die mit der empirischen Evidenz korrespondieren: Mit gestiegenem Wohlstand sinkt die durchschnittliche Kinderzahl pro gebärfähiger Frau und Eltern geben jeweils mehr für die Qualifizierung jedes Kindes aus. Diese demographischen Beiträge wurden teilweise vor und teilweise nach Beckers Rückkehr an das angesehene Department of Economics der University of Chicago im Jahr 1970 verfasst.

Wohl auch aus privaten Gründen (Tod seiner ersten Frau im Jahr 1970, Erziehung zweier Töchter, Wiederheirat im Jahr 1980) waren sie keineswegs die letzten Arbeiten von Gary Becker im Bereich der Familienforschung – im Jahr 1981 publizierte er das Buch *A Treatise on the Family*, in dem praktisch alle zentralen Aspekte des Familienlebens einer ökonomischen Analyse unterzogen wurden. Nach der Veröffentlichung dieses Buches bot das Department of Sociology der University of Chicago auf die Initiative von James Coleman hin dem Ökonomen Gary Becker die zusätzliche Übernahme einer Professur für Soziologie an, was er nach eigenem Bekunden gerne akzeptierte.

Einige Jahre später beschäftigte sich Becker, in Zusammenarbeit mit seinem früheren Studenten und jetzigem Chicagoer Kollegen Kevin M. Murphy, mit der Entstehung von Gewohnheiten und Suchtverhalten (Becker und Murphy 1988) und der Integration sozialer Netzwerkkontakte (Becker und Murphy 2000) vor dem Hintergrund des Rational-Choice-Ansatzes. Er dynamisierte hierzu das Standardmodell der Rational-Choice-Modellierung durch die Berücksichtigung zeitabhängiger Humankapitalbestände (z.B. für persönliche Erfahrungen und soziale Einflüsse). Aufgrund der durch vorangehende Handlungen variierenden Humankapitalstöcke können sich endogene Veränderungen von Präferenzen ergeben, die eine rationale Deutung von Verhaltensweisen erlauben, welche durch die üblichen Theorien rationalen Handelns schwer zu erklären sind (wie Konformität und Routinen).

Gary Becker erhielt zahlreiche Auszeichnungen und Ehrungen, wobei die Verleihung des Nobelpreises für Wirtschaftswissenschaft im Jahr 1992 herausragt. Nach Colemans (1993) Einschätzung haben insbesondere Beckers Veröffentlichungen zur Kriminalitätstheorie, Arbeitsmarktanalyse und Familienforschung für Soziologen demonstriert, dass der Rational-Choice-Ansatz auch außerhalb seines ursprünglichen Anwendungsgebietes theoretisch interessante und empirisch prüfbare Erklärungen erlaubt.

Zu Beginn der 1980er Jahre erhielt Coleman stärkeren Kontakt zu dem Ökonomen Gary S. Becker, dem 1983 vom Department of Sociology der University of Chicago für seine fachübergreifenden Beiträge zu Anwendungen der Theorie des rationalen Verhaltens auch eine Professur für Soziologie angeboten und zugesprochen wurde. Zusammen mit Gary Becker plante und leitete James Coleman zehn Jahre lang ein interdisziplinäres Seminar zur Theorie der rationalen Wahl, das weit über die Fachgrenzen bekannt geworden ist und an dem regelmäßig bekannte Wissenschaftler wie George Stigler, Richard Posner, Jon Elster und Russell Hardin teilnahmen. Im Jahr 1989 gründete er die Zeitschrift *Rationality and Society*, die für Sozialwissenschaftler mit dieser Theorieorientierung nach wie vor zentrale Bedeutung besitzt. 1991 wurde James Coleman zum Präsidenten der American Sociological Association gewählt. Er lehrte und forschte in Chicago und dem dortigen National Opinion Research Center bis zu seinem Krebstod am 25. März 1995.

2 Ideengeschichtliche Hintergründe

Grundlagen für James Colemans Auffassung von Wissenschaft, seine empirische Orientierung und seine Art der Theoriebildung finden sich insbesondere in der englischen und schottischen Moral- und Sozialphilosophie des 17. und 18. Jahrhunderts, bei Klassikern der Soziologie und im Liberalismus wie auch dem Kritischen Rationalismus des 20. Jahrhunderts. Es ist sinnvoll, sich in dieser Reihenfolge mit der Vorgeschichte des Colemanschen Denkens zu beschäftigen.

2.1 Britische Moral- und Sozialphilosophie

In der englischen und schottischen Moralphilosophie wurden zentrale Themen und wesentliche Fragen bearbeitet, die in der Soziologie herausragende Bedeutung besitzen und auch von James Coleman aufgegriffen worden sind. Die gemeinsamen Grundideen dieser Tradition, die sich keineswegs nur mit Fragen, die man heute der normativen Ethik zuordnet, sondern auch und vor allem mit deskriptiver, empirischer Sozialtheorie befasst hat, lassen sich in den folgenden Postulaten bzw. Leitideen zusammenfassen (vgl. zum Folgenden Levine 1995, S. 121–151; siehe auch Vanberg 1975; Schneider 1967), wobei zu betonen ist, dass es sich um rationale Rekonstruktionen von in den Schriften der Autoren teilweise nur angedeuteten Aussagen handelt:

Das Postulat des *Methodologischen Individualismus* fordert, dass soziale Phänomene erklärt werden sollen, indem man sie als Resultate der Eigenschaften von Akteuren und ihrer Interaktionen analysiert. Diese Tradition geht also nicht davon aus, dass es universelle Gesetzmäßigkeiten der Entwicklung ganzer Gesellschaften gibt, die es nur zu entdecken gilt, sondern will Soziales aus den Gesetzmäßigkeiten des menschlichen Handelns erklären.

Zentrales Thema der britischen Sozialphilosophie ist das der Begründung moralischer oder allgemein normativer Regeln. Die verschiedenen Strömungen dieser Tradition haben zwar recht unterschiedliche Positionen im Detail artikuliert, gemeinsamer Bezugspunkt ist jedoch die Betonung der eigenen Interessen des menschlichen Individuums (vgl. z.B. Monro 1972). Auf die Frage nach den *Funktionen von Moral* lautet die typische Antwort der Briten (z.B. bereits von Hobbes), dass moralische Regeln (z.B. das Verbot zu stehlen) der besseren Verwirklichung der Eigeninteressen dienen. Wenn jeder sich an die Regel hält, werden alle Mitglieder der Gesellschaft besser gestellt. Das *Motiv* für die Befolgung einer Regel wird gleichfalls in der Förderung des Eigeninteresses gesehen. (Bei Hobbes erklärt sich dieses Motiv aus der Furcht vor externen Sanktionen, bei anderen Autoren spielen interne Sanktionen eines moralischen Gewissens eine Rolle.) Eine zweite Idee lässt sich somit (mit Levine 1995) als *Postulat des normativen Individualismus* bezeichnen: Normative Aussagen sind zu begründen, indem man zeigt, dass sich ihre Anerkennung aus der rationalen Verwirklichung der (langfristigen) Eigeninteressen seitens der beteiligten Akteure ergibt.

Wenn unterstellt wird (wie von vielen Autoren dieser Tradition), dass das menschliche Handeln empirisch vor allem durch eine Verwirklichung des Eigeninteresses geprägt ist, wird klar, dass sich deskriptive und normative Sozialtheorie erheblich überschneiden und dass auch eine normative Theorie sich der Frage stellen sollte, ob es empirische Motive für den betroffenen Akteur gibt, moralischen Imperativen auch faktisch zu folgen. Schließlich bedeutet die *Idee der natürlichen individuellen Moralität* (Levine 1995), dass moralische Orientierungen – direkt oder indirekt – aus den „natürlichen" Neigungen der Akteure entstehen, d.h. es gibt so etwas wie moralische „Gefühle", die Teil der natürlichen Verhaltensdispositionen des Menschen oder zumindest Ergebnis der Sozialisation sind. Diese drei heuristischen Prinzipien sind in unterschiedlicher Gewichtung und Ausgestaltung in den Schriften der im Folgenden kurz vorgestellten Autoren zu finden.

Thomas Hobbes

In seinem 1651 erschienenen Werk *Leviathan*, das allgemein als eines der ersten bedeutenden Werke der neuzeitlichen Sozialphilosophie gilt, stellte Thomas Hobbes (1588–1679) die für die soziologische Theoriebildung grundlegende Frage nach der Entstehung *sozialer Ordnung*, die später von Talcott Parsons, James Coleman und anderen Soziologen aufgegriffen wurde. Nach Hobbes ergibt sich aus der Erfahrung, dass Menschen zunächst einmal nicht von der Zuneigung zu anderen geleitet werden, sondern von Eigeninteressen an einem angenehmen und sicheren Dasein. Egoismus kennzeichnet für Hobbes daher den Naturzustand der Menschheit, in dem prinzipiell alle gleiche Rechte besitzen. Weil Menschen zudem über die Zukunft nachdenken, fürchten sie stets Mangel und Willkür. Zur Sicherung des Überlebens streben sie im Naturzustand nach Vorteilen und Macht (d.h. zukünftigem Wohlergehen), so dass ein Krieg aller gegen alle herrscht („bellum omnium contra omnes"), in dem sich die Menschen wie Raubtiere verhalten („homo homini lupus"). Allerdings ist den Menschen im Naturzustand bewusst, dass die allgemeine Befolgung gewisser Regeln (wie Vertragstreue, Respekt vor fremdem Eigentum usw.) allseitige Vorteile brächte. Niemand ist jedoch ohne weiteres motiviert, solche Regeln kooperativen Handelns zu befolgen, da im Kern ein soziales Dilemma (nach der Art eines Gefangenendilemmas) vorliegt: Jeder selbstinteressierte Akteur stellt sich individuell besser, wenn er – unabhängig davon, was die anderen tun – die Regeln bricht. Erst durch die allgemeine Übertragung des Rechtes der Gewaltausübung an einen überindividuellen Herrscher, den Staat, gelingt nach Thomas Hobbes die Überwindung des Naturzustandes im Sinne einer Gewährleistung eines menschenwürdigen Lebens. Hobbes argumentiert, dass es für eigeninteressierte Akteure vernünftig ist, diesen *Gesellschaftsvertrag* zu akzeptieren, denn nur auf diese Weise lässt sich die von jedem gewünschte Kooperation erreichen. Soziale Ordnung wird also durch den Staat gewährleistet, dessen absolute Herrschaft aus der Sicht von Hobbes der Anarchie klar vorzuziehen ist. Gesellschaft im Sinne gegenseitiger Kooperation zwischen eigeninteressierten Individuen kommt nach Hobbes also mittels einer durch Rechtsabtretung geschaffenen Zentralgewalt, die Regelübertretungen sanktioniert, zustande.

David Hume
David Hume (1711–1776) war ein Hauptvertreter des Empirismus, der sich auch Fragen der Sozialtheorie, Ethik und Religionskritik zugewandt hat. Neben einer Geschichte Englands hat Hume Schriften (*A Treatise on Human Nature* (3 Bde., 1739–1740), *An Inquiry Concerning Human Understanding* (1748), *An Enquiry Concerning the Principles of Morals* (1751)) verfasst, die zu den wichtigsten Werken der neuzeitlichen Philosophie gehören. In diesen Schriften geht es u.a. um die Möglichkeiten der Erkenntnis, Bestimmungsgründe und Folgen des menschlichen Verhaltens und Entstehung, Begründbarkeit und Verhaltenswirkung moralischer Regeln, sozialer Normen und gesellschaftlicher Institutionen.

In seinen erkenntnistheoretischen Arbeiten hat sich Hume insbesondere mit dem Zustandekommen und der Rechtfertigung von Erkenntnis aus der Erfahrung beschäftigt. Humes radikaler Empirismus spricht nur Aussagen über logisch-mathematische Zusammenhänge (heute als „analytische Sätze" bezeichnet) und Aussagen, die sich auf empirische Beobachtungen beziehen, eine Bedeutung zu. Seine skeptische, anti-metaphysische Haltung wird in folgendem berühmten Zitat deutlich: „Nehmen wir irgendein Buch zur Hand, z.B. über Theologie oder Schulmetaphysik, so laßt uns fragen: *Enthält es eine abstrakte Erörterung über Größe und Zahl? Nein. Enthält es eine auf Erfahrung beruhende Erörterung über Tatsachen und Existenz? Nein.* So übergebe man es den Flammen, denn es kann nichts als Sophisterei und Blendwerk enthalten" (Hume 1971, S. 207). In der Wissenschaftstheorie befasst man sich bis heute mit dem von Karl Popper als „Humes Problem" bezeichneten *Induktionsproblem*: Lassen sich aus Aussagen über endlich viele empirische Beobachtungen allgemeine Gesetze mit universellem Gültigkeitsanspruch begründen? Nach Hume sind Induktionsschlüsse logisch nicht zu begründen. Nach seiner Überzeugung beruhen Aussagen über die Verknüpfung von Beobachtungen oder Tatsachen allein auf Erfahrung, wobei bestimmte Ursachen mit bestimmten Wirkungen habituell assoziiert werden. Demnach ist Induktion (also der Schluss von beobachteten Einzelfällen auf eine allgemeine empirische Aussage), wenn überhaupt, nur gewohnheitsmäßig zu rechtfertigen. Nach Hume ist der Induktionsschluss aber keinesfalls logisch begründbar. Humes Überlegungen zur Idee der „notwendigen Verknüpfung" von Ursachen mit Wirkungen im menschlichen Verstand (nicht in den physischen Objekten) haben zur Klärung des Kausalitätsbegriffs angeregt und bilden bis heute den Ausgangspunkt grundlagentheoretischer Arbeiten. Die Wissenschaftstheorie der Gegenwart bezieht sich in ihren verschiedenen Spielarten auch auf Humes Analysen des Induktionsproblems. Der Deduktivismus Poppers verwirft induktive Schlüsse unter Berufung auf Hume als mit der Logik unvereinbar. Dies hat allerdings andere Wissenschaftslogiker (insbesondere Rudolf Carnap und seine Schule) nicht davon abgehalten, eine wahrscheinlichkeitstheoretische Fundierung für eine induktive Logik zu suchen (und damit die Humesche Idee der Bildung von gewohnheitsmäßigen Erwartungen über eine Verknüpfung von Ursachen und Wirkungen rational zu fundieren).

Hume stellte in seinen sozialtheoretischen Texten fest, dass der Mensch nicht auf ein bestimmtes Verhalten festgelegt ist, sondern aus Erfahrungen *lernt*, was geboten und zweckmäßig ist. Auch soziale Institutionen werden aus dem Handeln der Menschen selbst entwickelt und verändert. Moralische Regeln, soziale Normen und Institutionen ergeben sich als menschliche Konventionen.

Hume vertrat die Auffassung, dass es aufgrund der Konstanz der menschlichen Natur eine Gleichförmigkeit der menschlichen Handlungen gibt, die unabhängig von Ort und Zeit gelte, so dass man auch menschliches Handeln durch empirische Gesetze (der Psychologie) erklären kann. Beeindruckt durch die Erfolge Isaac Newtons im Bereich der „Naturphilosophie" (Physik), war es Hume ein Anliegen, die wissenschaftliche Methode auch auf die „Moralphilosophie" (Sozialwissenschaft) anzuwenden. Nach Hume manifestiert sich diese *Gleichförmigkeit* in der *Zweckgerichtetheit* menschlichen Handelns. Die verfolgten Zielsetzungen dienen dabei üblicherweise dem eigenen Wohlergehen.

Nach Hume darf der Einzelne aber nicht als isoliertes Wesen betrachtet werden, das zu Mitgefühl und Wohlwollen gegenüber Anderen unfähig ist. Vielmehr kann das Individuum aufgrund seiner Einbettung in die menschliche Gemeinschaft an Gefühlen und Interessen anderer Personen teilhaben. Aus der Sicht von Hume ist hierbei *Sympathie* wesentlich, weil durch sie die Empfindungen von einem Akteur zu einem anderen Akteur übertragen werden und dadurch die Intersubjektivität moralischer Werte realisierbar wird. Jeder Mensch wird nach Hume mit einer natürlichen Fähigkeit zur Sympathie geboren.

Seine moralische Einstellung, z.B. im Geschäftsleben, findet das Individuum im Umgang mit anderen. Genauer gesagt: Das Individuum lässt sich von demjenigen „moral sense" leiten, der sich als zweckdienlich erwiesen hat. Der „moral sense" wird in der Familie anerzogen, wobei dabei auch die Leidenschaften des Menschen (Emotionen, Triebe etc.) üblicherweise auf ein für die Gesellschaft erträgliches Maß reduziert werden. Durch diese Sozialisation entstehen Handlungsinteressen. Welche Richtung diese Interessen haben, ob sie sich gegen andere richten oder zugunsten anderer gerichtet sind, hängt von den Meinungen anderer Menschen ab – es ist der Wunsch nach Reputation und Anerkennung, welcher die Richtung des Handelns wesentlich bestimmt. Obwohl Freundschaft für ihn die größte Freude im menschlichen Leben stiftet, bezweifelt Hume, dass der Eigennutz wirklich überwunden werden kann: Menschen können sich selbstlos verhalten, wenn es geboten erscheint, um letztlich doch ihre Eigeninteressen zu verfolgen (z.B. Erhalt sozialer Anerkennung, Befriedigung der eigenen Eitelkeit, Verbesserung der Reputation im Gefolge vermeintlich selbstloser Handlungen). Zudem geht Hume (wie auch Adam Smith) davon aus, dass Sympathie und (modern gesprochen) Altruismus zwar zur Grundausstattung des menschlichen Verhaltensrepertoires gehören, in ihrer Reichweite jedoch begrenzt sind. Sympathie ist am stärksten ausgeprägt in sozialen Beziehungen im Nahbereich der engeren Familie. Unter flüchtig bekannten oder anonymen Individuen (z.B. in Marktbeziehungen) ist Sympathie – wenn überhaupt – nur in geringem Grad zu erwarten. Daher muss sich soziale Ordnung auf moralische Institutionen stützen, die in ihrem Bestand nicht von Sympathie abhängig sind.

Eine wichtige Teilklasse moralischer Regeln, sozialer Normen und Institutionen, die Hume als „künstliche Tugenden" bezeichnet (z.B. Respektierung von Eigentumsrechten, Vertragstreue, Loyalität), entwickelt sich ungeplant als unbeabsichtigte Wirkung der Interaktionen zwischen Menschen, die ein Interesse an bedingter Kooperation mit ihren Partnern besitzen. Bedingte Kooperation gründet sich auf das Prinzip der Reziprozität, so dass auch ohne Sympathie vis-à-vis dem Interaktionspartner aufgrund der Wahrnehmung langfristiger Eigeninteressen eine Respektierung normativer Standards, zum Beispiel von Eigentumsrechten, möglich wird. Wer nämlich in seinen langfristigen Beziehungen das Prinzip der Reziprozität verletzt, muss damit rechnen, dass die Interaktionspartner ihrerseits mit Kooperationsentzug reagieren. Natürliche Tugenden entstehen also nicht wie bei Hobbes aus den Sanktionsdrohungen einer Zentralgewalt, die als Produkt eines planmäßig geschlossenen Gesellschaftsvertrags konzipiert wird, den Hume lediglich für eine wertlose Fiktion hält, sondern naturwüchsig und spontan aus menschlichen Konventionen. Sie sind stabil, solange jeder in der Gesellschaft sich an sie hält.

In seinen Überlegungen zur Meta-Ethik warnte Hume vor dem (später) so genannten „naturalistischen Fehlschluss", wonach normative Sätze aus empirischen Aussagen abgeleitet werden können. Nach Hume gilt: „Aus einem Sein folgt kein Sollen", d.h. normative Aussagen lassen sich nicht aus empirischen Befunden folgern, sondern nur aus anderen normativen Sätzen. Dieses Prinzip wird heute oft als „Humes Gesetz" der Ethik bezeichnet. Nach Hume gibt es weder eine „objektive" Moral mit objektiv (etwa durch eine göttliche Autorität) vorgegebenen Werten, die der Mensch nur erkennen muss, noch sind moralische Urteile wahrheitsfähig. Moralische Regeln und Institutionen sind Produkte menschlichen Handelns, die entstehen und Bestand haben, wenn sie den (langfristigen) Eigeninteressen der Akteure Rechnung tragen. Die Entstehung dieser Institutionen erfolgt über ungeplante, evolutionäre Vorgänge. Ethische Prinzipien lassen sich also nach Hume in bestimmtem Sinne rechtfertigen, wenn sie mit den subjektiven natürlichen Neigungen der betroffenen Individuen vereinbar sind (so dass es unter Umständen auch möglich ist, sie zu befolgen, weil es für reale Menschen aufgrund ihrer natürlichen Verhaltensdispositionen ein Motiv gibt, „moralisch" zu handeln) und zu einer verbesserten Realisierung der (langfristigen) Eigeninteressen beitragen. Dieser „ethische Subjektivismus" in Humes empiristischer Sozialtheorie, welcher verschiedene Autoren der Gegenwart inspiriert hat, impliziert ein hohes Maß an Konvergenz von empirisch und normativ orientierter Sozialtheorie und legt insbesondere eine Verwendung theoretischer Instrumente aus der Nutzen- und Spieltheorie zur Analyse normativer Fragen nahe (vgl. z.B. Kliemt 1985; Hoerster 2003; Baurmann 1996; Binmore 2005).

Adam Smith
Adam Smith (1723–1790) gilt als der Begründer der Volkswirtschaftslehre. Im Jahr 1759 erschien sein Buch *The Theory of Moral Sentiments*, 1776 sein zweites Hauptwerk *The Wealth of Nations*; diese Abfolge und die Spannweite der untersuchten Gegenstände reflektieren, dass die heute übliche institutionelle Trennung der verschiedenen sozial- und moralwissenschaftlichen Einzeldisziplinen noch nicht vollzogen war und Smith demzufolge eine Professur für Moralphilosophie inne hatte. (Analog arbeiteten Physiker und andere Naturwissenschaftler als Professoren für Naturphilosophie.)

Im Buch zu den „moralischen Gefühlen" legte er seine Konzeption des Menschen dar. Smith beobachtet zunächst, dass der Mensch prinzipiell selbstinteressiert ist. Allerdings gibt es nach seiner Auffassung wichtige Abmilderungen der Verfolgung des reinen Selbstinteresses: Zum einen kann der Mensch am Schicksal Anderer Anteil nehmen – Anteilnahme bedeutet, dass man sich vorstellt, was man empfinden würde, wenn man in der Lage des Mitmenschen wäre. Dies ist nach Smith eine Voraussetzung dafür, mit anderen Menschen auszukommen und gemeinsam zu handeln (z.B. bei der Erstellung kollektiver Güter wie etwa öffentlicher Straßen). Zum anderen bringen es die fortgesetzten Beobachtungen des Verhaltens anderer Menschen mit sich, dass man gewisse allgemeine Regeln darüber bildet, was zu tun und was zu vermeiden ist – man lernt also aus Beobachtung sozial akzeptables Verhalten. Aus der Erfahrung des Akzeptablen oder Unakzeptablen bilden sich mithin „moralische Gefühle", welche ihrerseits die Grundlage der allgemeinen Regeln (d.h. der sozialen Normen) sind.

Wie sein Freund David Hume betont Adam Smith die Abhängigkeit moralischer Wertungen vom Gefühl. Zentral ist dabei die Sympathie, durch die man selbst auf schwächere Weise nachempfindet, was der Andere fühlt, indem man sich geistig an dessen Stelle versetzt. Handlungen und Haltungen werden aus der Sicht von Smith moralisch gebilligt, falls man sie dem Gegenstand angemessen empfindet (also wenn man mit den Gefühlen des Handelnden in der betrachteten Situation sympathisieren kann). Die Bewertung eigener Handlungen erfolgt, indem man fragt, ob ein „unparteiischer Zuschauer" mit unseren Motiven sympathisieren würde. Durch Verallgemeinerung und Abstraktion ergibt sich nach Smith aus der individuellen Beurteilung von Haltungen und Handlungen letztlich eine übergeordnete Evaluationsinstanz für allgemeingültige moralische Urteile.

In seinem Buch über den *Wohlstand der Nationen* hat Smith eine ganze Reihe von bereits vorliegenden Ideen (z.B. seines Lehrers Francis Hutcheson und aus Bernard de Mandevilles Bienenfabel) systematisiert und daraus eine Konzeption entwickelt, welche die Beziehungen zwischen Wirtschaft und Gesellschaft auf eine damals neue Grundlage stellte. Sein Ausgangspunkt war, dass Menschen eine natürliche Neigung aufweisen, Leistungen und Güter zu tauschen. Hintergrund dieser natürlichen Neigung ist für Smith, dass Menschen Kulturwesen mit dem Bedürfnis nach Kommunikation sind und unterschiedliche Talente, Ressourcen und Interessen besitzen. Als Konsequenz dieser „komplementären Kontrolle" über Ressourcen (Coleman) gibt es Gelegenheiten und Anreize für Tauschvorgänge. Ein Tausch kommt dann zustande, wenn beide Seiten einen Vorteil hinsichtlich der Realisierung ihrer Interessen erwarten. Eine Marktgesellschaft mit einer Vielzahl bilateraler Austauschbeziehungen führt somit zu einer spontanen, dezentralen Interessenharmonisierung oder sozialen Ordnung. Sie sieht so aus, als hätte jemand sie planmäßig herbeigeführt. Tatsächlich koordiniert die Akteure aber eine „unsichtbare Hand": Jeder Einzelne sucht seinen unmittelbaren Vorteil, muss dabei jedoch die Interessen seiner Nebenmenschen bedienen (weil sonst kein Tausch zustande käme) und leistet damit unbeabsichtigt einen Beitrag zur Generierung einer sozialer Ordnung (im Sinne eines Marktgleichgewichts), die alle Marktteilnehmer besser stellt. Diese Idee der spontanen Entstehung einer sozialen Ordnung, die zwar Ergebnis „menschlichen Handelns, nicht aber eines Entwurfs" (Adam Ferguson) ist, wurde durch Smiths Zeitgenossen und Freund David Hume auf die Entstehung moralischer Institutionen angewendet.

Weil Tausch eine Basis einer kapitalistischen Wirtschaftsordnung ist, sieht Smith die Entwicklung zum Kapitalismus als einen natürlichen Prozess an. Aufgrund des im wirtschaftlichem Bereich vorherrschenden individuellen Eigennutzkalküls (Egoismus) wird der ökonomische Wohlstand und der gesellschaftliche Fortschritt hierbei unter zwei zentralen Bedingungen erreicht: Produktivitätserhöhende Arbeitsteilung und Existenz eines freien Marktes zur Entfaltung des menschlichen Tauschbedürfnisses.

Der Umfang der sozialen Arbeitsteilung hängt nach Adam Smith von der Größe des Absatzmarktes ab – ist der Markt groß und sind beliebige Austauschbeziehungen möglich, so wird sich eine starke Spezialisierung entwickeln, was zu günstigeren Kosten und Preisen führen wird. Die Spezialisierung jedes Einzelnen führt dazu, dass die Arbeit so einfach und so effizient wie möglich gemacht wird – es ergibt sich (technischer) Fortschritt. Dennoch schafft die Erbringung von Arbeit aus der Perspektive von Adam Smith typischerweise ein gewisses Leid, das z.B. durch monetäre Leistungen (Lohn, Gehalt) zu kompensieren ist.

Die Institution des freien Marktes ist wichtig, weil durch die Konkurrenz jeweils Selbstregulationskräfte des Marktes aktiviert werden, die allen zugutekommen. Nach Smith führt die Konkurrenz zwischen Egoisten bei freiwilligen Tauschbeziehungen zu einem sozial effizienten Gleichgewichtszustand – wie von einer unsichtbaren Hand geleitet, reguliert sich das Wirtschaftssystem durch die Angebots- und Nachfragekräfte selbst. Genauer gesagt: Es erfolgen solange Preisanpassungen bis ein Zustand realisiert ist, indem sich keiner mehr verbessern kann, ohne jemand anderes schlechter zu stellen. Dies gilt, obwohl jeder Akteur die jeweils für ihn individuell optimale Handlung vollzieht und sich um die sozial effiziente Lösung (und damit die gesellschaftliche Wohlfahrt) überhaupt nicht kümmert. Nach Adam Smith kann die Wirtschaft mithin als ein sich selbst regulierenden Handlungszusammenhang beschrieben werden. Der Staat hat für dessen Funktionieren die Rahmenbedingungen zu setzen, d.h. er soll sicherstellen, dass freie Wettbewerbsmärkte für private Güter und Dienstleistungen existieren und dass die Märkte hinreichend groß sind, um ein Maximum an Spezialisierung zu gewährleisten.

Diese Überzeugungen bilden nach wie vor das Fundament der Volkswirtschaftslehre. Sie wurden im Rahmen der modernen Theorie des Wettbewerbsgleichgewichts formalisiert – die Existenz, Eindeutigkeit und Stabilität eines Wettbewerbsgleichgewichts (d.h. die logische Möglichkeit eines robusten allgemeinen Gleichgewichts auf allen Märkten) wurde in den 1950er Jahren durch die Nobelpreisträger Kenneth Arrow und Gerard Debreu mathematisch bewiesen. Diese Beweisführungen haben allerdings verdeutlicht, dass das Prinzip der Selbstregulation der Wirtschaft nur in einer bestimmten Konstellation gilt. Letztere ist charakterisiert durch freie Märkte für private Güter, die keine Externalitäten (Nutzeneinbußen oder Wohlfahrtsgewinne für unbeteiligte Dritte) mit sich bringen und gleichzeitig durch vollständige Konkurrenz (perfekte Märkte ohne Eintrittsbarrieren oder Existenz vieler Anbieter bzw. Nachfrager) gekennzeichnet sind. Weil diese Bedingungen sehr idealisierend sind, betrachten viele Ökonomen das Wettbewerbsgleichgewicht als eine Art Referenzpunkt z.b. zur Beurteilung der realen Gegebenheiten und Gewinnung politischer Empfehlungen. Im Übrigen war sich Adam Smith darüber bewusst, dass der freie Markt keineswegs immer die beste Lösung gewährleistet. Vielmehr gibt es nach seiner Auffassung bestimmte Güter, die besser der Staat produzieren oder anbieten sollte (z.B. Kollektivgüter wie etwa die Landesverteidigung oder die öffentliche Infrastruktur).

2.2 Klassiker der Soziologie

Émile Durkheim und Max Weber gehören zweifellos zum engsten Kreis der Klassiker der Soziologie, die das Fach als Erfahrungswissenschaft sahen. Zu Beginn seiner Karriere war James Coleman nach eigenem Bekunden (Coleman 1990a) stärker von Durkheim beeinflusst, wobei dieser Einfluss wohl eher indirekter, über Mertons Soziologie vermittelter, Natur gewesen ist. Ab Beginn der 1960er Jahre gewannen der Methodologische Individualismus und die damit einhergehenden Anregungen durch Webersche Überlegungen für Colemans Arbeiten erheblich an Bedeutung.

Émile Durkheim

Die Grundlegung der Soziologie als eine am naturwissenschaftlichen Ideal orientierte Wissenschaft war ein Anliegen von Émile Durkheim (1858–1917), der in dieser Hinsicht in der französischen Tradition eines „Positivismus" im Sinne von Auguste Comte (1798–1857) steht. Soziologie kann nach Durkheims Auffassung als eine im Verhältnis zu den Nachbarwissenschaften abgegrenzte empirische Disziplin mit eigenem Gegenstandsbereich betrachtet werden: Sie ist die Wissenschaft von den (kollektiven) sozialen Tatbeständen (faits sociaux) – im Deutschen spricht man, einem Vorschlag René Königs folgend, auch von „soziologischen Tatbeständen". In dem Buch *Die Regeln der soziologischen Methode* (1895) erläutert Durkheim, was unter sozialen Tatbeständen zu verstehen ist: Es handelt sich um objektiv beobachtbare Phänomene, die wie materielle „Dinge" betrachtet werden müssen, welche unabhängig vom menschlichen Bewusstsein existieren und für den Einzelnen einen „Zwang", d.h. eine Beschränkung seiner Handlungsmöglichkeiten, darstellen. Sie sind das – unter Umständen langfristige – Produkt des Handelns und der Beziehungen vieler Einzelner (auch aus früheren Generationen), führen aber ein „Eigenleben": Normen mit Sanktionen (wie die Rechtsnorm des Verbots zu stehlen) sind etwa existent, auch wenn ein Akteur sich dessen erst dann bewusst wird, wenn er nach einer (vielleicht unbeabsichtigten) Übertretung der Norm die Härte der strafrechtlichen Sanktion zu spüren bekommt. Analog sind informelle Normen (Sitten) und Konventionen (wie die Sprache) zwar Ergebnisse des Handelns vieler Individuen, sie müssen aber in der Soziologie wie objektive, *emergente* Eigenschaften der irreduziblen sozialen Ganzheiten analysiert werden, in denen sie gelten. Weil sich soziale Tatbestände aus der Assoziation der vielen einzelnen Handlungen ergeben, haben sie neue Eigenschaften *sui generis*, woraus für Durkheim folgt, dass sie keinesfalls aus psychologischen Prinzipien erklärt werden können, sondern nur aus anderen soziologischen Tatbeständen. Es gibt nach Durkheim soziologische Regelmäßigkeiten, die es aufzufinden und anzuwenden gilt und die die zu erklärenden sozialen Tatbestände mit anderen sozialen Tatbeständen, die ihnen zeitlich voraus gehen, in eine kausale Beziehung setzen. Aus der Sicht von Durkheim ist Soziologie also eine nomologisch (d.h. am Auffinden und Anwenden von gesetzesartigen Aussagen) orientierte und erklärende Erfahrungswissenschaft. Anders als die Vertreter der britischen Moralphilosophie verwirft Durkheim aber die Position eines Methodologischen Individualismus. Soziale Tatbestände und „Gesellschaft" sind für Durkheim kollektive Phänomene und Realitäten, die nicht aus den Eigenschaften und Gesetzmäßigkeiten der Individuen und ihres Handelns erklärt werden können. Allerdings wurde Durkheim vorgeworfen, dass er in seinen inhaltlichen Beiträgen zur Soziologie seine selbst postulierten methodologischen Regeln immer wieder verletzt und implizit psychologische oder sozialpsychologische Theorien oder Annahmen verwendet hat.

Das Buch *Über soziale Arbeitsteilung* (1893) bezieht sich auf Problemstellungen, die sich im Zusammenhang mit der Frage nach dem Zusammenhalt der Gesellschaft (oder der „sozialen Ordnung") im Zeitablauf stellen. Nach Durkheim hat sich im Zuge der sozialen und ökonomischen Entwicklung eine komplexe Arbeitsteilung aus einer relativ undifferenzierten Ausgangssituation ergeben. In den einfachen Stammesgesellschaften, die eine „segmentäre" soziale Differenzierung aufweisen, also in verschiedene homogene „Segmente" unterteilt sind (z.B. verschiedene Verwandtschaftsgruppen), gibt es nach Durkheim eine *„mechanische Solidarität"*. Soziale Ordnung wird hier durch „Ähnlichkeit" der verschiedenen gesellschaftlichen Teilkomponenten erzeugt – vor allem durch starke, gemeinsam geteilte und emotional fundierte Werte, die in der Regel religiöse Inhalte umfassen. Die moderne arbeitsteilige Gesellschaft besteht dagegen nicht mehr aus homogenen Einzelkomponenten, sondern es gibt eine (von späteren Funktionalisten wie Talcott Parsons so genannte) „funktionale Differenzierung" und eine neue Basis für soziale Ordnung, die Durkheim „*organische Solidarität*" nennt. Die einzelnen Teilsysteme sind in der Marktgesellschaft nicht gleichartig, sondern haben jeweils verschiedene Funktionen für die Gesamtgesellschaft. Er untersucht daher, welche integrativen Funktionen die zunehmende Arbeitsteilung in der Gesellschaft auslöst, indem sie zu einer Koordination spezialisierter Aktivitäten beiträgt. Nach Durkheims Analyse änderte sich u.a. das Rechtssystem im Zuge der Entwicklung zu einer fortgeschrittenen Arbeitsteilung. Zunächst war es von Natur aus repressiv und auf das Strafrecht zentriert. In der Moderne wurde das Vertragsrecht jedoch zum Kernelement. Im Zuge der Diskussion über den Vertrag bezeichnet Durkheim den insbesondere im angelsächsischen Raum verbreiteten Gedanken (wie ihn z.B. Herbert Spencer, beeinflusst durch das Marktmodell von Adam Smith, formulierte) als illusorisch, wonach eine Gesellschaft schon dadurch soziale Ordnung herstellen könne, dass alle Individuen einfach ihren privaten Interessen folgen, die Vorteile der Kooperation (z.B. durch Tausch) mit ihren Nebenmenschen wahrnehmen und entsprechende Verträge abschließen. Das Problem der sozialen Ordnung lässt sich aus Durkheims Sicht nicht allein über spontane Kooperation durch freiwillig geschlossene Kontrakte lösen. Nach Durkheim lösen Verträge das Ordnungsproblem nicht auf, sondern setzen vielmehr voraus, dass es bereits gelöst ist. Verträge benötigen also stabilisierende, „vorkontraktuelle" Elemente, nämlich internalisierte gemeinsam geteilte moralische Werte oder auch ein staatliches Vertragsrecht. Verträge werden also nicht durch das rationale Eigeninteresse der Individuen, sondern durch die „Gesellschaft" durchgesetzt.

In seinem Werk über die Arbeitsteilung finden sich zudem Gedanken über die sozialen Folgen des wirtschaftlichen Wandels. Konkret meinte er, dass die sich zur damaligen Zeit in Frankreich ergebenden wirtschaftlichen Fortschritte die Gesellschaft zerreißen könnten, indem die von der Gesellschaft losgelösten und gierigen Individuen die gesellschaftliche Moral immer mehr untergraben. Für Durkheim besteht hier ein Konflikt zwischen besonderen und allgemeinen Interessen. Solange nicht der Staat oder eine andere Instanz, welche die allgemeinen Interessen artikuliert, das Wirtschaftsleben reguliert, ergibt sich „Anomie" (d.h. ein Zustand der Norm- und Orientierungslosigkeit).

Diese Argumentationsfigur findet sich in *Der Selbstmord* wieder, einem weiteren wichtigen Buch Durkheims (1897). Suizid ist für Durkheim ein kollektiver sozialer Tatbestand, weil jede Gesellschaft eine für sie und ihr Entwicklungsstadium charakteristische Selbstmordquote aufweist, die sich unter dem Einfluss anderer sozialer Tatbestände (z.B. religiöser Normen in der Gesellschaft) ändern kann. Die Selbstmordquote (oder Selbstmordrate) bezeichnet die Anzahl der Suizidfälle pro hunderttausend Einwohner in einem Kalenderjahr. Zum Beispiel ist die Selbstmordquote in protestantischen Gebieten höher als in katholischen Gesellschaften. Der Grad der sozialen Integration des Einzelnen in die religiöse Gemeinschaft, der im Protestantismus geringer ist als in katholischen Gemeinschaften, ist nach Durkheim ein wesentlicher Grund für diesen Zusammenhang. Besonders hoch sind die Selbstmordraten in modernen Marktgesellschaften. Die arbeitsteilige Gesellschaft zeigt Phasen starken wirtschaftlichen Wachstums aber auch ökonomische Krisen, ist also geprägt durch starke ökonomische Veränderungen und Umbrüche. Diese gesellschaftlichen Wandlungsprozesse führen dazu, dass viele Menschen unter Orientierungsproblemen leiden, weil es einen Konflikt zwischen den eigenen Erwartungen/Ansprüchen und den Möglichkeiten ihrer Realisierung gibt. Aus dieser Sicht führten diese Orientierungsprobleme zusammen mit unzureichenden normativen Regulierungen des sozialen und wirtschaftlichen Lebens („Anomie") im 19. Jahrhundert zu erhöhten Selbstmordraten, was Durkheim anhand von statistischen Daten zu belegen versucht.

Unverkennbar sind die Einflüsse Durkheims in den Arbeiten von Colemans Lehrer Robert K. Merton, insbesondere seiner Anomie-Theorie (1968a), in der – analog zu Durkheims Suizid-Studie – *Raten* individuellen Verhaltens (z.B. abweichenden Verhaltens) und damit (in Durkheims Terminologie) soziologische Tatbestände erklärt werden. Diese Raten werden erklärt durch soziale Determinanten, also andere „soziale Tatsachen", wie zum Beispiel gesellschaftlich vorgeformte Ziele und Mittel, die in den verschiedenen sozialen Einheiten gewählt werden oder zur Verfügung stehen. Allerdings hat Merton sich die methodologischen Überzeugungen Durkheims über den holistischen Charakter soziologischer Erklärungen nicht zu eigen gemacht, und sich auch nicht gescheut, explizit handlungstheoretisch beschreibbare Mechanismen zu benennen, die als Mikro-Fundierung einer Beziehung zwischen Makrophänomenen herangezogen werden können (vgl. dazu etwa Stinchcombe 1975).

Max Weber

In Colemans Arbeiten zur Rational-Choice-Theorie dominiert eindeutig der Einfluss des zweiten kontinentaleuropäischen Gründervaters der Soziologie Max Weber (1864–1920). Im Gegensatz zu Durkheims holistischem Programm einer Soziologie, die von anderen Wissenschaftszweigen unabhängig ist, ist Max Weber am Methodologischen Individualismus und damit handlungstheoretisch orientiert. Für ihn ist Soziologie die umfassende Wissenschaft von der Gesellschaft, die z.B. die Ökonomik als Teilbereich enthält. Weber war ausgebildeter Jurist, genauer Rechtshistoriker mit Schwerpunkt Handelsrecht, hatte aber immer ökonomische Lehrstühle inne. Der Ökonom Weber war in der intellektuellen Tradition der deutschen historischen Schule groß geworden, die ökonomische und andere soziale Phänomene mit historischen Methoden analysieren wollte und die Ökonomik als Geisteswissenschaft ansah. In dieser Schule wurden zum Teil normative Fragen von faktischen, empirischen Fragen nicht klar getrennt und es gab holistische Ansätze, die einen spezifisch deutschnationalen Interessenstandpunkt im ökonomischen Geschehen akzentuieren sollten. Ein generalisierendes, mit mathematischen Modellvorstellungen operierendes Vorgehen wurde abgelehnt. Im Gegensatz dazu betrieben die Vertreter der Österreichischen Schule der Nationalökonomie (Carl Menger, Joseph Schumpeter u.a.) diese Wissenschaft nach dem Vorbild der angelsächsischen Neoklassik, d.h. ausgehend von rationalen Akteuren, die im Kontext bestimmter Institutionen handeln. Zwischen der historischen Schule und Anhängern des neoklassischen Programms der Österreicher gab es einen Methodenstreit, in dem Max Weber eindeutige Sympathien mit der Österreichischen Schule zu erkennen gab. Insbesondere teilte Weber die Anerkennung des Prinzips eines Methodologischen Individualismus mit den Österreichern und wollte dieses auch in der durch holistische und organizistische Vorstellungen geprägten deutschsprachigen Soziologie zur Geltung bringen. Erst die letzte Professur – an der Universität München –, die Weber kurz vor seinem Tode einnahm, bezog sich auch auf das Lehrgebiet Soziologie. Der Methodologische Individualismus Webers wird in folgender Passage aus einem Brief vom 9. März 1920 deutlich: „[...] Wenn ich nun jetzt einmal Soziologe geworden bin [...], dann wesentlich deshalb, um dem immer noch spukenden Betrieb, der mit Kollektivbegriffen arbeitet, ein Ende zu machen. Mit anderen Worten: auch Soziologie kann nur durch Ausgehen vom Handeln des oder der, weniger oder vieler Einzelnen, strikt ‚individualistisch' in der Methode also, betrieben werden" (zitiert nach Boudon 2003, S. 394). Der in seinem Handeln an Anderen ausgerichtete individuelle Akteur ist also Webers Ausgangspunkt. Sofern dieses „soziale Handeln" erwidert wird, ergeben sich nach Weber soziale Beziehungen und Verflechtungen, die eventuell gesamtgesellschaftliche Konsequenzen haben. Fragestellungen, die den Zusammenhang zwischen sozialem Handeln und gesamtgesellschaftlichen Folgen thematisieren, sind für Weber typisch: Viele seiner Arbeiten widmen sich der Frage, warum es nur in bestimmten westlichen Regionen (z.B. Westeuropa, USA) zu einer weitgehenden Rationalisierung vieler Lebensbereiche gekommen ist. Eng damit verknüpft ist Webers Interesse, den Ursprung des modernen Kapitalismus zu verstehen und zu erklären.

Die Schrift *Die protestantische Ethik und der Geist des Kapitalismus* (1904–1905) ist zweifellos Webers bekannteste Studie. In ihrer Verbindung von Überlegungen zu kulturellen und ökonomischen Variablen baut sie auf Webers allgemeinen Vorüberlegungen zu den Zusammenhängen zwischen ideellen und materiellen Interessen auf. Anhänger eines asketischen Protestantismus z.B. im Sinne Calvins werden danach von dem Bedürfnis angetrieben, Erlösung zu finden und handeln entsprechend diesem religiösen Interesse. Aus in der Struktur der religiösen Lehren liegenden Gründen glaubt der Einzelne, dass weltliche Arbeit, wenn sie planmäßig durchgeführt wird, ein Zeichen der Erlösung repräsentiert – sofern dieser Fall eintritt, sind religiöse mit wirtschaftlichen Interessen verbunden. Das Ergebnis dieser Verbindung und damit ein klassisches Beispiel für eine unbeabsichtigte gesamtgesellschaftliche Folge absichtsvollen Handelns vieler einzelner Akteure ist die Freisetzung einer enormen Kraft, die den traditionellen und eigentlich nichtwirtschaftlichen Einfluss der Religion auf die Menschen zerstört und eine den Kapitalismus fördernde Mentalität zu verbreiten hilft.

Während er über die protestantische Ethik schrieb, veröffentlichte Weber einen Beitrag über die *'Objektivität' sozialwissenschaftlicher und sozialpolitischer Erkenntnis* (1904), in dem er seine theoretische Position bezüglich der Analyse des Wirtschaftslebens zusammenfasste. In dieser Arbeit argumentierte er u.a., dass die Wirtschaftswissenschaften breit und umfassend angelegt sein sollten (Sozialökonomik). Sie sollten nicht nur Wirtschaftstheorie, sondern auch Wirtschaftsgeschichte und Wirtschaftssoziologie beinhalten. Weber schlägt ferner vor, dass die ökonomische Analyse nicht nur ökonomische Sachverhalte, sondern auch ökonomisch bedingte und/oder ökonomisch relevante Phänomene abdecken sollte.

Weber hat sich in seinen methodologischen Arbeiten für die Position einer werturteilsfreien Sozialwissenschaft stark gemacht. Wie auch Hume, Schopenhauer u.v.a. kann man Weber als Wertsubjektivisten bezeichnen. Für Weber gibt es keine Möglichkeit einer rationalen Letztbegründung „objektiv" gültiger Werte oder normativer Aussagen. Da nach Humes Gesetz normative Aussagen nur aus normativen Aussagen und nicht aus empirischen Sätzen allein logisch abgeleitet werden können (vgl. Abschnitt 2.1), lassen sich Werturteile (z.B. gesellschaftspolitische Empfehlungen und Reformvorschläge) mit den Mitteln der empirischen Wissenschaft nicht begründen und sind demzufolge nicht wahrheitsfähig. Wissenschaft kann allerdings normative Empfehlungen auf ihre Realisierbarkeit prüfen und hinsichtlich ihrer Folgen und Nebenfolgen untersuchen. Insofern hat auch eine werturteilsfreie empirische Soziologie große Bedeutung für die rationale Diskussion praktischer Handlungsempfehlungen. Die Unmöglichkeit einer Letztbegründung normativer Aussagen bedeutet für Weber natürlich nicht, dass Normen und Werte als empirische soziale Phänomene (und – um mit Durkheims Worten zu sprechen – objektive empirische soziale Tatsachen) im Objektbereich der Soziologie nicht thematisiert werden könnten, große Teile des Weberschen Werks wären sonst – gemessen an Webers eigenen Kriterien – bedeutungslos. Das Postulat der Werturteilsfreiheit impliziert ebenso wenig eine unhaltbare Position von der Art, dass Wissenschaft „voraussetzungslos" betrieben werden müsse (oder könne). Jede Wissenschaft setzt z.b. bei der Anwendung (normativer) methodologischer Regeln (z.b.: welche Kriterien sollte eine gute Erklärung erfüllen?) und bei der Auswahl der Forschungsfragen (z.b.: was ist eine wichtige Problemstellung?) Wertungen und normative Urteile voraus. Dennoch sind die empirischen Tatsachenbehauptungen der Wissenschaft an der Realität überprüfbar und anders als Werturteile wahrheitsfähig.

In *Wirtschaft und Gesellschaft* (1922), erläutert Weber seine Vorstellungen für eine allgemeine soziologische Analyse und wendet sie auf viele inhaltliche Fragen der Soziologie und Sozialökonomik an. Zwei Konzepte sind dabei zentrale Bausteine: Soziales Handeln und Ordnung. Weber definiert Handeln als ein Verhalten, dem vom Handelnden selbst ein subjektiver Sinn, also zum Beispiel eine Absicht, beigemessen wird. *Soziales* Handeln liegt vor, wenn es seinem subjektiven Sinn nach auf Andere gerichtet und daran in seinem Ablauf orientiert ist. Eine Ordnung ist im Groben vergleichbar mit einer Institution. Sie kommt zustande, wenn es über eine bestimmte Periode hinweg wiederholt zu ähnlichen sozialen Handlungen (sozialen Handlungsregelmäßigkeiten) kommt und diese als objektiv gegeben angesehen und von Sanktionen gestützt werden.

Nach Weber untersuchen Ökonomen rein wirtschaftliche Handlungen, also Handlungen, die einzig und allein aus ökonomischen Interessen durchgeführt werden. Die Soziologie als umfassende Sozialwissenschaft analysiert dagegen auch soziale Handlungen, die aufgrund von Werten, Emotionen und Traditionen motiviert sind. Dies ist der Hintergrund für Webers Klassifikation des sozialen Handelns, die nicht erschöpfend ist und deren Kategorien unterschiedliche Wichtigkeit besitzen:

- *Zweckrationales Handeln*:
  Diese Art des Handelns ist interessengeleitet. Sie wird auch als instrumentelles Handeln bezeichnet. Zweckrationales Handeln ist auf bestimmte Ziele und deren effektive Erreichung (also unter Berücksichtigung der Konsequenzen der Mittelverwendung) gerichtet. Zweckrationales Handeln muss sich nicht zwingend an wirtschaftlichen Interessen ausrichten. Auch ein von bestimmten Werten oder religiösen Ideen überzeugter Akteur handelt nach Weber zweckrational, wenn er zwischen den ihm verfügbaren Alternativen diejenige auswählt, die seine „ideellen Interessen" am besten realisiert.

- *Wertrationales Handeln*:
  Diese Variante des Handelns ist von der Überzeugung ihres Eigenwertes geprägt, wobei weder der Erfolg noch die Konsequenzen des Handelns eine Rolle spielen. Der Akteur handelt also gemäß gewissen Werten – koste es, was es wolle. Diese Vorstellung hat Affinitäten zur Pflichtethik von Immanuel Kant. Nach Kant gibt es moralische Pflichten, die „kategorisch", d.h. unbedingt befolgt werden müssen, auch wenn das nachteilige Folgen für den Handelnden hat. Weber geht davon aus, dass diese Form von Handeln in empirischen Zusammenhängen – wenn auch vermutlich in der Regel nicht in „reiner" Gestalt, sondern nur „idealtypisch" – bedeutsam ist.
- *Affektuelles Handeln*:
  Dieser Handlungstypus verweist auf die Bedeutung von Gefühlen. Danach liegen affektuelle Handlungen vor, wenn sie spontan im Gefolge von Emotionen (z.B. Glück, Traurigkeit, Wut) auftreten.
- *Traditionales Handeln*:
  Diese Spielart des Handelns reflektiert tief verankerte Bräuche, Gewohnheiten, Konventionen, Routinen und Sitten. Traditionales Handeln wird ausgeführt, weil es schon immer so (und nicht anders) gemacht wurde.

Konkretes Handeln ist oftmals eine Mischung aus diesen reinen, eigentlich nur analytisch unterscheidbaren Handlungsarten. Die Typologie bezieht sich mithin auf „Idealtypen" und enthält theoretische Idealisierungen. Das heißt, dass die einzelnen Konzepte Phänomene beschreiben, die in der Realität meist nur näherungsweise zu beobachten sind. Die Verwendung idealisierender Annahmen ist übrigens keine Besonderheit der Soziologie, sondern auch in der Naturwissenschaft weithin üblich (z.B. vernachlässigt die klassische Mechanik in vielen einfachen Anwendungen Reibungskräfte, wenn deren Wirkung hinreichend gering ist; in der Thermodynamik werden „ideale Gase" untersucht usw.).

In der gegenwärtigen Rational-Choice-Theorie wird diese Vorgehensweise Webers, die *verschiedene* Typen von Handlungsmotiven und Handlungsprinzipien als Bausteine für eine Theorie des Handelns andeutet, im Allgemeinen verworfen oder zumindest kritisch gesehen. Ein Problem des typologisierenden Verfahrens Webers ist nämlich, dass eine empirisch gehaltvolle Handlungstheorie ein Kriterium benötigt, aus dem sich ergibt, unter welchen empirisch benennbaren Bedingungen Akteure welche Motivstruktur verfolgen. Ein solches Kriterium fehlt bei Weber. Diese „Theorie" hat demnach auch, streng genommen, keinen empirischen Gehalt. Coleman und andere Rational-Choice Theoretiker gehen – auch unter dem Einfluss wissenschaftstheoretischer Überlegungen – davon aus, dass Rationalität (im Sinne von Zweckrationalität) ein universelles

Handlungsprinzip ist, das mit unterschiedlichen Motivstrukturen verbunden sein kann (z.B. Egoismus, Altruismus, Fairness), so dass es nicht nötig ist, einen Kontrast zwischen Rationalität und irrationalem Handeln (z.b. im affektuellen Fall) zu errichten, und aus dem sich grundsätzlich sämtliche Handlungen erklären lassen, auch Handlungen, die zunächst am leichtesten gedeutet werden, indem man sie Routinen, einer hohen Wertbindung oder Emotionen zurechnet. Eine besonders wichtige Rolle spielen auch aus Webers Sicht Handlungen, die von Interessen geleitet werden. Sie werden von Weber bekanntlich als zweckrational oder instrumentell definiert. Für Weber sind sie aus methodologischer Sicht bedeutsam: Nach seinen Vorstellungen sollen soziologische Untersuchungen stets auf die Handlungen der beteiligten Individuen abstellen. Dabei ist zunächst einmal Zweckrationalität zu unterstellen, um das Hauptaugenmerk der wissenschaftlichen Untersuchung auf die äußeren Verhältnisse (d.h. auf die Logik der Situation) zu richten und einen Referenzfall der Rationalität zu erhalten. Danach werden etwaige irrationale Einflüsse (z.b. affektuelle Handlungen) bei der Analyse berücksichtigt, um kausale Zurechnungen von Abweichungen von diesem Bezugspunkt auf die sie bedingenden Irrationalitäten zu ermöglichen.

Bei gleichem Informationsstand erzeugen und reflektieren zweckrationale Handlungen identische Erwartungen zwischen den Akteuren. Nach Weber folgt im modernen Markt jeder Akteur einer instrumentellen Rationalität und unterstellt ein ebensolches Verhalten der anderen Marktteilnehmer. Weber betont freilich, dass Interessen immer subjektiv wahrgenommen werden. Nach seiner Auffassung gilt überdies folgende Aussage: Falls mehrere Akteure entsprechend ihrer individuellen Interessen instrumentell handeln, werden kollektive Verhaltensmuster resultieren, die deutlich stabiler sind als solche, welche durch die Vorgabe von Regeln durch eine Autorität induziert worden wären. Danach ist es beispielsweise für den Staat schwierig, Menschen zu ökonomischen Handlungen zu bewegen, die ihren individuellen Interessen entgegenlaufen.

Beziehungen zwischen Akteuren können durch Konflikt, Wettbewerb und Macht gekennzeichnet sein. Macht ist nach Weber die Chance, innerhalb einer sozialen Beziehung den eigenen Willen auch gegen Widerstand durchzusetzen. Herrschaft nennt Weber die Chance, für einen Befehl Gehorsam zu finden. Inhaber von Herrschaftspositionen (z.B. in Firmen) besitzen das legitime Recht zur Anwendung von Macht bei Widerstand gegen ihre Befehle.

Generell spielen Wirtschaftsorganisationen eine bedeutsame Rolle im modernen Kapitalismus. Nicht wenige Wirtschaftsorganisationen (z.B. Unternehmen) verfolgen typischerweise Gewinninteressen, während andere die Regulierung ökonomischer Angelegenheiten als Hauptaufgabe ansehen (z.B. Gewerkschaft). Weber ist sich darüber klar, dass mit dem rationalen Kapitalismus eine Veränderung der administrativen Strukturen in der Gesellschaft einhergeht. Eine Systematisierung erlaubt dabei die Webersche Typologie der Autorität (d.h. der Chance, dass bestimmte Befehle in einer mehr oder weniger großen Gruppe akzeptiert und ausgeführt werden). Danach existieren drei Arten von legitimer Herrschaft oder Autorität, welche jede für sich mit bestimmten administrativen Strukturen einhergeht:

- *Traditionelle Autorität:*
  Sie beruht auf einem etablierten Glauben in die Unverletzlichkeit von Traditionen und die Legitimität derjenigen, welche unter ihr Autorität ausüben. Sie erlaubt partikularistische und diffuse Administrationsstrukturen wie z.B. Patriarchat, Feudalismus, Patrimonialismus.
- *Rational-legale Autorität:*
  Sie beruht auf einem Glauben in die Legalität der Muster der normativen Regeln und dem Recht jener, die zur Ausgabe von Befehlen berufen wurden. Sie führt zu spezifischen und universalistischen Strukturen, deren am weitesten fortgeschrittene Form die moderne „Bürokratie" ist. Letztere ist durch folgende Merkmale gekennzeichnet: Arbeitsteilung, Hierarchie der Büros, allgemeine Regeln zur Arbeitsausführung, Separierung der persönlichen und offiziellen Eigentümer und Rechte, Auswahl des Personals nach Qualifikation, Betrachtung des Angestelltseins als Karriere durch Mitglieder. Bürokratische Strukturen charakterisieren nach Weber die Organisationen (z.B. Firmen, Staat), die sich im rationalen Kapitalismus entwickeln und behaupten. Dabei spielt der Begriff der „imperativen Koordination" eine wesentliche Rolle – gemeint ist damit eine kostengünstige, allein durch Befehle entstehende Koordination.
- *Charismatische Autorität:*
  Sie beruht auf einem Glauben in die ungewöhnlichen, außeralltäglichen Qualitäten einer Person und der von ihr offenbarten oder verlangten normativen Ordnungsmuster. Charismatische Strukturen entstehen insbesondere in Perioden der sozialen Instabilität. Auch psychisch instabile Personen neigen dazu, charismatische Orientierung nachzufragen und sich charismatischen „Führern" anzuschließen (z.B. in religiösen Sekten). Gleichzeitig ist charismatische Autorität, da an eine Person gebunden, regelmäßig instabiler als andere Herrschaftsformen. Nicht immer gelingt eine Entwicklung in Richtung traditioneller oder rationaler Autoritätsstruktur, so dass Charisma im Zeitablauf routinisiert wird. Institutionelle Regelungen in Bezug auf die Nachfolge eines charismatischen Führers können dazu beitragen, charismatische Herrschaft auch über den Tod des Charisma-Trägers hinaus zu stabilisieren.

Es gibt nach Weber auch Kombinationen von charismatischen und legalen Komponenten, z.B. in der Vorstellung des Amts- oder Institutionen-Charismas. In der katholischen Kirche wird Charisma in der Weise positionalisiert, dass der geweihte Priester mit dem Amt auch die Eigenschaft zugeschrieben bekommt, sakramentale Handlungen zu vollziehen.

Generell ist charismatische Autorität eine zentrale Quelle für sozialen Wandel in Max Webers Ansatz. Aus seiner Sicht sind es also insbesondere als ungewöhnlich angesehene Akteure, die wesentlich Veränderungen initiieren und mithilfe ihrer Anhänger durchsetzen. Danach setzt unweigerlich eine Normalisierung der geschaffenen Strukturen in Richtung traditionelle oder rationale Autoritätsbeziehungen ein, die nach Weber jeweils relativ stabil sind. Für Weber gehört zu jedem Autoritätssystem immer ein bestimmtes Minimum der freiwilligen Unterwerfung. Eine kompliziertere Koordinationsaufgabe dürfte dabei stets mit mehr Freiwilligkeit bezüglich der Unterordnung einhergehen. Weber charakterisiert die Bürokratie als die effizienteste Form der Verwaltung, die gleichzeitig eine immanente Gefahr für die Freiheit des Einzelnen darstellt.

Die Soziologie von Max Weber hat die Entwicklung des Rational-Choice-Ansatzes in der gegenwärtigen Sozialwissenschaft entscheidend beeinflusst. Auch Coleman bezieht sich in seinen Schriften (z.B. 1990b) immer wieder auf Weber, insbesondere die Herrschaftssoziologie und die *Protestantische Ethik*. Eine ausführliche Übersicht und Diskussion der Beziehungen zwischen Webers Arbeiten und der modernen Rational-Choice-Theorie findet sich bei Norkus (2001), der auch ausführlich Colemans Rekonstruktionen und Kritik Weberscher Ideen analysiert.

2.3 Liberalismus und Wissenschaftstheorie

James Coleman wurde durch Ideen der liberalen Sozialphilosophie von Friedrich A. Hayek und Karl R. Popper beeinflusst. Colemans Wissenschaftsideal wurde geprägt durch die analytische Wissenschaftstheorie (z.B. Ernest Nagel) und Poppers Kritischen Rationalismus.

Friedrich A. von Hayek

Friedrich August von Hayek (1899–1992) ist ein herausragender Vertreter des Liberalismus, der sich u.a. mit dem Verhältnis von Wirtschaft, Staat und Gesellschaft beschäftigt hat. Nachdem er in seiner Jugend zunächst mit sozialistischen Ideen sympathisiert hatte, wurde er durch die Lektüre eines Buches von Ludwig von Mises (*Die Gemeinwirtschaft*, 1922) und die indirekten oder direkten Einflüsse anderer Vertreter der Österreichischen Schule der Nationalökonomie (wie Carl Menger oder Joseph Schumpeter) zu einem entschiedenen Gegner eines vermeintlich wohlmeinenden Staats, der Wirtschaft und Gesellschaft zum Besten seiner Bürger lenken will. Hayek lehnte auch die Konzeption eines betreuenden Wohlfahrtsstaates ab, der in das Wirtschaftsgeschehen und dessen Konsequenzen umverteilend eingreifen möchte. Das Eingreifen des Staates empfiehlt sich aus Hayeks Sicht lediglich, wenn damit schwerwiegende Wirtschaftsprobleme (Depression, Inflation) und ihre Auswirkungen überwunden oder zumindest abgemildert werden können.

Die Begründung für seine Skepsis gegenüber einem keineswegs nur in Krisenzeiten in das Wirtschaftsgeschehen eingreifenden Staat ist einfach: Kein staatlicher Planer kann vorab wissen, wie viele Autos, Bananen, Bierfässer und Windeln in einem Land in einer beliebigen Zeitperiode gebraucht werden. Aus der Sicht von Hayek gibt es mit dem Markt allerdings einen zuverlässigen Mechanismus, welcher über die freie Preisbildung einen Weg bereitstellt, Informationen über die Vorlieben, Bedürfnisse, Möglichkeiten und Beschränkungen auf effiziente Weise auszutauschen. Die Marktpreise der Waren und Leistungen enthalten danach alle wesentlichen Informationen, an denen sich die derzeitigen Produzenten und die Nachfrager dieser Güter orientieren müssen; Preise sind keinesfalls das alleinige Resultat früherer Entscheidungen, sondern berücksichtigen immer auch aktuelle Entwicklungen (z.B. Knappheiten) und eventuell damit verknüpfte Erwartungen (z.B. Wirtschaftsprognosen).

Hayek äußerte in diesem Zusammenhang die Vorstellung einer „spontanen Ordnung", die freie Individuen im Rahmen eines sich selbst regulierenden Prozesses ohne zentrale Planung finden können. Dabei geht er von zielgerichtet entscheidenden, aber keineswegs perfekt informierten Individuen aus, deren Handlungen oftmals unbeabsichtigte Folgen haben. Nicht jede Ordnung ist für Hayek allerdings spontan – es gibt z.B. Organisationen, die zweckgerichtet entstehen und daher „geplante Ordnungen" darstellen. Im Gegensatz zu spontanen Ordnungen wie z.B. der Arbeitsteilung in der Wirtschaft, der Rechtsordnung der Gesellschaft oder den Verhaltensmustern in einer sozialen Gruppe sind Organisationen durch klar definierte Grenzen gekennzeichnet und nur von begrenzter Komplexität. Organisationen können Elemente spontaner Ordnungen sein; spontane Ordnungen können eine Organisation wie z.B. den Staat benötigen, um die Durchsetzung und Anpassung der ungeplant entstandenen Regeln zu gewährleisten.

Eine Ordnung ist für Hayek generell ein Zustand, in dem viele unterschiedliche Elemente miteinander so verwoben sind, dass das Wissen über einen Teil es erlaubt, annähernd korrekte Erwartungen über den Rest des Ganzen zu bilden. Beispielsweise besteht eine Ordnung im Sinne von Hayek, wenn man die Gesellschaft als eine Menge von Personen betrachtet, die durch gegenseitige Abhängigkeiten bezüglich ihrer Handlungsmöglichkeiten und entsprechende Erwartungsbildungen verknüpft sind.

Das Entstehen spontaner Ordnung und die eventuell unbeabsichtigten Folgen von Handlungen stehen für ihn im Mittelpunkt des sozialwissenschaftlichen Erklärungsinteresses. Hayek bezeichnet die Methode der Sozialwissenschaften als synthetisch, wobei er darunter die Konstruktion komplexer Strukturen aus gegebenen Elementen versteht. Die Aufgabe des Sozialwissenschaftlers ist nicht die Erklärung bewusster Handlungen, die aus Hayeks Sicht im Rahmen der Psychologie zu erfolgen hat. Vielmehr ist sie in der Aufdeckung des Prinzips zu sehen, welches das jeweilige soziale Phänomen erzeugt. Sozialwissenschaftler sind somit mit der Identifikation von Mechanismen beschäftigt, die zu bestimmten Sachverhalten oder Abläufen führen und dadurch das gemeinsame Auftreten anderer Ereignisse ausschließen.

Nach Hayeks Überzeugung sind die Wissenschaften mit der Erklärung von Ordnungen beschäftigt und auffindbare Ordnungen sind Resultate von Entwicklungsprozessen. Betrachtet man beispielsweise das Wirtschaftsgeschehen, so stellt der Wettbewerb im freien Markt ein „Entdeckungsverfahren" dar, in dem jeder Marktteilnehmer Wissen erzeugen und die vorteilhafteste Option ergreifen kann. Jeder Unternehmer sucht laufend nach Neuerungen, um im Zuge des Wettbewerbs die eigenen Kosten zu senken und die Qualität der eigenen Produkte weiter zu verbessern; jeder Kunde prüft laufend die Zusammensetzung und Güte des jeweils erworbenen Warenkorbs vor dem Hintergrund der dafür notwendigen Ausgaben und entscheidet sich für eine andere Güterkombination, wenn dies lohnender erscheint. Das detaillierte Wissen aller Einzelnen kann keine staatliche Institution erhalten und verwerten. Unter Voraussetzung von Wettbewerb entsteht das Wissen des Marktes auf evolutionäre Art durch die Aktivitäten von vielen Individuen. Es ist besser als das Wissen, das jeder beliebige Marktteilnehmer jemals selbst haben kann. Anders formuliert: Kein einzelner Akteur kann mehr wissen als der freie Markt.

Verallgemeinert man diese Gedanken, so ergeben sich Aussagen über die Gesellschaft. Sofern die evolutionäre Logik auch für das soziale Wissen gilt, kann man die heutige Gesellschaft keineswegs nur als Schöpfung der gegenwärtig lebenden Personen sehen. Vielmehr beruht sie auf vielfältigen Aktivitäten und Erfahrungen noch lebender und bereits toter Akteure, die in einem weitgehend unpersönlichen Entwicklungsverlauf zu sozialen Institutionen, Normen und Werten geführt haben. Beispielsweise wurden Strafgesetzbücher in jahrhundertelangen Interaktionen zwischen erfinderischen Kriminellen und kreativen Ermittlungsinstanzen geschrieben. Die Gesellschaft und ihre Ordnungen sind im Allgemeinen keine Resultate zentraler Planung, sondern reflektieren im Zeitablauf entstandene Strukturen und Traditionen. Pflichten und Rechte, Sitten und Bräuche, Sprachen und Dialekte sind kaum planvoll konstruiert, sondern eher unintendiert entstanden.

Auch deshalb erscheinen die Möglichkeiten der zentralen Einflussnahme auf soziale Gegebenheiten für Hayek begrenzt (vgl. zum Folgenden Hayek 1976). Betrachtet man etwa soziale Gerechtigkeit (im Sinne von Verteilungsgerechtigkeit), so verweist er auf die Freiheitseinschränkung, die mit einer stärkeren Redistribution in Richtung Gleichverteilung einhergehen würde. Aus Hayeks Sicht wirkt nur die Gleichheit vor dem Gesetz freiheitsfördernd. Sämtliche anderen Arten von Gleichheit schaffen dagegen Ungleichheiten – weil Menschen verschieden sind, führt ihre Gleichbehandlung unweigerlich zu ungleichen Verteilungen von z.B. Aufgaben, Positionen und Ressourcen. So verhindert die Durchsetzung völliger Chancengleichheit im Sinne von „Startgerechtigkeit" (Hayek 1976, S. 84) vor einem Wettbewerb nicht, dass es in seinem Rahmen Gewinner und Verlierer gibt. Auch Chancengleichheit im Wettbewerb bedeutet ja nicht, dass die bereits vor dem Start realisierten Ungleichheiten an Fähigkeiten und Anstrengungsbereitschaften eliminiert werden. Sollen auch diese Ungleichheiten beseitigt werden, so müsste – zum Beispiel durch den Staat – die soziale Umgebung in jeder Hinsicht kontrolliert werden, was zu einer nicht wünschenswerten Einschränkung der Freiheit führte. Die Überlegungen Hayeks zum illusionären Charakter der Vorstellung, der Staat könne ohne Freiheitseinschränkung (etwa im Bildungssystem) Chancengleichheit herstellen (Hayek 1976, S. 84–88 und passim), haben große Ähnlichkeiten mit einigen Ideen, die Coleman in der bildungspolitischen Debatte formuliert hat. Auch die Positionen, die Coleman hinsichtlich seiner (normativen) politischen Philosophie formuliert hat, wurden durch Hayek und Denker, die Hayek nahe standen (z.B. James M. Buchanan als Hauptvertreter der Public-Choice-Schule), beeinflusst.

Karl R. Popper

Der mit Hayek befreundete Karl R Popper (1902–1994) gilt als Begründer des Kritischen Rationalismus. Der Kritische Rationalismus Poppers wird in seinen einflussreichen Beiträgen zur Wissenschafts- und Sozialphilosophie deutlich. Popper geht davon aus, dass es eine Einheit der Wissenschaften in dem Sinne gibt, dass die Geistes- und Sozialwissenschaften über keine besonderen Erkenntnisquellen oder spezifischen Methoden verfügen, die diese Disziplinen von den Naturwissenschaften *grundlegend* unterscheiden. Alle Wissenschaften haben letztlich die Aufgabe, die reale Wirklichkeit der objektiven physischen oder der sozialen Tatbestände zu erklären. Sie verwenden dabei die gleichen methodologischen Grundprinzipien.

Popper ist in Wien aufgewachsen und hat Ideen vertreten, die sich mit Vorstellungen des „Wiener Kreises" der Analytischen Philosophie überschneiden – auch wenn Popper selbst diese Ähnlichkeiten herunter gespielt hat. Einer der kreativsten Köpfe des Wiener Kreises war der deutsche Logiker Rudolf Carnap (1891-1970), der als einer der bedeutendsten Philosophen der ersten beiden Drittel des zwanzigsten Jahrhunderts gilt. Der Wiener Kreis verfolgte zunächst das Programm einer empiristischen Philosophie, die ganz im Sinne von David Humes Skeptizismus und Naturalismus metaphysische „Scheinprobleme" aus der ernsthaften philosophischen Diskussion ausschließen und eine exakte, sich der Instrumente der formalen Logik und Mathematik bedienende „wissenschaftliche Philosophie" begründen möchte. In enger Verbindung mit Carnap und anderen Vertretern des Wiener Kreises standen Hans Reichenbach (1891-1953) sowie Carl Gustav Hempel (1905-1997), die ebenfalls in die USA emigrierten und sich besonders mit wissenschaftstheoretischen Fragen befassten. Neben Hempel war der amerikanische Philosoph Ernest Nagel (1901-1985) ein führender Vertreter der analytischen Wissenschaftstheorie eines Logischen Empirismus. Von ihm stammen u.a. die einflussreichen Bücher *Logic without Metaphysics* (1956) und *The Structure of Science* (1961), die jeweils Aufsätze zu verschiedenen Themen der Wissenschaftstheorie und angewandten Logik enthalten. Nagel lehrte an der Columbia University und hat dort auch eng mit dem Soziologen Paul Lazarsfeld zusammen gearbeitet. Für James Coleman (1990a, S. 98) gehörten Nagels Vorlesungen und Seminare zur Logik, Wissenschaftstheorie und mathematischen Soziologie zu den – abgesehen von den Einflüssen Lazarsfelds, Mertons und Lipsets – wichtigsten Anregungsquellen seines Studiums an der Columbia University. Coleman hat in späteren Jahren einen Beitrag zu einer Festschrift für Ernest Nagel beigesteuert (Coleman 1969).

Wohl erst frühestens in den siebziger Jahren machte Coleman direkte Bekanntschaft mit Schriften von Karl Popper, die einerseits seine Auffassungen von den Aufgaben der Soziologie als Erfahrungswissenschaft stützen, die er unter dem Einfluss Nagels entwickelt hatte, andererseits sozialphilosophische Vorstellungen enthielten, die später in Colemans *Sozialtheorie* aufgegriffen wurden.

Nach Popper gibt es in sämtlichen Erfahrungswissenschaften die Aufgabe, möglichst „tiefe" Erklärungen für empirisch beobachtete Phänomene zu finden. Zu diesem Zweck sind gewagte, empirisch prüfbare Theorien zu formulieren, die neben einer Erklärung von bekannten, beobachteten Tatsachen auch neue, möglichst überraschende empirische Vorhersagen möglich machen. Unter „Erklärung" verstehen Hempel, Nagel und Popper die logische Ableitung einer Aussage, die einen empirischen Sachverhalt beschreibt, aus einer Menge von Prämissen. Die Prämissenmenge einer Erklärung muss wenigstens zwei Komponenten enthalten, nämlich die faktisch korrekten Anfangs- oder Randbedingungen und zumindest eine empirisch zutreffende nomologische Hypothese (Gesetz). Letztere gibt den Mechanismus oder Ursache-Wirkungszusammenhang an, der deutlich macht, wie aus dem Vorliegen bestimmter Anfangs- oder Randbedingungen der zu erklärende Sachverhalt folgt.

In den Sozialwissenschaften richtet sich das Interesse typischerweise auf die Erklärung von Makrophänomenen (z.B. Marktpreise und Einkommensverteilung, Prävalenz und Entwicklung des Drogengebrauchs in der Gesellschaft, Veränderungen von Familiengrößen und Scheidungsraten). Da letztlich aber nur Individuen handeln, erhebt Popper – wie auch bereits Weber, Hayek und andere Vertreter der Österreichischen Schule der Nationalökonomie – die Forderung des „Methodologischen Individualismus", wonach die kleinste Einheit jeder Erklärung jeweils Individuen und deren Handlungen sein soll. Vor diesem Hintergrund wird das soziale Geschehen jeweils als Resultat der Verflechtung individueller Handlungen begriffen, also die Mikroebene der Individuen bei der Erklärung eines auf der Makroebene angesiedelten Sachverhaltes oder Ablaufs berücksichtigt.

Zentrale Bausteine von Erklärungen sind empirische Gesetze, die ihrerseits in Theorien und theoretischen Systemen enthalten sind. Eine Theorie ist eine Menge von Aussagen mit Erklärungsanspruch, die durch deduktive Argumentationsketten verknüpft sind und sich zumindest teilweise empirisch testen lassen. In allen Erfahrungswissenschaften müssten die Erstellung, Prüfung und Verbesserung von solchen erklärenden Theorien als zentrale Aktivitäten gelten.

Ein Hauptwerk Poppers, die 1934 erstmals publizierte *Logik der Forschung*, beschäftigt sich mit der Frage der Abgrenzung von Wissenschaft und Pseudowissenschaft und Kriterien zur Bewertung und Begründung von Theorien. In Übereinstimmung mit David Hume sind Induktionsschlüsse, die aus Einzelbeobachtungen auf allgemeine Aussagen schließen, logisch nicht haltbar. Aus der Beobachtung endlich vieler weißer Schwäne folgt nicht, dass *alle* Schwäne weiß sind. In der Wissenschaft ist daher keine Verifikation von universellen Gesetzesaussagen möglich. Es existieren keine gesicherten Erkenntnisse, sondern stets nur bisher unwiderlegte oder empirisch bewährte Theorien. Prinzipiell können Aussagen, die Informationsgehalt im Sinne von empirischer Widerlegbarkeit besitzen, jedoch durch Beobachtungen *falsifiziert* werden. Sieht man einen schwarzen Schwan, so ist damit die Vermutung widerlegt, wonach es nur weiße Schwäne gibt. Nach Popper unterscheidet sich Wissenschaft von Pseudo-Wissenschaft durch die prinzipielle Falsifizierbarkeit wissenschaftlicher Aussagen. Eine empirisch bewährte Theorie ist besser als eine andere Theorie, wenn sie in höherem Grade widerlegbar ist, d.h. wenn die Menge ihrer empirisch prüfbaren Konsequenzen umfangreicher ist. Entscheidend für den wissenschaftlichen Fortschritt ist, dass Theorien im Vergleich zu ihren Konkurrentinnen nicht nur das bekannte empirische Wissen erklären, sondern auch viele neue empirisch prüfbare und möglichst überraschende Hypothesen logisch enthalten.

Diese Überzeugungen finden ihren Niederschlag im Kritischen Rationalismus, der von Popper entscheidend geprägten Philosophie. Der „Kritische Rationalismus" ist unvereinbar mit einem Konstruktivismus, nach dem die Wirklichkeit nur eine Vorstellung ist, in der sich der Mensch alle Dinge und Vorkommnisse letztlich selber schafft. Stattdessen wird unterstellt, dass es eine Realität gibt, die unabhängig von Worten und Zeichen ist. Ihre Existenz wird postuliert, obwohl dafür genauso wenig wie für das Gegenteil (d.h. Abwesenheit einer objektiven Realität, aber Vorliegen subjektiv konstruierter Wirklichkeiten) ein Beweis geführt werden kann.

Weiter wird vorausgesetzt, dass Zusammenhänge in der Wirklichkeit existieren, die durch Menschen vor dem Hintergrund soziokulturell vorgeformter Bezüge erkannt und verstanden werden können. Erkenntnis und Verständnis stellen jeweils Annäherungen an die Wahrheit dar, die selbst nicht auf Übereinkünften zwischen Forschern beruhen. Es lassen sich also Theorien und damit Hypothesen spezifizieren, die sich zumindest teilweise empirisch prüfen lassen und die bestenfalls eine weitgehende Korrespondenz mit der Wirklichkeit aufweisen.

Für das Aufdecken und Begreifen von Zusammenhängen und die Festlegung von Konzepten ist Vernunft notwendig, wenn auch nicht hinreichend. Menschen handeln aus Gründen, weswegen Handlungen typischerweise als zielgerichtet aufzufassen sind. Vernunft schlägt sich jeweils in prinzipiell situationsgerechten Handlungen nieder. Handlungen zu verstehen, bedeutet daher, sie als vernünftig im Sinne der Situationserfordernisse und daher als zweckdienlich zu erkennen.

Diese Überlegungen schlagen sich in Poppers (1995) [Forderung nieder, wonach in sozialwissenschaftlichen Erklärungen auf der Mikroebene der Handelnden jeweils ein „Rationalitätsprinzip" unterstellt werden soll. Dieses Prinzip besagt, dass individuelle Akteure jeweils situationsangemessen oder – wie Popper sagt – gemäß der „Logik der Situation" agieren. Das Rationalitätsprinzip stellt eine methodologische Idealisierung dar, mit deren Hilfe menschliche Handlungen und situative Gegebenheiten miteinander verknüpft werden. Es wird unterstellt, dass die handelnden Individuen auf gegebene Bedingungen vernünftig reagieren. Obwohl das Prinzip des situationsadäquaten Handelns empirisch keineswegs immer zutreffen mag, plädiert Popper für dessen Verwendung, um den Schwerpunkt auf die Untersuchung der situativen Gegebenheiten zu legen. Nach seinen Vorstellungen soll bei regelmäßigen Abweichungen zwischen theoretischen Aussagen und empirischen Befunden das Rationalitätsprinzip als fester Ausgangspunkt der handlungstheoretischen Analyse unangetastet bleiben, d.h. Theoriemodifikationen sollen sich stets auf die jeweiligen situativen Merkmale beziehen. Auch damit besteht eine bemerkenswerte Ähnlichkeit zu Auffassungen von Max Weber, wonach Erklärungen im Sinne des Methodologischen Individualismus zu erfolgen haben und dabei zunächst zweckrationale Handlungen zu unterstellen seien.

Hinsichtlich der praktischen Rolle sozialwissenschaftlicher Erkenntnis hat Popper dafür plädiert, bescheidene Ziele zu verfolgen. Da nach seiner Auffassung (z.B. Popper 1987) das holistische Projekt einer Aufdeckung teleologischer Entwicklungsgesetze ganzer Gesellschaften (das etwa Comte, Spencer und Marx vertreten haben) prinzipiell zum Scheitern verurteilt ist, gibt es keine Möglichkeit, die zukünftige gesellschaftliche Entwicklung oder gar ein Endziel der Geschichte wissenschaftlich begründet zu prognostizieren. Dennoch hat die Soziologie nach Popper eine wichtige Aufgabe bei der praktischen Gesellschaftsgestaltung, nämlich im Sinne einer „Stückwerk"-Sozialtechnologie („piecemeal social engineering"): Soziologie kann grundsätzlich Vorschläge zur Beseitigung von Funktionsmängeln sozialer Institutionen machen. Diese sollen durch Überlegungen zur Situationslogik der beteiligten Akteure wissenschaftlich fundiert werden und dem Sachverhalt Rechnung tragen, dass Eingriffe in soziale Institutionen immer auch unbeabsichtigte Wirkungen auslösen können, was nicht zuletzt daraus folgt, dass unser Wissen stets vorläufig und unvollständig ist. Aus dieser Aufgabendefinition ergibt sich jedoch nicht, dass die Rolle der Soziologie auch darin liegt, der Gesellschaft vorzugeben, welche Ziele die Veränderung sozialer Institutionen realisieren sollte. Die Diskussion über normative Fragen und die Durchsetzung kollektiver Entscheidungen sind eine Angelegenheit, an der sämtliche Individuen einer offenen Gesellschaft partizipieren sollen. Dabei kommt den Wertungen und Zielen von Wissenschaftlern kein privilegierter Status zu.

Teil II: Arbeitsschwerpunkte und Inhalte

In seiner Laufbahn als akademischer Soziologe veröffentlichte James S. Coleman etwa 30 Bücher und mehr als 300 Artikel in wissenschaftlichen Fachzeitschriften. Dabei war er in unterschiedlichen Disziplinen und Forschungsfeldern aktiv. In seiner überaus produktiven Karriere verknüpfte er verschiedene der skizzierten Ideen oder verwendete diese zur Formulierung eigener Beiträge. Wendet man die – im Einzelnen nicht unumstrittenen – in der gegenwärtigen Evaluationspraxis von Forschung üblichen Indikatoren für Produktivität (z.B. den Hirsch-Index, der die Anzahl n der Publikationen misst, die mindestens n mal zitiert werden) auf das Werk von Coleman an, so ergeben sich Werte, die nur von sehr wenigen anderen Spitzenforschern erreicht werden. Colemans Werk ist nicht nur umfassend, sondern wurde auch sehr häufig zitiert, wobei die Einflüsse sich auch auf bildungspolitische öffentliche Debatten erstreckten. Ohne nun im Detail jeweils die ideengeschichtlichen Hintergründe der Colemanschen Arbeiten herauszuarbeiten, werden im Folgenden einige besonders wichtige Forschungsergebnisse und theoretische Einsichten erläutert. Coleman beschäftigte sich u.a. mit der Anwendung des Modells rationaler Entscheidungsfindung aus der Ökonomik auf zentrale soziologische Fragestellungen, der Entwicklung von formalen Theorien und empirischen Analysemethoden sowie deren Umsetzung v.a. in der Jugend- und Bildungsforschung. Da man insbesondere die theoretischen Arbeiten noch genauer nach ihren Inhalten klassifizieren kann, werden im Folgenden insgesamt fünf Schwerpunktsetzungen („Quantitative empirische Sozialforschung", „Wissenschaftsauffassung und Methodologie", „Untersuchung von Handlungen und Handlungssystemen", „Analyse korporativer Akteure und moderner Gesellschaften", „Mathematische Modellierung") unterschieden.

3 Quantitative empirische Sozialforschung

Aufgrund seines akademischen Werdegangs verwundert es nicht, dass Coleman insbesondere an quantitativer empirischer Sozialforschung interessiert war, wobei er sich theoretisch am Vorbild seines Lehrers Robert Merton ausrichtete. Nach einigen Studien zu verschiedenen Themengebieten beschäftigte er sich insbesondere mit Fragestellungen der Jugend- und Bildungssoziologie und deren Beantwortung im Rahmen von zumeist groß angelegten empirischen Analysen.

3.1 Frühe empirische Untersuchungen

Die stark empirische Orientierung von James Coleman zeigte sich schon während seiner Zeit als Graduate Student (Doktorand) an der Columbia Universität. Sie reflektierte sicher auch die Einflüsse von Paul Lazarsfeld, Robert Merton und Seymour Martin Lipset und seiner damaligen Tätigkeiten im Bureau of Applied Social Research.

In seinen zahlreichen empirischen Arbeiten, von denen viele inzwischen zu den Klassikern der Sozialforschung gerechnet werden, hat Coleman ganz unterschiedliche Themenbereiche behandelt. In theoretischer Hinsicht war er einem Vorgehen verpflichtet, das durch Durkheim und vor allem Mertons Beiträge zu einer strukturellen Soziologie inspiriert wurde. Explananda sind strukturelle soziale Tatbestände, die sich als Folgen individueller Handlungen ergeben, welche jeweils durch den sozialen Kontext der Situation des Handelnden gesteuert sind. Im Unterschied zu Colemans späteren Arbeiten, die sich ausdrücklich an der Rational-Choice-Theorie orientieren, blieb die handlungstheoretische Basis in Colemans frühen Studien relativ unexpliziert oder beschränkte sich auf Übernahmen von damals gängigen sozialpsychologischen und mikrosoziologischen Überlegungen (z.B. Festingers Theorie sozialer Vergleichsprozesse, kognitiven Motivationstheorien, Mertons Theorie der relativen Deprivation usw.).

In methodologischer Hinsicht gilt, dass praktisch sämtliche dieser frühen Arbeiten eine Gemeinsamkeit verbindet, die sie von einem großen Teil der quantitativen, auf repräsentativen Bevölkerungsumfragen basierenden Forschung unterscheidet, die zumindest seit den sechziger und siebziger Jahren Standard in der internationalen soziologischen Forschung waren: Colemans Studien beziehen sich zwar auf Merkmale individueller Befragter, erforschen diese aber in einem *sozialen Kontext* von Gemeinden, beruflichen oder anderen Gemeinschaften, Organisationen oder sozialen Netzwerken (vgl. Coleman 1964a, S. 84–90, 1986a, S. 1327–1332; Esser 1999, Kap. 11).

Zum Beispiel untersucht Coleman in seinen Studien zur Jugendkultur und Schulorganisation die einzelnen Akteure im Kontext eines sozialen Systems (Schule) und dessen spezifische Normen und kulturelle Werte, die Anreize für das individuelle Handeln definieren. Aus diesem Grund sind komplexe Untersuchungsanordnungen erforderlich, die insbesondere mehrstufige und aufwändig zu verwirklichende Auswahlverfahren voraussetzen. Es muss nämlich in einem ersten Schritt eine Stichprobe sozialer Systeme (wie Gemeinden, Gemeinschaften, Organisationen oder Abteilungen von Organisationen) gezogen werden. In einem zweiten Schritt geht es um eine Auswahl der Individuen im Kontext dieser sozialen Systeme. Eine Berücksichtigung der sozialen Netzwerke dieser Personen innerhalb des Systems war für Coleman bereits in den 1950er Jahren ein wichtiges Desideratum und macht das Auswahlproblem noch komplexer (vgl. Coleman 1958). Für Coleman (1964a, S. 89) ist empirische Soziologie alles andere als „Aggregatpsychologie", die individuelle Merkmale wie Wertorientierungen, Einstellungen oder Persönlichkeitseigenschaften schlicht auf die System- oder Gruppenebene hochaddiert, um so Merkmale des Systems beschreiben zu können. Bei diesem Ansatz bleiben nämlich strukturelle Einbettungen der Akteure in verschiedene soziale Kontexte (und damit die Wirkungen sozialer Tatsachen auf das individuelle Handeln im Sinne Durkheims) ausgespart.

Colemans Dissertationsschrift „Political Cleavage Within the International Typographical Union" enthielt wichtige empirische Erkenntnisse über einen zentralen Gegenstand der Organisationssoziologie, nämlich die Erzeugung und Bewahrung demokratischer Strukturen in freiwilligen Vereinigungen, am Beispiel einer Druckergewerkschaft. Sie bildete die Grundlage für das im Jahr 1956 unter der Anleitung von Seymour Martin Lipset und in Koautorenschaft mit Colemans Mitstudent Martin Trow verfasste Buch *Union Democracy*. Die inhaltlich-soziologische Bedeutung von *Union Democracy* liegt in der Relativierung des von Robert Michels (1908) formulierten „ehernen Gesetzes der Oligarchie", wonach aus überwiegend strukturellen Gründen unausweichlich oligarchische Tendenzen in jeder großen Organisation entstehen – besonders auch in demokratisch verfassten Verbänden und politischen Parteien. Michels illustrierte diesen Zusammenhang an dem Beispiel der Sozialdemokratischen Partei Deutschlands, in der sich die Möglichkeiten der „Parteibasis" einer Mitgestaltung der Parteipolitik – im Widerspruch zu der erklärten demokratischpartizipatorisch formulierten Parteiprogrammatik – mit dem Erfolg und Größenwachstum der Partei zunehmend verringerten. Dieses Problem der Oligarchisierung und schwindenden Mitgliederpartizipation in großen freiwilligen Vereinigungen (und anderen Organisationen) gehört nach wie vor zu den wichtigen Forschungsfeldern der Organisationssoziologie und politischen Soziologie. Anhand der empirischen Untersuchung einer Druckereiarbeitergewerkschaft (ITU) bezüglich ihres industriellen Kontextes, ihrer Arbeitsorganisation und ihrer effektiven strukturellen Gegebenheiten konnte dieses vermeintliche eherne Gesetz in Frage gestellt werden. Im Rahmen der Analyse der Gewerkschaft ITU wurden Bedingungen identifiziert, die oligarchische Tendenzen verhindern helfen, so dass es eine dauerhafte, legitime innergewerkschaftliche Opposition, häufige Wechsel im Führungspersonal und eine Rekrutierung neuer Funktionäre auch aus den unteren Hierarchie-Ebenen gibt. Ein wichtiger Faktor, der demokratische Kontrolle durch eine innerorganisatorische Opposition fördert, ist ein dichtes Netzwerk sozialer Beziehungen der Organisationsmitglieder, das sich im Fall der ITU besonders aus von der Gewerkschaft unabhängigen berufsbezogenen Clubs und Geheimverbänden, in die viele Mitglieder eingebunden waren, ergab. Dieses „soziale Kapital" (Coleman 1990b, S. 362) der Mitglieder an der „Basis" ist nach der Analyse von *Union Democracy* eine entscheidende Ressource, um innergewerkschaftlichen Pluralismus zu organisieren.

In methodischer Hinsicht enthält *Union Democracy* viele instruktive Beispiele für sogenannte *Kontextanalysen*, d.h. Untersuchungen, die Wirkungen des sozialen Kontextes (zum Beispiel „Größe" einer Organisationseinheit oder Gruppe) auf das individuelle Handeln bei Kontrolle von nichtkontextuellen Merkmalen (wie etwa Einstellungen, Präferenzen usw.) der Akteure abbilden. Die Studie kann als eines der frühen Beispiele für eine in der Sozialforschung heute viel propagierte „*Mehrebenenanalyse*" gelten. Die Autoren von *Union Democracy* stellen etwa fest, dass es einen Zusammenhang zwischen der Größe einer Betriebseinheit („chapel") und dem Grad der politischen Beteiligung (Informiertheit, Aktivität) der jeweiligen gewerkschaftlichen Vertrauensleute („chairmen") (im Vergleich zu den übrigen, „normalen" Mitgliedern) gibt: Je größer die Betriebseinheit, desto höher die Beteiligung der Vertrauensleute (Lipset et al. 1956, S. 178–179). Eine Erklärung kann man darin sehen, dass in kleineren Einheiten die Selektion von Vertrauensleuten eher dem Zufall geschuldet ist (nach dem Motto: Irgendjemand muss das ungeliebte Amt übernehmen, im Zweifel derjenige, der sich am wenigsten dagegen sträubt), während in größeren Einheiten das Amt demjenigen zufällt, der das Amt tatsächlich anstrebt und sich in einem demokratischen Wettbewerb gegen Mitbewerber durchsetzt. Für diese Personen ist das Amt typischerweise Komponente einer Gewerkschaftskarriere und mit spezifischen Belohnungen verknüpft (vgl. ibid.). Andere Wirkungen der Gruppengröße, die in *Union Democracy* erwähnt werden, betreffen Freundschaftsbeziehungen. In größeren Einheiten („shops") gibt es andere Gelegenheitsstrukturen als in kleineren Einheiten, der Pool an potentiell verfügbaren Freunden, mit denen etwa gemeinsame Interessen geteilt werden, ist in größeren Werkstätten umfangreicher. Im Ergebnis finden sich in größeren Einheiten relativ mehr *enge* Freundschaftsbeziehungen unter Kollegen als in kleineren Einheiten. Das Homophilie-Prinzip („Gleich und gleich gesellt sich gern"), das die Wahl von Partnern in informellen Beziehungen steuert (Homans 1950; Lazarsfeld und Merton 1954), wirkt sich also in unterschiedlichen Opportunitätsstrukturen unterschiedlich aus (Lipset et al. 1956, S. 171–175).

Während der Tätigkeit als Assistant Professor in Chicago hat Coleman mehrere bis heute viel rezipierte empirische Studien durchgeführt. Eine Untersuchung, die aus einem Auftragsprojekt einer Pharmafirma erwuchs und die gemeinsam mit früheren Kollegen der Columbia University bearbeitet wurde, gilt bis heute als Referenz für eine der ersten Arbeiten überhaupt, in denen empirisch Wirkungen der Einbettung in *soziale Netzwerke* auf den Prozess der Diffusion einer Innovation aufgezeigt wurden (Coleman et al. 1957, 1966a). Ausgangspunkt für die Studie, deren Erhebungsphase bereits 1954 stattfand, war die Überlegung von Katz und Lazarsfeld (vgl. Katz 1957), dass Kommunikation auf gesamtgesellschaftlicher Ebene „zweistufig" fließt („two step flow") : Eine Information (z.B. Radio-Werbung) wird von einem zentralen „Sender" in eine große Population übermittelt, dort jedoch zunächst von Meinungsführern rezipiert und adoptiert, die die Nachricht dann an Empfänger in ihrem sozialen Netzwerk weitergeben. Die Ausbreitung neuer Werte, Normen, Ideen, Technologien oder Moden ist bekanntlich für jede Theorie des sozialen Wandels ein wichtiger Gegenstand. Die praktische Bedeutung von Fragen der Diffusion von Innovationen für die Gesundheits- und Sozialpolitik (z.B. Ausbreitung von Kontrazeptiva in Entwicklungsländern) oder auch Marketingstrategien von Firmen können kaum unterschätzt werden. Auch in der Epidemiologie – in der einige der von Coleman verwendeten Ideen vorweg genommen wurden – befasst man sich mit Diffusionsvorgängen, besonders von Infektionskrankheiten. Man kann sich im Fall einer Krankheit verschiedene Mechanismen der Ausbreitung vorstellen. Ein Übertragungsweg ist der über eine zentrale Infektionsquelle (z.B. durch Bakterien verunreinigtes Trinkwasser). Ein zweiter Weg ist die Übertragung von Mensch zu Mensch über soziale Kontakte (z.B. Geschlechtskrankheiten). Was an der Arbeit von Coleman et al. bis heute fasziniert und sie von meisten anderen Studien unterscheidet, ist die seltene Kombination origineller theoretischer Ideen (über die Mechanismen der Ausbreitung) mit einer aussagekräftigen empirischen Datenbasis, die Angaben zu individuellen Merkmalen, Kontextmerkmalen und eine Zeitreihe zur abhängigen Variablen (Zeitpunkt der Übernahme der Innovation) enthält und damit die Rolle sozialer Kontakte und Netzwerke recht genau empirisch beschreibbar macht. Da Coleman diese Untersuchung nach eigenem Bekenntnis als eine weniger wichtige Forschungsarbeit neben anderen betrieben hat (vgl. Van den Bulte und Lilien 2001, S. 1430), dauerte es gut zehn Jahre bis eine ausführliche Buchpublikation mit dem Titel *Medical Innovation* zu den Ergebnissen vorgelegt wurde (Coleman et al. 1966a). Gegenstand der Untersuchung war die Ausbreitung eines neuen Medikaments (es handelte sich um das Breitband-Antibiotikum Tetrazyklin, das seit etwas mehr als einem Jahr vor Beginn der Untersuchung auf dem Markt war) in einer Population von Ärzten. Tetrazyklin war zum Untersuchungszeitpunkt anderen auf dem Markt befindlichen Konkurrenzprodukten (wie Chloramphenicol) nach dem Stand der damaligen pharmakologischen Forschung überlegen, so dass aus fachlicher Sicht eine schnelle Verschreibung zu erwarten war. Dennoch zeigte die Studie, dass die betroffenen Ärzte das Mittel unterschiedlich schnell verordneten. Befragt wurden 125 in eigener Praxis tätige Ärzte (85% der Population) in einer Region des Mittleren Westens. Zusätzlich zu den Befragungsdaten konnten die Forscher auch prozessproduzierte Daten zum Erstverschreibungszeitpunkt des Medikaments (als abhängige Variable) aus den Unterlagen der regionalen Apotheken gewinnen. Aus diesen Daten ließ sich recht genau der zeitliche Verlauf des Diffusionsprozesses rekonstruieren. Bei der Befragung der Ärzte wurden einerseits Items zum beruflichen Rollenbild (patientenorientiert vs. professionell orientiert) und anderen individuellen Merkmalen des Arztes erhoben. Zum anderen wurden soziometrische Fragen gestellt, aus denen die Art der Einbettung des Arztes in das Netzwerk persönlicher Beziehungen zu den Kollegen in der Region rekonstruiert werden sollte. Coleman et al. (1957) zeigen auf, dass Ärzte mit einer starken wissenschaftlichen (oder professionellen) Orientierung das Medikament früher verschrieben haben als patientenorientierte Ärzte. Vor allem gab es deutliche Unterschiede im zeitlichen Verlauf des Diffusionsvorgangs in Abhängigkeit der Netzwerkposition der Ärzte: „Sozial integrierte" Ärzte (die von ihren Kollegen mindestens drei soziometrische Wahlen erhalten hatten) haben das Medikament im Durchschnitt erheblich früher verschrieben als die „isolierten" Ärzte (die keine soziometrischen Wahlen empfangen hatten). Zudem war der Verlauf des Prozesses in der Teilgruppe der sozial integrierten Ärzte im Vergleich zu den Isolierten anders: Die Diffusionskurve, die den kumulierten Anteil der Ärzte in der jeweiligen Gruppe, die das Medikament bereits verschrieben haben, in Abhängigkeit des Zeitpunkts seit der Markteinführung abbildet, zeigt für die sozial Integrierten einen S-förmigen konvex-konkaven Verlauf und folgt einer logistischen Funktion mit einer langsamen Zunahme der Verbreitungsgeschwindigkeit nach Beginn des Prozesses. Die Diffusionsgeschwindigkeit erreicht ein Maximum, wenn die Hälfte der Population die Innovation übernommen hat. Danach breitet sich das Medikament mit abnehmender Rate aus, bis schließlich am Ende des Untersuchungszeitraums fast alle Ärzte dieser Teilgruppe das Medikament übernommen haben. Bei den sozial Isolierten verläuft der Prozess eher gemäß einer konkaven Exponentialverteilung mit annähernd konstanter positiver Geschwindigkeit über den gesamten Verlauf (vgl. Coleman et al. 1957, S. 256–258).

Dieser Befund ist Ausgangspunkt für Überlegungen, die den dahinter stehenden sozialen Mechanismus aufdecken und theoretisch erklären sollen (vgl. dazu genauer Abschnitt 7.1). Der Diffusionsprozess unter den sozial integrierten Ärzten lässt sich Coleman zufolge (vgl. auch Coleman 1964a, S. 41–46, Kap. 17) vor allem erklären über einen „sozialen Ansteckungs-" oder „Schneeball"-Effekt: Ärzte, die das Medikament übernommen haben, interagieren mit Kollegen, die es noch nicht verschrieben haben und die es dann ebenfalls übernehmen. Die zugrunde liegenden Annahmen lassen sich in eine aus der Epidemiologie (bzw. der klassischen Physik) bekannte Differentialgleichung übersetzen (Verhulst-Gleichung), deren Lösung auf eine logistische, konvex-konkave S-förmige Kurve führt. Das heißt, das mathematische Modell hilft in diesem Fall, empirisch prüfbare Konsequenzen inhaltlich-soziologischer Annahmen auf der *Mikro-Ebene* (über das durchschnittliche Verhalten in zufällig gebildeten Paaren von Beziehungspartnern) für die *Makro-Ebene* deduktiv abzuleiten (Coleman 1964a, S. 41–46). Auch für den Fall der isolierten Ärzte lässt sich eine einfache Differentialgleichung formulieren, die die inhaltliche Annahme darstellt, dass die Chance der Übernahme der Innovation von den sozialen Kontakten unabhängig ist und nur von einer konstanten externen Quelle (z.B. Werbung der Pharma-Firma, Berichte in Fachzeitschriften) und der als konstant angenommenen individuellen Übernahmebereitschaft abhängt.

Medical Innovation wird allgemein als richtungweisende empirische Studie angesehen, die eine Erklärung empirischer Befunde auf der Makroebene (Ausbreitung einer Innovation) durch einen sozialen Mechanismus auf der Mikro-Ebene, nämlich interpersonelle Beeinflussung in sozialen Netzwerken, deutlich macht: Je nach verwendeten Annahmen über die Struktur der sozialen Beziehungen zwischen den Individuen nimmt der Prozessverlauf eine andere Gestalt an (vgl. z.B. Hedström und Swedberg 1998; Hedström 2008; Jackson 2008, S. 71–72). Theoretiker, die *kulturelle* Evolutionsprozesse formal beschreiben wollen, zitieren diese Überlegungen Colemans als paradigmatisches Beispiel für ein einfaches Modell kultureller Evolution (z.B. die Genetiker Cavalli-Sforza und Feldman 1981).

Wie auch viele andere spätere Studien Colemans hat diese Arbeit eine kaum noch überschaubare Sekundärliteratur und auch *Sekundäranalysen* des Datensatzes ausgelöst (vgl. Kilduff und Oh 2006), von denen einige zum Ergebnis gelangten, dass zentrale *empirische Behauptungen* über die Wirkungen der Einbettung in soziale Netzwerke dieser frühen Untersuchung mit aktuell verfügbaren Methoden vermutlich nicht belegt werden können.

Burt (1987) kann neuere netzwerkanalytische Begriffe und Methoden anwenden und kommt in seiner aufwändigen Re-Analyse der Original-Daten zu dem Ergebnis, dass die in der Studie so stark betonten Wirkungen sozialer Ansteckungsvorgänge durch persönliche Kontakte mit Kollegen, deren Rat und Unterstützung nach Coleman et al. wichtige Quellen für die Verringerung der Unsicherheit bei riskanten Entscheidungen sind, anscheinend nicht die hohe kausale Bedeutung für die Übernahme des Medikaments hatten, die ihnen Coleman et al. zuschreiben. Lediglich ein Netzwerkeffekt über „strukturelle Äquivalenz" ist nach Burt nachweisbar, d.h. die Erst-Verschreibungszeitpunkte der Ärzte, die in einer vergleichbaren strukturellen Position im Netzwerk der Ärzte sind, korrelieren miteinander. Strukturelle Äquivalenz bedeutet hier grob gesagt, dass zwei oder mehr Akteure die gleichen Beziehungen zu *Dritten*, aber *nicht* notwendig direkte Beziehungen *untereinander* unterhalten. (Sie können sich aber möglicherweise wechselseitig als „Konkurrenten" wahrnehmen oder beobachten.) In der Population von Ärzten kann strukturelle Äquivalenz sich so auswirken, dass Ärzte, die in ihrer Gruppe eine äquivalente Statusposition einnehmen, das Medikament zum annähernd gleichen Zeitpunkt verschreiben, ohne dass dies durch direkte Kommunikation („word of mouth") untereinander zustande gekommen sein muss.

Eine weitere Sekundäranalyse, die auch zusätzliche Daten (die von Coleman et al. nicht erhoben worden sind) über den Marketing-Aufwand der im Untersuchungszeitraum relevanten Pharma-Firmen einbeziehen kann (Van den Bulte und Lilien 2001), kommt zu dem Urteil, dass bei Kontrolle der Variable „Marketing-Aufwand" die ohnehin nur schwachen Effekte sozialer Netzwerke vollständig verschwinden. Nach diesen Untersuchungen lässt sich der Diffusionsvorgang im konkreten empirischen Beispiel fast ausschließlich auf die Werbeaktivitäten der verschiedenen konkurrierenden Pharma-Konzerne (die das ohne Patentschutz produzierbare Arzneimittel aggressiv vermarkteten) und andere Informationen aus zentraler „Quelle" (Fachpresse) erklären.

Die Diskussion darüber, ob und welche Netzwerkeffekte in dem Untersuchungsfeld von *Medical Innovation* relevant waren und sind, scheint bei weitem nicht abgeschlossen (vgl. Jackson 2008, Kap. 7) und beginnt gerade erneut mit großer Intensität, was dem interdisziplinär explosionsartig gestiegenen Interesse für soziale Netzwerke geschuldet ist.

Colemans Karriere als Sozialforscher ist im weiteren Verlauf – abgesehen von der kurzen (eher theoretischen) Abhandlung *Community Conflict* (1957) – inhaltlich durch Themen der Jugendsoziologie und der Bildungsforschung dominiert.

Diese Schwerpunktsetzung der empirischen Beiträge wird deutlich, wenn man zur Kenntnis nimmt, dass sich etwa ein Drittel von allen Veröffentlichungen Colemans mit dem Heranwachsen und der Erziehung, der Leistung und der Gleichheit im Bildungswesen sowie der wirtschaftlichen Ausstattung und der sozialen Organisation von Schulen beschäftigt. Die relative Bedeutung von Bildungs- und Schulthemen erklärt sich vermutlich auch dadurch, dass James Coleman in einer Familie von Lehrern aufwuchs, in der einschlägige oder verwandte Fragen diskutiert wurden. Zum anderen kann man diese Schwerpunktsetzung systematisch damit erklären, dass Schulen und andere Bildungsorganisationen sich als weitgehend geschlossene soziale Systeme darstellen. Anders als durch große allgemeine Bevölkerungsumfragen lassen sich hier zentrale soziale Prozesse der Normbildung und die Auswirkungen sozialer Kontexte (wie Normen, Institutionen, Netzwerkeinbindung) auf das Handeln der Individuen untersuchen (Heckman und Neal 1996; Schneider 2000), so dass Colemans Interesse an einer Analyse grundlegender sozialer Prozesse in solchen Studien gut zur Geltung kommen konnte.

Eine erste herausragende Arbeit stellt in diesem Zusammenhang das 1961 erschienene Buch *The Adolescent Society* dar, das sich der Untersuchung jugendlicher Subkulturen an zehn High Schools im US-Bundesstaat Illinois widmet. Diese empirische Studie war u.a. deshalb innovativ, weil sie die Schulen als soziale Systeme betrachtete und die Untersuchung aus der Sicht der Schüler unter besonderer Berücksichtigung der institutionellen Variation zwischen den Schulen erfolgte. Damit richtete sich das Forschungsinteresse v.a. auf den sozialen Kontext und seine Wirkung auf die Mikroebene betroffener Individuen. Colemans Grundidee war hierbei, dass sich innerhalb jeder Schule ein weithin geschlossenes Sozialsystem bildet, das man als eine eigenständige Gemeinschaft der Heranwachsenden mit eigenen Werten, spezifischen Belohnungen und Statuszuweisungen auffassen kann. Dieses System kann man durch viele Interaktionen zwischen Gleichaltrigen bei gleichzeitig lediglich wenigen Verbindungen der Schüler zur jeweils umgebenden Erwachsenenwelt kennzeichnen, so dass für viele Schülerinnen und Schüler der Status innerhalb des Systems subjektiv wichtiger ist als der (spätere) Status außerhalb. Colemans theoretische Vorüberlegung besagte hierbei, dass Familien im Gegensatz zu den Gleichaltrigen kaum Einfluss auf Kinder und Heranwachsende in der Schule hätten und dass dieses eigenständige Sozialsystem endogen informelle Normen hervorbringt, die weitreichende Folgen für die Verwirklichung der Erziehungsziele haben.

In seiner empirischen Untersuchung hat Coleman u.a. die einzelnen Schulen als Sozialsysteme systematisch verglichen. Bei Kontrolle für die institutionelle Variation zwischen den Schulen zeigten sich dabei eher Gemeinsamkeiten als

Unterschiede. Ein weiteres wesentliches Ergebnis der Studie bezog sich auf das informelle Statussystem in und zwischen High Schools und dessen Bestimmungsgründe – Erfolg in Aktivitäten außerhalb des Unterrichts (wie z.B. im sportlichen Wettbewerb zwischen Schulen) waren für einen etwaigen Statusgewinn von wesentlicher Bedeutung, nicht jedoch Erfolge im Sinne der vorgegebenen primären Institutionsmechanismen (wie z.b. im Wettbewerb zwischen Schülern um gute Noten). Wie Coleman empirisch dokumentiert, existieren in den meisten Schulen keineswegs Normen derart, dass primär Schülerinnen und Schülern mit den höchsten akademischen Leistungen den höchsten Status in ihrer Peergruppe erreichen. Vielmehr ist der Status auch eine Funktion der Leistungen im Mannschaftssport (Jungen) oder der physischen Attraktivität, dem Modebewusstsein und dem Cheerleading (Mädchen). Der Befund Colemans, dass in den Highschools informelle Normen innerhalb der Schülerschaft existieren, wonach man sich im Unterricht nicht zu sehr anstrengen soll („Streber" sind unter ihren Mitschülern unbeliebt), korrespondiert übrigens mit vergleichbaren Leistungsnormen innerhalb betrieblicher Arbeitsgruppen. Solche Normen machen aus Sicht der Betroffenen durchaus Sinn (bzw. folgen aus der rationalen Verfolgung der Eigeninteressen), wenn in der Leistungsbewertung durch die Lehrer oder die Vorgesetzten keine absoluten Einstufungen der Einzelleistungen vorgenommen werden, sondern eine Rangfolge erzeugt wird. Gute fachliche Leistungen wurden also von den Schülern als Konsequenzen von Strebertum und als Verderben des für alle verbindlichen Leistungsniveaus interpretiert, während Erfolge in außerunterrichtlichen Schulaktivitäten (wie Sport oder Cheerleading) wesentlich die Zuschreibungen des sozialen Status determinierten. In den betrachteten Schulen unterstützten demnach die Kontakte zwischen Gleichaltrigen und die erwachsenden Statushierarchien normative Orientierungen, die den eigentlichen Schulzielen der individuellen Förderung, fachlichen Lernbereitschaft und hohen Prüfungsleistung widersprochen haben.

Allerdings ist dieser Argumentation Colemans nicht nur zugestimmt worden. Wie Mayer (1997, S. 349) im Rahmen eines Überblicks zu Colemans bildungssoziologischen Studien feststellt, legen Sekundäranalysen der Daten von *The Adolescent Society* zum Teil weniger drastische Ergebnisse nahe. Danach scheint Coleman die Rolle des informellen Statussystems und die Beeinflussung durch Gleichaltrige in Schulen etwas überbetont zu haben, während er die Einflüsse anfänglicher Ähnlichkeit und selektiver Assoziationsmuster zwischen Schülern offenbar zu stark ausgeblendet hat.

Dennoch ist *The Adolescent Society* eine wegweisende, klassische empirische Studie im Bereich der Jugendsoziologie, was durch ihre seit Jahrzehnten andauernd häufige Zitation belegt wird (Kandel 1996; Schneider 2000). Sie etablierte

Colemans Status als wissenschaftliche Autorität im Bereich der empirischen Bildungsforschung, was ihm die Durchführung weiterer aufwändiger empirischer Studien erleichterte.

3.2 „Coleman-Report" und Kontroversen

Coleman erhielt Anfang 1965 von der US-Regierung, genauer dem National Center of Educational Statistics im Office of Education des damaligen Department of Health, Education, and Welfare das Angebot, die bis dahin größte empirische Studie über die Chancengleichheit in der Schulausbildung zu leiten. Eine derartige Untersuchung war durch das Bürgerrechtsgesetz (Civil Rights Act) von 1964 notwendig geworden – aufgrund dieser Gesetzgebung musste die Regierung innerhalb von zwei Jahren einen empirisch fundierten Bericht über die Ähnlichkeit der Bildungschancen für Schüler mit z.B. variierender Hautfarbe bei unterschiedlicher Ausstattung der öffentlichen Schulen des Landes vorlegen.

Nach kurzer Bedenkzeit akzeptierte Coleman die Regierungsofferte und leitete federführend die Studie zur Beantwortung der Frage, ob und ggf. wie eine Segregation von Schülern mit ethnisch unterschiedlichem Hintergrund auf Bildungsansprüche und Schulerfolge wirkt. Gefragt wurde weiter, ob insbesondere die Ausstattungsunterschiede zwischen Schulen schulische Leistungen beeinflussen und ursprünglich bestehende Leistungsdifferenzen vermindern helfen. Wie der Wissenschaftsjournalist Hunt (1991) ausführlich berichtet, war die Arbeit an dieser Studie keineswegs einfach. So war allein die Datenerhebung mit schwierigsten logistischen und organisatorischen Aufgaben verbunden und sehr arbeitsintensiv: Neben Befragungen von Lehrern und Schulleitern bezog sich die Studie auf Umfrage- und Leistungsdaten von 639.650 Schülern der Klassen 1, 3, 6, 9 und 12 einer US-Stichprobe von insgesamt 4393 öffentlichen Primar- und Sekundarschulen. Zusätzlich zu den verbalen und nonverbalen Fähigkeiten wurden Einstellungen zur Schule und Informationen zur Person erhoben. Die Schulleistungen konnten anhand standardisierter Tests gemessen werden. Die Ausstattungen der Schulen wurden über die monetären Ausgaben pro Schüler, die Ausbildung der Lehrer und die Anzahl der Bücher in der jeweiligen Bibliothek erfasst. Nach der Datenerhebung musste der Forschungsbericht aufgrund des vorgegebenen engen Zeitrahmens in lediglich zehn Monaten abgefasst werden.

Der im Jahr 1966 unter dem Titel *Equality of Educational Opportunity* veröffentlichte Bericht über die Studie wurde nach seinem Hauptautor als „Coleman-Report" bekannt und ist unter diesem Namen in die Geschichte (und die Lehrbücher der empirischen Bildungsforschung) eingegangen. Seine zentralen

Ergebnisse lassen sich wie folgt zusammenfassen: Zum Untersuchungszeitpunkt waren die amerikanischen Schulen mehrheitlich bezüglich der ethnischen Herkunft ihrer Schüler segregiert. Damit bestätigte die Studie zunächst einmal, dass – trotz gegenläufiger Bemühungen der Politik aufgrund eines früheren Urteils des obersten Gerichtshofes der USA – die Aufteilung von Schülern nach Hautfarbe keineswegs verschwunden war. Vielmehr existierten viele Schulen, in denen entweder Weiße oder Afroamerikaner den jeweils weit überwiegenden Teil der Schüler stellten.

Die Studie zeigte weiter, dass es zwischen den ethnisch unterscheidbaren Schülergruppen beträchtliche Unterschiede in Bildungsansprüchen, Leistungsmotiven und Schulleistungen gab. Zwar existierten regionale Differenzen in der Ausstattung von Schulen, jedoch waren diese zumindest außerhalb der Südstaaten kaum verantwortlich für Leistungsunterschiede zwischen Schülern mit afroamerikanischem und weißem Hintergrund. Unterschiedliche Bildungswünsche und Lernmotive der ethnischen Gruppen zeigten sich schon zu Beginn der Schullaufbahn und die Abweichungen verminderten sich im Durchschnitt kaum. Leistungsdifferenzen zwischen Afroamerikanern und Weißen waren schon in der ersten Klasse nachweisbar und sie nahmen überdies während der Schullaufbahn zu. Beides galt weitgehend unabhängig von der Ausstattung der Schule und etwaigen Lehrermerkmalen. Schulleistungsunterschiede, Bildungsziele und Lerngründe zwischen ethnischen Gruppen erschienen v.a. durch Faktoren bestimmt, die zeitlich vor (z.B. Familie) und räumlich außerhalb der Schule (z.B. soziale Umwelt) lagen. Zusätzliche schulische Ressourcen und günstige Merkmale der Lehrerschaft verringerten bestehende Ungleichheiten der Bildungswünsche, Lernmotive und Leistungen praktisch nicht, wenn man für den ethnischen Hintergrund und die sozioökonomische Lage der Herkunftsfamilie kontrollierte. Die soziale Herkunft der Schüler hat also die nachhaltigsten Effekte auf das erreichte schulische Leistungsniveau, einer (nicht allein von der bildungspolitischen Linken damals propagierten) „kompensatorischen Erziehung" durch höhere materielle Investitionen in Schulen mit vielen benachteiligten Schülern, Änderungen in der Schulorganisation und verbesserte Lehrpläne musste nach diesen Ergebnissen mit Skepsis begegnet werden.

Diese Hauptbefunde des „Coleman-Reports" wurden durchaus kritisch aufgenommen und diskutiert, jedoch im Rahmen von teilweise statistisch verfeinerten Sekundäranalysen weitgehend bestätigt (Mosteller und Moynihan 1969, 1972). Allerdings gilt dies nicht für ein weiteres, bisher unerwähnt gebliebenes Untersuchungsresultat, das sich auf den vermeintlichen Einfluss der ethnischen Zusammensetzung der Mitschüler auf die Schulleistung bezieht – im Forschungsbericht wurde behauptet, dass Desegregation den Lernerfolg weißer Kinder und

Jugendlicher nicht verändere, aber die Leistung afroamerikanischer Schüler verbessere. Wie sich später zeigte, beruhte diese Aussage der Studie aber auf einem Auswertungs- bzw. Codierungsfehler – eine erneute korrigierende Datenanalyse konnte keinen nennenswert positiven Effekt der ethnischen Zusammensetzung der Mitschüler auf die Schulleistung reproduzieren (Smith 1972). Dies verhinderte jedoch nicht, dass die Behauptung insbesondere von lokalen Gerichten und Behörden als Grundlage und Rechtfertigung für eine intensivierte Politik der Desegregation verwendet wurde. Konkret wurden vielerorts Bustransportprogramme („busing") zur Sicherstellung von Schulklassen mit einer weitgehenden ethnischen Durchmischung eingeführt, um dadurch insbesondere den Lernerfolg afroamerikanischer Schüler zu steigern.

Der Coleman-Report ist nicht allein die aufwändigste empirische soziologische Untersuchung, die es bis dahin gab, sondern hat über viele Jahrzehnte die bildungspolitischen Debatten in den USA und darüber hinaus geprägt. Viele fachinterne Kritiker meldeten sich zu Wort und bemängelten das Untersuchungsdesign, einzelne Operationalisierungen, statistische Auswertungen oder Interpretationen (z.b. Bowles und Levin 1968), auch weil der Report einige Überzeugungen, besonders auf Seiten von Ökonomen, hinsichtlich der Erträge von Investitionen in Bildungsprogramme einer kompensatorischen Erziehung infrage stellte. Auch die politischen Auftraggeber fanden die Resultate der Studie keineswegs nützlich für ihre Ziele. Wie Coleman rückblickend schreibt, war die bildungspolitische Wirksamkeit des Reports vorrangig dort sichtbar, wo ihn Akteure (sozusagen an der „Basis") mit geringem Einfluss in der Bildungspolitik nutzten, um eine Unterstützung für lokale Desegregationsprogramme zu erreichen (Coleman 1990b, S. 639–640).

Eine sehr kontrovers aufgenommene Anschlussstudie Colemans, die im Jahr 1975 unter dem Titel *Trends in School Segregation* veröffentlicht wurde, zeigte aber, dass viele weiße Eltern aus der Mittelschicht durch ihren Wegzug aus solchen Gemeinden von vornherein die Desegregationsbemühungen unterliefen. Die zur Sicherung einer geringeren Segregation getroffene Politikmaßnahme hatte damit den unintendierten Effekt einer Verstärkung der ethnischen Segregation, weil nicht wenige weiße Mittelschichtsfamilien vorwiegend in wohlhabendere Vororte der Großstädte ohne afroamerikanische Einwohnerschaft oder etwaige Desegregationsbemühungen umzogen. Durch diese Befunde und ihre Präsentation löste Coleman unbeabsichtigt einen öffentlichen Skandal aus. Die Kontroversen gipfelten u.a. in einer Kampagne des damaligen Präsidenten der American Sociological Association, deren Ziel es war, James S. Coleman durch die Berufsvereinigung der US-Soziologen unethisches Verhalten zu bescheinigen und Revisionen seiner Desegregationsanalyse wie auch ihrer Folgerungen in der Öffentlichkeit zu erzwingen. Diese Kampagne war letztlich erfolglos. Zudem haben spätere Untersuchungen der Auswirkungen der Desegregationsbemühungen Colemans Originalresultate weitgehend bestätigt (Hunt 1991). Trotz der erbitterten Diskussionen um diese teilweise politisch unerwünschten Ergebnisse verlor Coleman im Übrigen nicht das Interesse an soziologischer Schul- und Bildungsforschung.

3.3 Spätere Schul- und Bildungsstudien

Aufgrund der Befunde des Coleman-Reports konnte man eigentlich bezweifeln, dass Interventionen auf der Schulebene (z.B. verbesserte Ausstattung) merkbare Effekte für die Leistungen und Einstellungen der Schüler haben. Coleman war von dieser Folgerung nicht völlig überzeugt. Daher führte er weitere empirische Untersuchungen von High Schools und den möglichen Determinanten ihrer Qualität durch. Dabei hat er Unterschiede zwischen Schulen herausgefunden, die sich auf Einstellungen, Bildungswünsche und Schulleistungen auswirkten.

James Coleman veröffentlichte hierzu jeweils mit Koautoren zwei große empirische Längsschnittstudien in den 1980er Jahren, nämlich *High School Achievement: Public, Catholic, and Private Schools Compared* und *Public and Private High Schools: The Impact of Communities*. Grundlagen der erstgenannten Studie waren Befragungen und Leistungstests von 58.730 Schülern der Jahrgangsstufen 11 und 12 aus 1015 Schulen des öffentlichen und privaten Sektors in den Vereinigten Staaten. Überraschenderweise fiel die ethnische Segregation im privaten Sektor signifikant geringer aus als im öffentlichen Sektor. Im privaten Sektor nahmen katholische Schulen etwa 60 Prozent aller Schüler auf. Es erschien daher sinnvoll, katholische Privatschulen mit öffentlichen Schulen systematisch zu vergleichen. Interessanterweise zeigte sich dabei, dass in den katholischen Privatschulen relativ bessere Leistungen als an den öffentlichen Schulen erzielt wurden. Weiter konnte nachgewiesen werden, dass in katholischen privaten Schulen geringere Quoten vorzeitigen Schulabbruchs zu verzeichnen waren als in öffentlichen Bildungseinrichtungen. Zudem gelang es katholischen Schulen besser, die Unterschiede in den Leistungen von Schülern verschiedener ethnischer und sozioökonomischer Herkunft signifikant zu verringern. Insgesamt wurden gesetzte Bildungsziele von privaten katholischen High Schools eher erreicht als in öffentlichen Schulen. Die zweitgenannte Studie stützte sich auf zusätzliche Längsschnittdaten und bekräftigte diese Befunde weitgehend. Neben besseren Leistungen zeigten Schüler von katholischen Privatschulen danach nämlich seltener destruktives Verhalten und generell eine geringere Bereitschaft zum Abbruch der Schulausbildung. Diese Erfolge sind nach Coleman einem Schulethos geschuldet, das durch die Kombination verschiedener Faktoren in der Schule, der Gemeinde und den jeweiligen Herkunftsfamilien erwächst. Nennenswert sind in diesem Zusammenhang u.a. ein hohes intellektuelles Anforderungsniveau des Lehrplans, eine entsprechende Leistungserwartung der Lehrerschaft und die Bereitschaft der Schüler zu derartigen Anstrengungen – diese Faktoren sind in den USA durch das Schulpersonal, die Gemeinde und die Eltern bestimmt. Weiter erwähnenswerte schulische Faktoren für ein erfolgsförderndes Schulethos sind Lehrer-Schüler-Beziehungen, die mit klaren und durchgesetzten Regeln einhergehen, welche den Eindruck von Fairness vermitteln. Zudem wichtig ist ein soziales Klima, das aus der Sicht der Schüler insbesondere die eigenen Kontrollmöglichkeiten und somit die Verantwortung für die eigene Leistungen betont.

Sind diese Bedingungen gegeben, so dürften auch nicht-katholische öffentliche Schulen die Erfolge der katholischen Privatschulen erreichen können. Tatsächlich waren nach Colemans empirischen Untersuchungen die Leistungsniveaus in öffentlichen Schulen ähnlich hoch wie in privaten katholischen Schulen, falls sich die kognitiven und disziplinären Anforderungen im sozialen Umfeld und der Herkunftsfamilie jeweils ähnelten und sich auch die Lehrer-Schüler-Beziehungen qualitativ nicht wesentlich unterschieden.

Während also *The Adolescent Society* noch von der Annahme geprägt war, dass Familien kaum Einfluss auf Kinder und Heranwachsende in der Schule hätten, ergab sich durch diese späteren empirischen Studien, dass die Interaktionen in und zwischen der Familie, der Schule und der Gemeinde zentrale Bestimmungsgründe für den Bildungserfolg darstellen können. Ausgehend von dieser Erkenntnis beschäftigte sich Coleman wohl deshalb in seiner letzten großen empirischen Arbeit mit der Beteiligung der Eltern am Schulgeschehen und an der Schulwahl. Diese als Panel-Studie angelegte Untersuchung umfasste 14.599 Achtklässler aus 1957 Schulen und wurde im Jahr 1993 mit der Publikation des Buches *Parents, Their Children, and Schools* abgeschlossen.

Auch aufgrund der Ergebnisse dieser empirischen Studie betonte Coleman bereits in den letzten Abschnitten seines 1990er Sammelbandes *Equality and Achievement in Education* die wichtige Rolle von nichtschulischen Faktoren und nichtökonomischen Umweltbedingungen für Bildungschancen. Coleman verwendete hier den Begriff „Sozialkapital" und meinte damit insbesondere Normen, Netzwerke und intergenerationale Beziehungen, die für Sozialisationsprozesse und die Schaffung von Erwerbschancen von Bedeutung sind. Aus seiner Perspektive dürften spezifische Bildungsbenachteiligungen z.B. von Minderheiten durch geeignetes Sozialkapital ausgleichbar sein. Weil aber das relevante Sozialkapital in der modernen Gesellschaft gerade während der letzten Jahrzehnte stark erodiert sei, forderte Coleman v.a. öffentliche Investitionen in Sozialkapital und neuartige Institutionen für die Kindererziehung zur langfristigen Angleichung und Verbesserung von Bildungschancen.

Diese Forderungen gingen einher mit verschiedenen sozialtheoretischen Überlegungen und Analysen von Problemen zeitgenössischer Gesellschaften, die Coleman in den 1980er und frühen 1990er Jahren publizierte (z.B. Coleman 1982, 1990c). Wie die besprochenen empirischen Studien gründen sich diese Arbeiten auf ein bestimmtes Verständnis von Wissenschaft und Theorie, das auch Colemans Interesse an mathematischer Modellierung bei der Theoriekonstruktion erklärt.

4 Wissenschaftsauffassung und Methodologie

Der Empiriebezug der Soziologie wurde bekanntlich bereits von Klassikern wie Durkheim und Weber etabliert. Bedeutende spätere Soziologen wie Colemans akademische Lehrer Paul Lazarsfeld und Robert Merton (sowie der Philosoph Ernest Nagel) haben den unverzichtbaren Wirklichkeitsbezug der Soziologie als Erfahrungswissenschaft immer wieder betont und in ihren Arbeiten belegt. Neben diesen Einflüssen waren für Colemans Vorstellungen über Soziologie seine naturwissenschaftlich geprägte Vorbildung und seine vorherige Tätigkeit als Ingenieur wesentlich.

Im Folgenden werden zunächst die Theoriekonzeption Colemans und ihre Hintergründe erörtert, wobei auch seine Unterscheidung zwischen erklärenden und synthetischen Theorien eingeführt wird. Diese Kategorisierung trägt zum Verständnis von Colemans theoretischen und teilweise formalisierten Arbeiten bei. Danach wird auf die Erklärung sozialen Handelns eingegangen, die Coleman im Zusammenhang mit dem Rationalitätsbegriff vorschlägt. Schließlich werden seine Vorstellungen zur Theoriebildung über die Funktionsweise sozialer Systeme besprochen, die als Ausgangspunkt der Colemanschen Grundlegung der Sozialtheorie anzusehen sind.

4.1 Wissenschaftsverständnis und Theorievarianten

James Coleman war davon überzeugt, dass für die Veränderung des menschlichen Daseins und Zusammenlebens theoretisch fundierte und empirisch geprüfte Erkenntnisse der Soziologie wünschenswert sind. Er hatte eine naturalistische Wissenschaftsauffassung, die eine scharfe methodische Trennung zwischen nomologischen Naturwissenschaften und „verstehenden" Geistes- und Kulturwissenschaften ablehnt. Sein Wissenschaftsverständnis war vielmehr von den Natur- und Ingenieurwissenschaften geprägt und wird philosophisch gestützt durch das einheitswissenschaftliche Programm des Logischen Empirismus und des Kritischen Rationalismus. Die Auffassung von der Einheit der Wissenschaften hat der Philosoph Ernest Nagel in seinen Schriften (z.B. 1961) aber auch in Seminaren, die Coleman an der Columbia University besuchte, formuliert und begründet. Coleman sah in der sozialwissenschaftlichen Theorie letztlich auch ein Werkzeug, um Gegebenheiten und Vorgänge im sozialen Leben zu verbessern. Eine informationshaltige und empirisch bewährte soziologische Theorie ist nach Coleman eine Voraussetzung für die erfolgreiche Gestaltung der sozialen Umgebung, z.B. die Wahl einer Organisationsform für das Schulsystem, so dass Soziologie eine praktische Bedeutung erfährt.

Coleman betrachtete die Soziologie als eine Erfahrungswissenschaft. Vor diesem Hintergrund gibt die Empirie die letztlich relevante Grundlinie für die Formulierung, Beurteilung, Weiterentwicklung und Aufgabe von soziologischen Theorien vor. In Übereinstimmung mit Karl Poppers Vorstellungen sind nur solche theoretischen Entwürfe akzeptabel, die nicht ausschließlich tautologische Aussagen enthalten und deren Vermutungen zumindest teilweise präzise genug sind, um an der Wirklichkeit überhaupt scheitern zu können. Anders gesagt: Die Theorien haben stets zumindest einige Hypothesen zu spezifizieren, welche sich empirisch prüfen lassen. Bestenfalls werden diese Hypothesen bei ihrer empirischen Untersuchung eine weitgehende Korrespondenz mit der Wirklichkeit aufweisen, wobei diese Übereinstimmung von Theorie und Realität nicht auf Konventionen und Überzeugungen beruht. Werden sie aber immer wieder durch akzeptierte Daten widerlegt, so sind die Theorien anzupassen oder aufzugeben, aber nicht beizubehalten. Von Interesse ist ja nicht die Schaffung von immer neuen Ansammlungen unüberprüfbarer Aussagen oder die Bewahrung von Theorien mit empirisch falschen Implikationen, sondern Erkenntnisfortschritt.

Colemans Forschungsprogramm zeichnet sich ferner aus durch ein Interesse an der *Formalisierung* soziologischer Theorie. Er war – neben Anatol Rapoport, Herbert A. Simon und Harrison White – einer der Wegbereiter der „mathematischen Soziologie", deren Ziel keineswegs (jedenfalls nicht vorrangig) nur in einer Verbesserung statistischer Auswertungsverfahren liegt, sondern in erster Linie in der Theorie-Entwicklung. Formalisierung durch die Konstruktion mathematischer Modelle sozialer Prozesse ist für Coleman kein Selbstzweck, sondern dient vor allem einer Klärung der logischen Konsequenzen (und damit des empirischen Gehalts) der verwendeten theoretischen Annahmen.

Colemans Wissenschaftsideal ist orientiert an der Physik. In der klassischen Mechanik – man denke etwa an die Fallgesetze nach Galilei und Newton –

werden Bewegungsgesetze mit Hilfe von Differentialgleichungen formuliert (z.B. über die konstante Beschleunigung von Körpern in Erdnähe), aus denen sich mit Hilfe deduktiver Ableitungen (formal: durch Lösung der Differentialgleichungen für die gegebenen Anfangsbedingungen) empirische Vorhersagen (z.B. über die Geschwindigkeit eines Körpers im freien Fall zu einem beliebigen Zeitpunkt oder über die zu einem Zeitpunkt zurückgelegte Wegstrecke) ergeben, die experimentell geprüft werden können. Der logische Zusammenhang zwischen der Annahme einer konstanten Beschleunigung und der Aussage, dass die Geschwindigkeit des fallenden Körpers linear, genauer proportional mit der Zeit wächst, wird mit der Formalisierung der Fallgesetze deutlich, wodurch die Theorie im Popperschen Sinne besser falsifizierbar wird und einen höheren Informationsgehalt erhält. Coleman hat sich in seinen Arbeiten zur mathematischen Soziologie allerdings nicht ausschließlich an den Vorbildern der deterministischen Theorien aus der klassischen Mechanik orientiert, sondern auch an Ideen aus der statistischen Physik, z.B. der Maxwell-Boltzmann-Verteilung der kinetischen Gastheorie. Hier geht es u.a. um die Zusammenhänge zwischen bestimmten Zuständen eines Gases auf der Makro-Ebene (z.B. Temperatur, Druck und Volumen des Gases) und den zugehörigen Mikro-Zuständen auf der Ebene der einzelnen Atome oder Moleküle (z.B. durchschnittliche Geschwindigkeit, mit der sich die Teilchen ungeordnet bewegen), also um Mikro-Makro-Übergänge. Die ungeordnete Bewegung der einzelnen Teilchen lässt sich nicht durch deterministische, sondern durch statistische Gesetze beschreiben. Die Makro-Eigenschaften (wie Temperatur, Druck, Volumen) des Gases sind „emergente" Phänomene in dem Sinn, dass sie sich den einzelnen Komponenten nicht zuschreiben lassen (es ist sinnlos zu sagen, dass ein Atom oder Molekül eine bestimmte Temperatur aufweist), entstehen aber gleichwohl aus dem Zusammenwirken dieser Mikro-Komponenten. In der kinetischen Gastheorie gibt es stochastische Modelle, die verdeutlichen, welche Mikro-Annahmen über die durchschnittliche Geschwindigkeit der ungeordneten Molekülbewegungen mit bestimmten Gleichgewichtszuständen auf der Makro-Ebene vereinbar sind (vgl. Coleman 1995, wo er darauf hinweist, dass dieser Aspekt heuristisch bedeutsam für seine Vorstellungen über mathematische Soziologie war; siehe auch Coleman 1964a, S. 87 und passim).

Damit ist klar, dass Coleman einen Theoriebegriff verwendet, nach dem eine Theorie ein hypothetisch-deduktives System ist, d.h. eine Menge von Postulaten, die sich auf empirische Phänomene beziehen und präzise genug formuliert sind, so dass deduktive Argumentationsketten möglich und weitere Hypothesen logisch ableitbar sind. Eine Theorie besteht also aus Behauptungen, von denen einige Annahmen darstellen und die übrigen durch logische Ableitungen aus ihnen gewonnen werden. In Colemans (1964a, S. 34) Worten: „All theories may be thought of as consisting of a set of postulates, A, and a set of possible deductions from the postulates, B."

Im Rahmen einer Diskussion der Formalisierung soziologischer Aussagensysteme unterscheidet Coleman (1964a, S. 35-36., 516-519) zwischen synthetischen „sometimes-true"-Theorien und „explanatorischen" Theorien. Letztere beantworten „Warum B?"-Fragen, d.h. es wird eine Menge von Prämissen A gesucht, welche gegebene empirische Beobachtungen B erklären. Dagegen beschäftigen sich synthetische „sometimes-true"-Theorien mit der Beantwortung von „Was sind die Konsequenzen von A?"-Fragen, d.h. es interessieren die gemeinsamen Folgen B der gegebenen Prämissenmenge A.

Zwischen beiden Theorievarianten besteht kein logischer, sondern ein pragmatischer Unterschied. Wie Coleman betont, sind beide Varianten in den Naturwissenschaften gebräuchlich. Ihre Unterscheidung scheint ihm auch in der Soziologie sinnvoll. Soziologische Beispiele für „explanatorische" Theorien stammen von Klassikern wie Durkheim und Weber. Sie sind zumeist keine formalen Modelle, sondern verbale Aussagensysteme. Coleman nennt als Beispiele für synthetische „sometimes-true"-Theorien verschiedene mathematische Modelle für soziale Diffusionsprozesse: Manchmal resultiert die Diffusion einer Innovation allein durch einen Ansteckungsprozess (u.a. Imitation, Konformität), gelegentlich nur durch eine zentrale Verbreitungsquelle (wie etwa Radio oder Fernsehen), zumeist aber durch eine Kombination der Einflüsse (Mitteilung durch Freunde, Werbung in der Zeitung). Synthetische „sometimes-true"-Theorien reflektieren, dass die angemessene Diffusionsmodellierung nicht für jede Neuerung in beliebigen sozialen Systemen von vornherein bekannt ist. Es erscheint daher sinnvoll, für jede mögliche Annahmenkonstellation die passende Konklusion zu identifizieren – jedes mathematische Modell ist eine besonders präzise Theorie, welche die Folgen einer bestimmten gegebenen Prämissenmenge angibt. Für die Analyse eines konkreten Ausbreitungsvorgangs kann man somit das letztlich passende Modell wählen, sofern entsprechend unterschiedliche Theorien vorliegen. Synthetische Theorien in der Soziologie sind nach Coleman oft von der Art, dass sie von Postulaten auf der Mikro-Ebene ausgehen und daraus Aussagen für die Makro-Ebene ableiten: „[...] it is characteristic of many of these theories that they begin with postulates on the individual level and end with deductions on the group level" (1964a, S. 41). Solche Mikro-Makro-Übergänge werden beispielsweise in den Diffusionstheorien deutlich, in denen gezeigt werden kann, dass bestimmte Mikro-Annahmen über die Wahrscheinlichkeit der Kontaktaufnahme der Individuen einer Population und die Wahrscheinlichkeit der Übernahme einer Information durch einen Nichtinformierten, der auf einen Informierten trifft, auf die Makro-Vorhersage führen, dass der Diffusionsprozess einen S-förmigen Verlauf im Sinne einer logistischen Kurve annimmt.

4.2 Rationale Handlungserklärung als Mikrofundierung

Keineswegs nur nach Colemans Ansicht beschäftigt sich Soziologie im Normalfall mit sozialen Phänomenen und Prozessen (z.B. Verteilungen, Mittelwerten, Raten, Trends), nicht jedoch mit irgendeinem Einzelschicksal oder Sonderfall. Im Mittelpunkt des soziologischen Interesses stehen Massenerscheinungen und andere kollektive Phänomene (wie z.B. Bildungskohorten, Organisationen, Institutionen, soziale Ungleichheitsstrukturen usw.) Dies bedeutet aber nicht, dass lediglich Makrozusammenhänge in einer soziologischen Theorie auftauchen dürfen. Vielmehr kann man das soziale Geschehen im Gefolge von z.B. Max Weber und Karl Popper durchaus als Resultat der Verflechtung individueller Handlungen begreifen und letztlich Soziologie auf der Grundlage des Methodologischen Individualismus betreiben.

Aus der Perspektive des Methodologischen Individualismus sollen soziale Phänomene und Prozesse (wie z.B. soziale Beziehungen und Differenzierungen, soziale Institutionen und sozialer Wandel) als Resultate menschlicher Entscheidungen und Handlungen erklärt werden. Allerdings ist dabei stets zu berücksichtigen, dass individuelle Entscheidungen und Handlungen sozial bedingt sind und ihrerseits kollektive Konsequenzen nach sich ziehen. Soziale Bedingungen (z.B. Wohlstandsverteilung) und strukturelle Gegebenheiten (z.B. Netzwerkeinbindung) prägen demnach die Verhaltenswahlen und deren Makrokonsequenzen mit. Es existieren immer Makroeinflüsse auf das jeweilige Entscheidungsverhalten (Makro-Mikro-Übergang). Zudem erzeugt erst das Zusammenwirken der einzelnen Verhaltensweisen die zu erklärenden Beziehungen zwischen Makrovariablen (u.a. Coleman 1987). Daher kann der jeweiligen Logik der Aggregation oder Transformation individueller Handlungen (z.B. Abstimmungsregel, Kaskadenprozesse, Marktaggregation) wesentliche Bedeutung zukommen (Mikro-Makro-Übergang). Diesen Gesichtspunkt hatte Coleman (1964a) bereits in seinen Überlegungen zur „synthetischen" Theoriebildung angedeutet und in diesem Zusammenhang die Rolle der mathematischen Modellierung betont.

Methodologischer Individualismus bedeutet keineswegs die Ausblendung des Sozialen, weil sowohl die für die Handlungen wesentlichen Umstände als auch die sich ergebenden kollektiven Folgen bei der Analyse explizit zu berücksichtigen sind. Die Möglichkeit der Umsetzung dieses Forschungsansatzes wurde bereits durch frühe Analysen sozialer Märkte und Austauschbeziehungen verdeutlicht. Bekannte Beispiele sind Homans' (1974) verhaltenspsychologisch fundierte Tauschtheorie, Emersons (1962) Beitrag zu Macht und Abhängigkeit in dyadischen Beziehungen und Blaus (1964) strukturelle Analyse sozialer Tauschvorgänge. Zusätzlich zu diesen weitgehend verbalen Theorien legte James Coleman zu Beginn der 1970er Jahre ein mathematisches Modell zur Analyse kollektiver Entscheidungen vor, das die Fruchtbarkeit des skizzierten Vorgehens belegte. Dieses Modell beschäftigte sich mit dem Stimmentausch in legislativen Körperschaften (z.B. Parlament) und anderen strukturierten Kollektivgebilden (z.B. Gemeinderat). Wie Coleman selbst in der Einführung seiner 1986er Aufsatzsammlung *Individual Interests and Collective Action* berichtet, entwarf er in den 1960er Jahren Gesellschaftsspiele, welche oft im Rahmen eines freiwilligen Abendseminars an der Johns Hopkins Universität durch Doktoranden und Kollegen getestet wurden. Für manche Kollegen stellt sich die Beschäftigung Colemans mit Modellen und Theorien rationalen Handelns als eine Wende in seinem soziologischen Werk dar, Boudon (2003) spricht sogar von einer radikalen „Konversion". Coleman selbst führt (in Unterhaltungen mit James Heckman kurz vor seinem Tod; vgl. Heckman und Neal 1996, S. 98-99) diese Wendung seiner Interessen auf die erwähnten Arbeiten aus den 1960er Jahren zurück, die sich mit der Konstruktion von Simulationsspielen („games with simulated environments") befassten (was in dem wichtigen Aufsatz „Collective Decisions" [Coleman 1964c] gut sichtbar wird) und stellt ihn als einen eher kontinuierlichen Übergang dar. Die Spiele waren ursprünglich als pädagogische Hilfsmittel zum Einsatz im Schulunterricht gedacht. Ziel des Einsatzes solcher Spiele sollte es sein, Schülern eine höhere Lernmotivation und einen besseren Lernerfolg zu vermitteln. Es ging also darum, das schulische Belohnungssystem in eine Richtung zu lenken, so dass die Schüler motiviert sind, sich mit akademischen Gegenständen zu befassen. Der traditionelle lehrerzentrierte Frontalunterricht – wie auch die im sozialen System Schule vorherrschenden informellen Normen – liefert vielen Schülern geringe Anreize für engagiertes Lernen (Boocock und Coleman 1966). Eines dieser Spiele war ein legislatives Spiel („Democracy"), das ein Gremium von Abgeordneten simulierte, die wiederholt kollektive Entscheidungen treffen und dabei einen Stimmentausch („logrolling", „vote trading") vornehmen konnten. Ein Akteur A konnte also mit einer Partnerin B aushandeln, sie bei solchen Abstimmungen zu unterstützen, die ihr besonders wichtig sind, um im Gegenzug B's Stimme in Bezug auf solche „issues" zu erhalten, die dem Akteur A wichtig sind. Dieses Spiel lieferte wichtige Inspirationen für die Entwicklung des formalen Modells kollektiver Entscheidungen, das Coleman – unter Weiterentwicklung mehrerer Vorarbeiten, z.B. Coleman (1966) – im Jahr 1973 in dem Buch *The Mathematics of Collective Action* publizierte.

Es führten also auch die praktischen Erfahrungen bei der Entwicklung von Gesellschaftsspielen dazu, dass Coleman die in der Ökonomik populäre Annahme des zielgerichteten individuellen Handelns bei der Theoriebildung in der Soziologie explizit zu verwenden und weiter zu entwickeln begann. Insbesondere erschien sie aufgrund ihrer Einfachheit als brauchbares Postulat bei denjenigen Theorien, die einen empirisch gegebenen Sachverhalt oder Prozess auf der Makroebene des Sozialen als Resultat der Verflechtung individueller Handlungen auf der Mikroebene der Entscheidungsträger erklären wollen. Mit der Konstruktion solcher Theorien und ihrer Formalisierung beschäftigte sich Coleman in den nächsten Jahrzehnten.

Mit dem Postulat des zielgerichteten individuellen Handelns unterstellt Coleman situationsgerechtes und vernunftgeleitetes menschliches Handeln im Sinne von Poppers Rationalitätsprinzip. Durch dieses Prinzip werden bei einer sozialwissenschaftlichen Theoriebildung, die den Vorstellungen von Karl Popper entspricht, jeweils Entscheidungen, Situationen und Handlungen miteinander logisch verknüpft. Allerdings entspricht die von Coleman gewählte Konkretisierung des Prinzips der in der Ökonomik verbreiteten Ausdeutung intentionalen individuellen Handelns. Sie besagt, dass jeder Akteur im Rahmen von zu treffenden Entscheidungen und damit einhergehenden Handlungswahlen versucht, durch eine entsprechende Verwendung verfügbarer Mittel (wie z.B. Geld, Informationen, Zeit) vor dem Hintergrund gegebener Vorlieben oder Präferenzen über mehr oder weniger wahrscheinliche Handlungsfolgen jeweils einen bestmöglichen Zustand zu erreichen. Die Voraussetzung des optimierenden Verhaltens ist dabei nicht als psychologisches Postulat zu verstehen, sondern als idealisierende Auslegung der Prämisse des situationsgerechten und vernunftgeleiteten Entscheidens zwischen verschiedenen konkurrierenden Handlungsalternativen.

Unter der Bezeichnung „Rational-Choice-Theorie" werden inzwischen fachübergreifend Beiträge subsummiert, welche auf dieser Auslegung absichtsvoller und begründeter Handlungswahl beruhen. In der Soziologie orientieren sich nicht wenige dieser Arbeiten an den einschlägigen Aufsätzen und Büchern von Coleman (u.a. 1986a, 1990b). Die Verwendung des Rationalitätspostulats reflektiert, dass man bei der Festlegung einer handlungstheoretischen Grundlage für sozialwissenschaftliche Untersuchungen schon aus pragmatischen Gründen keine allzu elaborierte und auf prinzipiell alle Einzelfälle beziehbare Theorie heranziehen kann. Man vernachlässigt sozusagen individuelle Variation zugunsten einer recht einfachen und sparsamen Verhaltensannahme, wodurch man bei der Analyse soziologischer Fragestellungen auch ohne enorm detaillierte Informationen über jedes beteiligte Individuum auskommt.

Ein weiterer wichtiger Grund für die Verwendung des Rationalitätspostulats hat mit methodologischen Anforderungen zu tun, die sich bei der Theoriebildung stellen. Unterstellt man nämlich mit Popper (1994 [1934]) bzw. Hempel und Oppenheim (1948), dass eine kausale Erklärung in der deduktiven Herleitung des Explanandums aus gesetzesartigen Hypothesen und Randbedingungen besteht, dann stellt sich zunächst die Frage nach gesetzesartigen Aussagen für die soziologische Theoriebildung. Als Antwort ist ein bemerkenswerter Mangel an hinreichend robusten Regularitäten festzuhalten. Das Fehlen von empirisch gehaltvollen und bewährten gesetzesartigen Aussagen ist insbesondere auf der Makroebene zu konstatieren, auf der üblicherweise die zu erklärenden sozialen Sachverhalte und Abläufe angesiedelt sind. Im Gegensatz zu Durkheims Ansicht können sich soziologische Theorien allein deshalb nicht auf die Makroebene beschränken. Vielmehr haben sie in Übereinstimmung mit Max Webers Forderungen die Mikroebene der Entscheidungsträger in die Analyse einzubeziehen. Hintergrund ist dabei, dass die Konstanz der menschlichen Natur eine gewisse Stabilität der Verhaltensweisen garantiert, was man bei der Erklärung von Makrozusammenhängen im Sinne des methodologischen Individualismus nutzen kann. Somit kann man das Rationalitätspostulat als eine gesetzesartige Aussage interpretieren, die eine Mikrofundierung für soziologische Erklärungen sozialer Sachverhalte oder Abläufe auf der Makroebene bereitstellt. Verstehen bedeutet hierbei, die Gründe zu identifizieren, welche ein Verhalten rational erscheinen lassen.

Ein nicht zu unterschätzender Vorteil des Rationalitätspostulats besteht darin, dass es mit ausgearbeiteten Modellen der Entscheidungsfindung und Handlungswahl einhergeht. Rationalität wird hierbei als vorausschauendes, optimierendes und plantreues (d.h. zeitkonsistentes) Entscheidungsverhalten bei bestmöglich gebildeten Erwartungen konzeptualisiert, das wohlgeordnete und stabile Präferenzen sowie gegebene Ressourcen und Restriktionen reflektiert. Rationales Entscheidungsverhalten erscheint daher als ob es sich jeweils aus einer mathematischen Optimierung unter Nebenbedingungen ergeben hätte. Dabei spielt es in formaler Hinsicht keine Rolle ob man, wie Coleman (1990b), überwiegend egoistische Präferenzen unterstellt, oder ob man, wie andere Autoren (z.B. Becker 1976), auch wesentlich altruistische Handlungsmotive einführt. Daneben sind nicht nur parametrische Entscheidungssituationen, sondern auch strategische Situationen der Handlungswahl zulässig. Parametrische Entscheidungssituationen beziehen sich auf die durch die Anwendung der Nutzentheorie analysierbare Wahl zwischen verschiedenen Handlungsalternativen, die jeweils mit sicheren oder unsicheren (d.h. riskanten oder ungewissen) Handlungskonsequenzen einhergehen, aber nicht von strategischen Entscheidungen anderer Akteure abhängen. Dagegen sind die durch die Anwendung der Spieltheorie analysierbaren strategischen Entscheidungssituationen mit der Wahl zwischen verschiedenen Handlungsalternativen (Strategien) befasst, deren Handlungskonsequenzen (Auszahlungen) jeweils die strategische Interdependenz der Entscheidungsträger (Spieler) reflektieren.

Neben der Verwendungsmöglichkeit der ausgearbeiteten Varianten der Nutzen- und Spieltheorie bei der Rational-Choice Theoriebildung liegt für Coleman überdies ein Argument für die skizzierte Rationalitätskonzeption vor, das sich aus der Tätigkeit des Theoretikers ergibt: Theoriebildung verläuft zielgerichtet, wobei auf der Grundlage der verfügbaren Evidenz die denkbar beste widerspruchslose Theorie zu formulieren ist. Weil ein Theoretiker damit rational im spezifizierten Sinn entscheidet, folgert Coleman, dass man für Akteure in einem theoretischen Modell kaum etwas anderes annehmen kann.

Zu betonen ist hierbei, dass Coleman nicht zwingend fordert, dass sich die soziologische Theoriebildung stets auf die Ebene der Individuen begeben muss. Für Coleman ist es absolut hinreichend, die jeweilige „Reduktion" im Regelfall so vorzunehmen, dass die Mikroebene jeweils die relevanten Entscheidungsträger umfasst. Sind die letztlich entscheidenden Akteure also nicht Personen, sondern z.B. Haushalte, Firmen oder Bürokratien, so bilden diese die Mikroebene und es ist für sie das Rationalitätspostulat zu unterstellen. Nach Coleman erfordern sozialwissenschaftliche Erklärungen eine handlungstheoretische Mikrofundierung, die aber keineswegs die Ebene der Individuen einschließen muss. Allerdings darf sich die Theoriebildung auch nicht auf die Mikroebene der entscheidenden Akteure beschränken.

4.3 Mehrebenenschema und Aggregationsthematik

Bekanntlich beschäftigt sich die Soziologie insbesondere mit sozialen Sachverhalten und Vorgängen. Im Mittelpunkt stehen also nicht die einzelnen Entscheidungen und ihre Umsetzungen auf der Mikroebene der Betrachtung, sondern die in der jeweiligen Situation und den damit einhergehenden Gegebenheiten daraus erwachsenden Phänomene und Prozesse, die auf der Makroebene angesiedelt sind. Auch wenn eine gewisse Konstanz der menschlichen Natur und daher auch des Entscheidungsverhaltens existiert, was man bei der Erklärung von Makrobeziehungen instrumentalisieren will, liegt der soziologische Schwerpunkt keineswegs auf der Ebene derjenigen Akteure, die in der betrachteten Situation jeweils Entscheidungen zu treffen haben.

Erklärungsbedürftig sind aus der Sicht des Rational-Choice Theoretikers vielmehr alle Vorgänge, die sich auf der Makroebene durch eine Kombination der auf der Mikroebene angesiedelten rationalen Verhaltensweisen ergeben. Gesucht werden daher Mechanismen, welche beobachtbare Makrozusammenhänge im Zusammenspiel von Einzelentscheidungen bewirkt haben können. Nach Coleman (1990b) soll erklärt werden, wie ein soziales System funktioniert. Unter einem sozialen System versteht Coleman dabei, grob gesagt, handelnde Akteure, die miteinander durch irgendwelche direkte oder indirekte Beziehungen verbunden sind.

Dass sich Coleman letztlich mit dem Sozialsystem und Ausprägungen der dafür charakteristischen Größen (z.B. Verteilung von Ressourcen und Macht) beschäftigt, kann man daran erkennen, dass er oftmals Gleichgewichtsanalysen durchführt. Auch wenn Coleman in seinen metatheoretischen Ausführungen nicht auf den Begriff des Gleichgewichts eingeht, beruhen viele praktische Umsetzungen seiner methodologischen Überlegungen auf dessen Verwendung. Genauer gesagt ist er an der Bestimmung und Untersuchung von Gleichgewichtszuständen auf der Makroebene interessiert, die sich aus den rationalen Verhaltensweisen der Systemmitglieder ergeben und deren Existenz, Eindeutigkeit und Stabilität jeweils nachzuweisen sind.

Nach der Überzeugung Colemans sollten soziologische Erklärungen somit die Varianten der Nutzen- und Spieltheorie verwenden, ohne dass dabei strukturelle Einflüsse (wie z.B. Institutionen, Organisationsformen oder Netzwerkbeziehungen) für die einzelnen Entscheidungen auf der Mikroebene und die daraus (u.U. im Rahmen von Gleichgewichtsanalysen bestimmbaren) sozialen Sachverhalte oder Prozesse auf der Makroebene vernachlässigt werden. Diese methodologische Vororientierung besitzt enge Parallelen zu dem mikroökonomischen Ansatz von Colemans Chicagoer Kollegen Gary S. Becker. Wie Becker (z.B. 1957, 1964, 1976, 1996) nachweist, erlaubt dieser disziplinübergreifende Erklärungen derjenigen Folgen und Konstellationen menschlichen Verhaltens in unterschiedlichsten Lebensbereichen (u.a. Arbeitsmarkt, Bildung, Familie, Kriminalität, Politik), die wesentlich mit Knappheiten (von z.B. Einkommen, Produktionstechnologien, Zeit) zu tun haben, abwägende Entscheidungen zwischen konkurrierenden Alternativen erfordern und sich im Rahmen von Gleichgewichtsanalysen ergeben.

Im Allgemeinen sind Gleichgewichte, sofern existent, auf der Makroebene der Rational-Choice Analyse angesiedelt, während Verhaltensentscheidungen und Handlungen auf der Mikroebene der Entscheidungsträger stattfinden. Generell ergeben sich Gleichgewichte jeweils durch die widerspruchslose Kombination der Handlungswahlen, die entsprechend der beschriebenen Rational-Choice

Teiltheorien erfolgen. Die Herleitung von solchen Ruhezuständen und deren Untersuchung interessiert aus theoretischer Sicht, weil dadurch empirisch prüfbare Hypothesen über Makrozusammenhänge möglich werden. Wichtig ist, dass sich ein Gleichgewicht typischerweise auf alle betrachteten Akteure und deren Verhaltensweisen bezieht, aber nicht auf einen bestimmten einzelnen Entscheidungsträger und dessen Handlungswahl. Das grundlegende Merkmal eines Gleichgewichtszustandes ist die Konsistenz der Verhaltensweisen aller Entscheidungsträger; ein Gleichgewicht wird mithin durch die individuell optimierenden Entscheidungen und Handlungen der beteiligten Akteure begründet. Dabei braucht ein Gleichgewicht keineswegs ein sozial effizienter Zustand zu sein; eine sozial effiziente Situation (im Sinne von Pareto) liegt erst vor, wenn eine Besserstellung eines Akteurs nur noch auf Kosten zumindest eines anderen Akteurs erreicht werden kann.

Nach dieser Besprechung von Merkmalen eines Gleichgewichtes stellt sich die Frage nach seiner Konkretisierung bei Rational-Choice-Analysen. Betrachtet man Colemans (1986a, 1990b) theoretische Arbeiten, so beschäftigen sich diese kaum mit strategischen Situationen. Es ist daher wenig verwunderlich, dass er das wichtige Konzept des strategischen Gleichgewichts nicht hervorhebt, das von John Nash (1951) für deren Untersuchung vorgeschlagen wurde. In einem Nash-Gleichgewicht trifft jeder Akteur bei gegebenen Strategiewahlen seiner Mitspieler die jeweils für ihn günstigste Handlungswahl. Ein solches strategisches Gleichgewicht ist ein dauerhafter Zustand in dem Sinne, dass sich niemand durch eine einseitige Abweichung von der Gleichgewichtsstrategie (also durch die Wahl einer anderen Handlungsalternative) verbessern kann, wenn die Mitspieler bei ihren ursprünglichen Handlungsentscheidungen bleiben.

Bis auf wenige Ausnahmen beziehen sich Colemans Beiträge auf parametrische Entscheidungssituationen, die man aus der Perspektive der Nutzentheorie untersuchen kann. Eine geeignete Kombination von Annahmen (z.B. Marktaggregation unter den Bedingungen vollständiger Konkurrenz) mit dem Postulat von Nutzen maximierenden Verhaltensweisen kann dann zu einem Gleichgewichtszustand führen, der zunächst einmal kein strategisches Gleichgewicht darstellt (aber für bestimmte Zusatzpostulate als strategisches Gleichgewicht rekonstruierbar ist). Beispielsweise analysiert Coleman (1990b) soziale Tauschvorgänge in Wettbewerbsmärkten auf der Grundlage der parametrischen Entscheidungstheorie und leitet ein Wettbewerbsgleichgewicht her, das die empirisch prüfbare Endverteilung der Tauschgüter und ihrer Werte sowie die Verteilung der Macht unter den Akteuren bestimmt.

Gleichgewichtssituationen sind allerdings nicht erschöpfend, wenn man sich mit der sozialen Realität beschäftigt. Selbst wenn ein Gleichgewicht auf der Makroebene prinzipiell existiert, ist dessen Realisierung keineswegs von vornherein garantiert (Instabilität und Uneindeutigkeit von Gleichgewichten). Coleman betrachtet daher soziale Situationen, die ohne stabile Gleichgewichte bleiben oder sich zumindest in Übergangsstadien befinden. Neben einer genaueren Analyse solcher instabiler oder transienter Systeme betont er ausdrücklich, dass dem Mikro-Makro-Übergang bei der soziologischen Arbeit eine zentrale Bedeutung zukommt. Vor diesem Hintergrund sind im Rahmen der Theoriebildung soziale Mechanismen zu identifizieren, die das soziale System aufgrund der gewählten Handlungen der Entscheidungsträger verändern. Derartige Mechanismen sind z.B. Homophilie, Imitation, Vakanzketten oder Wettbewerb. Die dadurch gegebene Verbindung der Mikroebene der Entscheidungsträger mit der Makroebene des sozialen Systems ist keineswegs immer nur eine einfache Aggregation (z.B. Auszählen von Wahlstimmen, Summierung individueller Nachfragen). Vielmehr sind auch komplexe zeitabhängige Abläufe mit eventuellen Rückkopplungen möglich, wie sie etwa durch Diffusionsvorgänge oder Kaskadenprozesse in mehr oder weniger dicht geknüpften Netzwerkstrukturen gegeben werden.

Jedenfalls korrespondieren die Suche nach Mechanismen und die Frage nach ihren Wirkungen mit Colemans pragmatischer Sicht der Sozialtheorie. Um sinnvolle Eingriffe in die gesellschaftliche Wirklichkeit durchzuführen, benötigt man u.a. theoretisch fundiertes und empirisch geprüftes Wissen über geeignete Mechanismen und deren Effekte. Aber auch wenn man den sozialtechnologischen Anspruch Colemans nicht teilt, erlaubt sein methodologischer Ansatz die theoretische Analyse fundamentaler Problemstellungen der Soziologie.

5 Untersuchung von Handlungen und Handlungssystemen

Seit den 1960er Jahren publizierte Coleman theoretische Beiträge, die soziale Phänomene und Prozesse durch zielgerichtete individuelle Verhaltensweisen und deren Verflechtungen begründeten. Das 1990 veröffentlichte Werk *Foundations of Social Theory* verarbeitet Überlegungen und Ergebnisse aus früheren Aufsätzen und Büchern, ist aber schon vom Anspruch her alles andere als eine Zusammenfassung dieser Arbeiten. Bereits im Vorwort dieses fast 1000 Seiten umfassenden Buches betont Coleman, dass die Gestaltung der sozialen Institutionen und des Wandels in heutigen Gesellschaften eine robuste Sozialtheorie erfordert, die auf hinreichend festen Grundlagen steht, ohne sich in sozialwissenschaftlicher Ideengeschichte zu erschöpfen. Diese Grundlagen will Coleman in seinem Hauptwerk bereitstellen. Die bereits besprochene einheitliche Erklärungslogik wendet er dafür auf zentrale Problemstellungen der Soziologie (wie Herrschaft und Herrschaftsentzug, Vertrauen, Kollektivverhalten, Austausch, Normbedarf und Normschaffung, Sozialkapital, Sozialisation und Selbst) an. Nach einer kurzen Einführung der zentralen Elemente, Konzepte und deren Verbindungen werden im Folgenden Colemans Einsichten zu den Themen referiert, die insbesondere mit Handlungen und damit verknüpften Strukturen sowie der Herausbildung des Selbst zu tun haben.

5.1 Handlungstheoretischer Bezugsrahmen

Coleman spezifiziert zunächst grundlegende Konzepte: Eine endliche Menge von „Akteuren" ist mit einer endlichen Zahl von „Dingen" konfrontiert, die entweder als „Ereignisse" (bei Unteilbarkeit wie z.b. bei kollektiven Entscheidungen) oder als „Ressourcen" (bei Teilbarkeit wie z.b. bei privaten Gütern) bezeichnet werden. Die Akteure sind Individuen (natürliche Personen) oder aber Kollektivgebilde (wie z.B. Familien, Organisationen oder andere korporative Akteure). Generell haben die Akteure mehr oder weniger „Kontrolle" über die Ereignisse oder Ressourcen und sie haben mehr oder weniger „Interesse" an ihnen. Beide Konzepte sind gegeben und werden nicht weiter erläutert. Während man im Zusammenhang mit dem Begriff des Interesses aus philosophisch-historischer Sicht auf eine lange Tradition verweisen kann, gilt dies für den Begriff der Kontrolle weniger – im Gegensatz zum deutschen Sprachgebrauch versteht Coleman unter Kontrolle weniger Aufsicht oder Überwachung, sondern insbesondere Verfügungsgewalt über Handlungsrechte. Aus seiner Perspektive besitzen etwa Mitglieder eines demokratisch verfassten Gremiums Stimmrechte (Kontrolle) bei anstehenden Kollektiventscheidungen, die sie trotz der bestehenden Unteilbarkeit einzelner Wahlstimmen nach ihren Präferenzen (Interessen) zur Beeinflussung der Wahlausgänge einsetzen können. Ein weiteres Beispiel bezieht sich auf Individuen in Wettbewerbsmärkten für private Güter, die über bestimmte Anfangsausstattungen mit teilbaren Produkten (Kontrolle) verfügen und diese im Sinne ihrer Vorlieben (Interessen) verwenden.

Kontrollieren die Akteure alle sie interessierenden Ereignisse oder Ressourcen vollständig, dann können sie ihre Kontrolle zur sofortigen Interessenrealisierung ausüben. Kontrollieren sie aber die interessierenden Ereignisse oder Ressourcen nur teilweise, so entsteht aus Colemans Sicht ein „soziales System", weil die Akteure nun auf andere Akteure und deren Kontrolle angewiesen sind, um ihre eigenen Interessen umzusetzen. Ein soziales System ist für Coleman somit durch die strukturelle Interdependenz von handelnden Akteuren gekennzeichnet, die sich jeweils durch die Verflechtungen der Interessen- und Kontrollverteilungen ergibt. Stimmt die Kontrolle von Akteuren nicht völlig mit ihren Interessen überein, so existiert prinzipiell ein Spielraum für interessensgeleitete Handlungen mit Bezug auf die Kontrollverteilung im Sozialsystem. Coleman unterscheidet hier v.a. zwischen drei elementaren Handlungsoptionen:

- *Übertragbarkeit von Kontrolle*
  Akteure des Sozialsystems können einseitig Kontrolle an andere Akteure oder „Agenten" abtreten, falls sie die Opportunitätskosten einer irgendwie gearteten eigenen Kontrollverwendung im Sinne ihrer Interessen als zu hoch einschätzen. Für die Kontrolle abtretenden Akteure ist die Sicherstellung einer Kontrollverwendung durch den jeweiligen Agenten ihren eigenen Präferenzen entsprechend das zentrale Problem. Insbesondere im Falle abweichender Präferenzen des oder der Agenten stellt sich für sie die Frage, wie sie eine nur dessen oder deren Präferenzen folgende Kontrollausübung verhindern können. Herausragende Bedeutung kommt hierbei der Schaffung einer Anreizstruktur für Agenten zu, nach den Präferenzen der Kontrollgeber zu handeln. Explizite Regelungen zum Wiederentzug abgetretener Kontrolle oder eine in Aussicht gestellte Agentenentlohnung können als Beispiele für derartige Anreize angegeben werden.
- *Austausch von Kontrolle*
  Akteure können Kontrolle nach ihren Interessen mit anderen Akteuren des Sozialsystems austauschen, um die eingetauschten Kontrollanteile dann ihren Präferenzen entsprechend einzusetzen. Ein Beispiel ist der Austausch von Kontrolle über private Güter in einem vollkommenen Wettbewerbsmarkt. Die in diesem Fall beteiligten Anbieter und Nachfrager konsumieren die jeweils nach ihren Präferenzen eingetauschten Ressourcen nach Abschluss der Tauschvorgänge.
- *Zusammenlegung von Kontrolle*
  Akteure des Sozialsystems können Kontrolle zusammenlegen, um sie einer gemeinsamen Disposition zu unterstellen, sofern sie den Nutzen eigener Kontrollverwendung geringer einschätzen als den Nutzen gemeinsamer Kontrollausübung. Das so aus einer Teilmenge der Akteure des Sozialsystems entstehende Kollektivgebilde wird von Coleman als „korporativer Akteur" bezeichnet. Beispiele für korporative Akteure sind neben Organisationen wie Unternehmungen, Verbänden und Parteien, auch Wohngemeinschaften oder Staaten. In korporativen Akteuren unterliegt die Nutzung der zusammengelegten Kontrollanteile und die Verwendung etwaiger dadurch geschaffener

Erträge prinzipiell kollektiven Entscheidungsprozessen. Die dabei relevanten institutionellen Bedingungen (wie etwa die Entscheidungsregeln und Verteilungsverfahren) werden bei der Bildung des korporativen Akteurs explizit oder implizit in einer „Verfassung" festgelegt, die man als „Gesellschaftsvertrag" zwischen den einzelnen Mitgliedern ansehen kann.

Die diskutierten Varianten der Kontrollverwendung lassen sich zwar analytisch trennen, überlappen sich aber bei der Analyse konkreter Handlungszusammenhänge. So können individuelle und korporative Akteure Kontrolle austauschen und Individuen an korporative Akteure Kontrolle abtreten. Weiter liegt ein korporativer Akteur natürlich auch dann vor, wenn ein Agent die an ihn übertragene Kontrolle mit anderen Agenten oder Akteuren des Sozialsystems zusammenlegt oder sich mehrere korporative Akteure zusammenschließen.

Mit Hilfe der getroffenen Unterscheidungen können Handlungen in beliebigen sozialen Systemen untersucht werden, sofern bestimmte Bedingungen gegeben sind. Unverzichtbare Voraussetzung der einseitigen Übertragung von Kontrolle an andere Systemmitglieder, dem Tausch von Kontrolle zwischen Akteuren im System und der Zusammenlegung von Kontrolle mit anderen Systemakteuren ist nicht nur, dass Akteure ein Interesse an den von Mitakteuren kontrollierten Ereignissen oder Ressourcen haben. Sie müssen vielmehr auch uneingeschränkte Rechte der Nutzung und Abgabe über die von ihnen kontrollierten Ereignisse oder Ressourcen besitzen. Nach Coleman hängen diese Rechte wiederum wesentlich von der Zustimmung der Systemmitglieder und ihren etwaigen Verweigerungsmöglichkeiten ab – existierende Rechte kann man selbst als das Resultat früherer Aushandlungsprozesse begreifen, die eine spontane Ordnung im Sinne Hayeks begründen.

Derartige Prozesse haben also zu einer Übereinkunft und damit zu einem Gleichgewicht zwischen den beteiligten Akteuren bezüglich der Verteilung von Rechten geführt. Freilich gibt es Handlungsstrukturen, in denen kein Gleichgewicht erreicht werden kann. Im Allgemeinen sind sie nicht mit sozialen Austauschvorgängen verbunden, weil freiwilliger Tausch zwischen eigeninteressierten Akteuren ja für alle Beteiligten vorteilhaft ist und daher bei einer Einigung zwischen den potenziellen Geschäftspartnern immer ein Gleichgewicht realisiert wird. Ungleichgewichte sind daher normalerweise mit der einseitigen Übertragung von Kontrolle an andere Akteure verbunden. Typischerweise versucht der Kontrolle abtretende Akteur zwar seine eigene Situation dadurch soweit wie möglich zu verbessern. Allerdings kann der unilaterale Kontrolltransfer an einen bestimmten Akteur dazu führen, dass dieser Agent weitere einseitige Kontrollübertragungen durch andere Systemmitglieder erhält. Möglicherweise ergibt sich dadurch lediglich eine verstärkte Machtkonzentration, aber kein Gleichgewicht im Sinne eines sozialen Ruhezustandes. Einseitige Abtretungen von Kontrolle charakterisieren u.a. soziale Bewegungen, Moden, Mobverhalten und charismatische Herrschaftsstrukturen, die man als Quellen sozialen Wandels ansehen kann.

Daneben ist nach Coleman zwischen einfachen und komplexen Beziehungen zu unterscheiden: Einfache Beziehungen sind bilateraler Natur und selbständig insofern, als Anreize zu ihrer Fortführung für beide Akteure allein aus ihnen selbst erwachsen. Solche Verbindungen bestehen u.a. zwischen Bekannten, Freunden und Verwandten. Sie sind für Coleman die Bausteine ungeplanter sozialer Organisation, die sich etwa in einem entstehenden sozialen Netzwerk niederschlägt. Kennzeichnend für diese Art sozialer Organisation ist das Fehlen klar definierter Grenzen. Zudem erfordern der Fortbestand und das Wachstum der ungeplanten sozialen Strukturen, dass die Erwartungen jedes Akteurs in jeder seiner Beziehungen jeweils seine beziehungsspezifischen Verpflichtungen übersteigen.

Komplexe Beziehungen sind zwar auch bilateraler Art, jedoch unselbständig. Für ihren Fortbestand bedürfen sie jeweils extern gesetzter Anreize, d.h. das Einwirken einer dritten Partei. Geplante formale Organisationen werden aus diesen Beziehungen konstruiert und sind durch klar definierte Grenzen nach außen charakterisiert. Die Komplexität ergibt sich insofern, als die für die Aufrechterhaltung der bilateralen Beziehung erforderlichen Anreizstrukturen jeweils drei oder mehr Parteien umfassen. Dabei ist es nicht notwendig, dass jeder Akteur mit jedem anderen Beziehungspartner ein Überwiegen von Erwartungen gegenüber Verpflichtungen aufweist. Es genügt vielmehr, wenn für jedes beteiligte Individuum über alle in die komplexe Anreizstruktur einbezogenen Akteure jeweils eine positive Gesamtbilanz von Erwartungen und Verpflichtungen gezogen werden kann.

Eine formale Organisation ist damit eine aus Erwartungen und Verpflichtungen bestehende Beziehungsstruktur, die für Coleman ein „konstruiertes" soziales Umfeld darstellt und deren Wachstum geplant ist. Das „natürliche" soziale Umfeld wächst nach Coleman durch die selbständige Entstehung und Erweiterung einfacher Beziehungen ohne koordinierte Planung. Die Unterscheidung von geplanter formaler Organisation und ungeplanter sozialer Organisation erinnert zwar an Hayeks Begriffspaar der geplanten Ordnung und der spontanen Ordnung, ist aber damit nicht identisch. Bekanntlich war Hayek über die Erfolgsaussichten geplanter Strukturen, die formale Organisationen kennzeichnen, ausgesprochen skeptisch. Coleman argumentiert dagegen, dass die geplanten formalen Organisationen im Zeitablauf immer wichtiger geworden sind. Aus seiner Sicht nimmt das konstruierte soziale Umfeld inzwischen einen beträchtlichen Raum im menschlichen Leben in der modernen Gesellschaft ein. Allerdings beschäftigt sich Coleman nicht nur mit schwierigen Strukturen, sondern auch mit elementaren Beziehungen.

5.2 Beziehungen und Handlungsstrukturen

Das skizzierte Grundgerüst kann man beispielsweise für die Analyse einfacher und komplexer Herrschaftsbeziehungen verwenden. Nach Coleman besteht eine einfache Herrschaftsbeziehung, wenn ein Akteur sein Recht der Bestimmung des eigenen Handelns freiwillig an einen anderen Akteur abgegeben hat, weil dadurch entweder seinen Interessen besser gedient scheint (konjunkte Herrschaft) oder für seinen Kontrollverzicht eine hinreichende Kompensation (z.B. Entlohnung) bereitgestellt wird (disjunkte Herrschaft). Aus dieser Perspektive lässt sich Webers Konzeption der charismatischen Herrschaft als eine spezielle konjunkte Herrschaftsbeziehung auffassen, die dadurch gekennzeichnet ist, dass die Beherrschten das Recht der Handlungskontrolle an einen „Führer" übertragen, weil sie glauben, dass dieser ihre Interessen besser bedienen wird als sie selbst es ohne Unterwerfung unter diese Autorität könnten (Coleman 1990b, S. 75–79, 164–165). Eine komplexe Herrschaftsbeziehung liegt vor, wenn der potenzielle Herrscher daneben das Recht erhält und ausübt, die Kontrolle über das Handeln eines anderen Akteurs an einen Dritten zu geben. Es ist klar, dass insbesondere Transfers der Handlungskontrolle an Dritte oftmals problematisch sind. So ergibt sich bei komplexen Herrschaftsbeziehungen keineswegs selten ein sogenanntes „Prinzipal-Agent Problem", wonach die vom Herrscher (Prinzipal) mit der Handlungskontrolle der Beherrschten beauftragten Dritten (Agenten) die Interessen der anderen Beteiligten über Gebühr vernachlässigen können. Aus der Sicht des Herrschers fallen bei komplexen Herrschaftsbeziehungen in der Regel daher Kosten an, die zusätzlich zu den Ausgaben für die Einhaltung von getroffenen Vereinbarungen zu Buche schlagen (z.B. Ausgaben für die Überwachung von Agenten oder die Gewährung von Anreizen zur Sicherstellung ihres Wohlverhaltens).

Neben Herrschaftsbeziehungen lassen sich auch Vertrauensbeziehungen im Sinne einer Kontrollübertragung auffassen. Dies wird durch Colemans Modell für die Vergabe von Vertrauen verdeutlicht. Danach kann ein rationaler Akteur („Treugeber") eine angefragte einseitige Vorleistung (d.h. Kontrolltransfer) zugunsten eines anderen Akteurs („Treuhänder") erbringen oder nicht, wobei zum Entscheidungszeitpunkt unsicher ist, ob der Treuhänder seinen im Gefolge einer etwaigen Vertrauenssetzung geschaffenen späteren Verpflichtungen tatsächlich nachkommen wird. Aus der entscheidungstheoretischen Modellierung ergibt sich die Folgerung, dass die Vertrauensvergabe erfolgen wird, wenn die Einschätzung der Vertrauenswürdigkeit des Treuhänders durch den Treugeber einen kritischen Wert übersteigt, der durch das situationsspezifische Risiko der Vorleistung (d.h. dem Verhältnis zwischen den Nettokosten bei Vertrauensbruch und dem Nettogewinn bei Vertrauensrechtfertigung) bestimmt ist. Diese experimentell prüfbare Bedingung (vgl. Snijders 1996 für einige empirische Befunde) impliziert andere empirisch zu testende Hypothesen (z.b. steigt der kritische Wert der Vertrauenswürdigkeit bei wachsender Vorleistung mit abnehmender Rate; vgl. ausführlicher Braun und Gautschi 2011, S. 135–139). Zudem dürfte die Bedingung für eine Vertrauensgewährung im Sinne eines einseitigen Kontrolltransfers plausiblerweise bei einer längeren Beziehung zwischen Treugeber und Treuhänder erfüllt sein, welche durch positive gegenseitige Erfahrungen gekennzeichnet ist.

Daneben gibt es eine Vielzahl anderer Situationen, in denen Coleman ebenfalls von Kontrollübertragungen spricht, ohne dass irgendwelche Erwiderungen erwartet werden. Coleman analysiert etwa Varianten kollektiven Verhaltens im Sinne von Kontrolltransfers. Beispielsweise können Fluchtpaniken und Börsenzusammenbrüche dann entstehen, wenn sich Akteure in wenig transparenten Entscheidungssituationen weitgehend am Verhalten ihrer Mitakteure orientieren, ihre Handlungen dabei aber kaum aufeinander abstimmen oder nur unzureichend koordinieren. Damit weist Coleman darauf hin, dass vermeintlich rein emotionale Verhaltensweisen durchaus rational sein können, auch wenn sie im Aggregat verheerende soziale Konsequenzen haben. Unterstellt man unilaterale Kontrollübertragungen im Sinne Colemans, so werden dadurch u.a. Rational-Choice-Analysen von weiteren Spielarten des Kollektivverhaltens (z.B. Manien, Moden und Trends) möglich.

Allerdings sind in der Realität keineswegs nur einseitige Kontrolltransfers relevant. Auch aufgrund der weithin gültigen Reziprozitätsnorm sind oftmals Tauschvorgänge wichtig. Unterstellt man mit Coleman egoistische Akteure mit stabilen Interessen und gegebenen Anfangsausstattungen an Kontrolle, so findet ein freiwilliger Tausch immer dann statt, wenn heterogene Kontrollausstattungen und/oder Interessen der Akteure existieren. Unter diesen Bedingungen gibt es ein gegenseitig Nutzen stiftendes Geschäft – es ist dann möglich, zu einer Einigung zu gelangen, in der mindestens einer der Tauschpartner besser gestellt wird, ohne dass sich die Lage des anderen verschlechtert. Auf dieser Grundlage haben Ökonomen u.a. eine Theorie des Wettbewerbsgleichgewichts entwickelt, welche das berühmte Diktum von Adam Smiths *Wealth of Nations* belegt, wonach rein egoistische Handlungen der in Konkurrenz befindlichen Marktteilnehmer – wie von einer unsichtbaren Hand geleitet – zu einem sozial optimalen Zustand führen können. Coleman präsentiert eine Modellierung des interessengeleiteten Tausches von Kontrolle über Ressourcen, die man als Spezialfall dieser Theorie allgemeiner Gleichgewichte in Wettbewerbsmärkten auffassen kann. Unter den Bedingungen vollständiger Konkurrenz werden dabei aus einer gegebenen Verteilung der Anfangsausstattung an Kontrolle über die Ressourcen sowie einer gegebenen Verteilung der Interessen an den Ressourcen die nach den Tauschvorgängen resultierende Kontrollverteilung im System, die Werte oder Preise der Ressourcen und die Verteilung der Macht auf die Akteure bestimmt. Wie die endgültige Verteilung der Kontrolle im System, ergeben sich die Preise oder Werte der Ressourcen aus dem Zusammenspiel von Angebot und Nachfrage unter Konkurrenzbedingungen. Intuitiv erscheint ein Akteur dabei in dem Ausmaß mächtig, in dem er Ressourcen kontrolliert, die andere Akteure interessieren. Bei starkem Interesse an Kontrolle über eine bestimmte Ressource erzielt diese einen relativ hohen Wert oder Preis, was sich auch in einem höheren Wert der Anfangsausstattung des Akteurs widerspiegelt, der die Ressource überwiegend kontrolliert. Coleman bezeichnet den Wert der Anfangsausstattung daher als die Macht des jeweiligen Akteurs. Weil der Wert der Anfangsausstattung in einem Tauschsystem aber die Marktmöglichkeiten festlegt, kann man die Macht eines Akteurs als Optimierungsbeschränkung in Colemans Tauschmodell auffassen. Jeder Akteur wird dementsprechend seine Macht nutzen, um interessierende Ressourcen möglichst unter seine Kontrolle zu bringen. Unter den getroffenen Annahmen wird dadurch die Machtverteilung im System reproduziert.

5.3 Soziale Normen

Soziale Normen gehören zu den zentralen Themen und Erklärungsproblemen der Soziologie. Es war Talcott Parsons, der als einer der ersten Soziologen das Problem der sozialen Ordnung (im Sinne von Hobbes) explizit zum Prüfstein für jede angemessene soziologische Theorie erhob und in diesem Zusammenhang betonte, dass Ordnung auf gemeinsam geteilten Normen beruhe. Parsons (1937) war es auch, der – wie vor ihm bereits Durkheim – Hobbes' Zwangslösung als deus ex machina verwarf. In der klassischen griechischen Tragödie wird am Schluss eine Apparatur auf die Bühne geschoben, die die Macht besitzt, sämtliche Konflikte zwischen den Protagonisten zu lösen. Analog sei der Staat in Hobbes' *Leviathan* zwar im Prinzip geeignet, um egoistische Akteure aus dem Naturzustand eines Krieges aller gegen alle herauszuführen. Die *Entstehung* und Stabilität des Staats sei jedoch – so argumentiert Parsons – bei Hobbes nicht überzeugend erklärt. Insbesondere ist fraglich, warum egoistisch orientierte Akteure ihre Handlungsrechte zugunsten einer staatlichen Sanktionsgewalt aufgeben und in einen Gesellschaftsvertrag einwilligen sollten. Für einen Egoisten gibt es immer ein Motiv, die *anderen* kooperieren zu lassen und selber von den allseits vorteilhaften Verträgen oder Regeln abzuweichen. Dieses Dilemma, das darin besteht, dass Kooperation zwar allen Individuen Vorteile bringt, aber dennoch für die Einzelnen Anreize bestehen, von der Kooperation abzuweichen, kennzeichnet auch die Entscheidung für den Gesellschaftsvertrag. Nach Parsons' Überzeugung kann das Ordnungsproblem nachhaltig nur durch informelle soziale Normen gelöst werden. Diese Normen beziehen sich auf gemeinsame Werte der Gesellschaft, die unbedingt akzeptiert werden müssen, auch wenn dies nachteilige Folgen für die Realisierung der individuellen Interessen hat. Auch staatliche Autorität basiert letztlich auf der Anerkennung solcher Normen und einem Konsensus über grundlegende Werte. Diese „normative" Lösung des Ordnungsproblems, die bereits im Werk von Émile Durkheim angedeutet wird und die Parsons in späteren Schriften weiter ausgearbeitet hat, wird von Coleman (1964c), der die Bedeutung des Ordnungsproblems für die soziologische Theorie bekräftigt, kritisiert, weil man die Existenz von Normen und ihre Einhaltung nicht einfach voraussetzen könne. Vielmehr ist es nach Coleman gerade Aufgabe einer Sozialtheorie zu zeigen, unter welchen Bedingungen rationale und eigeninteressierte Akteure soziale Normen der Kooperation schaffen und befolgen, die das Ordnungsproblem lösen helfen. Zu dieser Frage hätten Durkheim und Parsons jedoch wenig beigetragen.

In den *Grundlagen der Sozialtheorie* skizziert Coleman Überlegungen, die diese entscheidende Lücke in der Argumentation vieler klassischer Soziologen schließen sollen. Im Einklang mit seinen handlungstheoretischen Begriffen definiert Coleman (1990b, S. 243) die Existenz oder Geltung einer Norm über eine bestimmte Verteilung von Kontrollrechten: „Eine Norm existiert für eine Handlung, wenn das Recht auf Kontrolle dieser Handlung nicht vom Akteur selbst, sondern von anderen ausgeübt wird" (Coleman 1991, S. 313). Unter welchen Bedingungen werden Akteure aber bereit sein, ihre Kontrollrechte an einer Handlung abzugeben, bzw., unter welchen Bedingungen sind andere Akteure in der Lage, sich das Recht auf Kontrolle anzueignen? Coleman argumentiert, dass diese Frage in zwei Teilprobleme aufzuteilen ist: *Erstens* gilt es zu bestimmen, unter welchen Bedingungen rationale und eigeninteressierte Akteure eine Norm nachfragen, weil die Existenz einer Norm ihre Situation verbessern würde. Situationen, in denen eine solche *Nachfrage* aufkommt, sind insbesondere solche, in denen Handlungen der Akteure mit externen Effekten verbunden sind, d.h. dass neben den die Handlungen auslösenden Akteuren auch noch Dritte nachteilige (oder auch vorteilhafte) Wirkungen spüren. Coleman (1990b, S. 251, 255–257) verwendet das anschauliche Beispiel eines gemeinsamen Projektes einer Gruppe. Jeder Akteur kann sich entscheiden, zum Projekt beizutragen oder nicht. Der Netto-Nutzen des Einzelnen steigt mit der Anzahl der Beiträge, jedoch besitzt jeder Einzelne den Anreiz, seine eigenen Leistungen der Gruppe vorzuenthalten. Es handelt sich also um ein soziales Dilemma (nach dem Muster eines verallgemeinerten Gefangenendilemmas) oder eine Situation der Produktion eines kollektiven Guts. Negative externe Effekte treten in dem Umfang auf, in dem die Akteure ihre Beiträge der Gruppe vorenthalten. Zur Illustration betrachten wir das von Coleman erwähnte Beispiel. Jedes Mitglied einer Gruppe von n Personen erzielt eine Auszahlung $u(c)=b\cdot(m+1)/n -c$, falls es beiträgt (kooperiert), und von $u(d)=b\cdot m/n$, falls es nicht kooperiert (defektiert). Man kann b als den Vorteil auffassen, der den Gruppenmitgliedern aus einer Einheit des kollektiven Guts erwächst. Dieser ist proportional zur Anzahl m der anderen Akteure, die einen Beitrag leisten, wobei die erzeugte Menge des kollektiven Guts unter allen n Akteuren aufgeteilt wird. Jedes Gruppenmitglied, das kooperiert, erhöht also seinen Grenznutzen um b/n, weil eine zusätzliche Einheit b des kollektiven Guts produziert wird, während die (Grenz-) Kosten der Kooperation das eigene Ergebnis um c vermindern. Für $c>b/n$ ist die Beziehung $u(d)>u(c)$ erfüllt, so dass Defektion die streng dominante Strategie ist (vgl. Hardin 1981; Taylor 1987 für allgemeine Analysen solcher Situationen). Zur Veranschaulichung betrachten wir den von Coleman beschriebenen Fall mit $n=3$ (n bezeichne die Gruppengröße) und $b=12$ und $c=9$ (c bezeichne die privaten Kosten eines Beitrags). Der Grenznutzen des einzelnen Beitrags ist b/n, also 4. Die Kosten eines Beitrags übersteigen demnach den Grenznutzen für das einzelne Mitglied. Folglich ist es für den Einzelnen besser nicht beizutragen, unabhängig davon, wie viele andere Akteure einen Beitrag leisten. Spieltheoretisch gesprochen ist Defektieren die allseitige stark dominante Strategie und eindeutiges Nash-Gleichgewicht, so dass individuelle Rationalität für jeden Akteur zu einer Auszahlung von 0 führt. In der Dreier-Gruppe würde jeder sich jedoch besser stellen, wenn alle Mitglieder einen Beitrag leisteten (das Ergebnis wäre 3>0).

Tabelle 1 Auszahlungen eines Akteurs Ego im Gemeinschaftsprojekt nach Coleman (eigene Darstellung)

Anzahl der anderen Akteure, die etwas beitragen	0	1	2
Ego trägt bei	-5	-1	3
Ego trägt nicht bei	0	4	8

Es entsteht laut Coleman eine Nachfrage nach einer Norm, die den Gruppenmitgliedern vorschreibt, zum gemeinsamen Projekt einen Beitrag zu leisten. Befolgt jeder diese Norm, so ergibt sich ein Ausgang, der für alle Beteiligten im Vergleich zur Situation ohne Normgeltung eine Verbesserung darstellt. Die Norm trägt also zu einer Effizienz-Verbesserung im Pareto-Sinne bei.

Allerdings, und damit ist die *zweite* wichtige Bedingung angesprochen, führt die Nachfrage nach Normen keineswegs zwingend zu deren tatsächlicher Schaffung und Durchsetzung. Der Grund dafür ist, dass Normen entsprechend Colemans Normbegriff die wechselseitige Kontrolle der Handlungen der Gruppenmitglieder voraussetzen. Für eine Abtretung der eigenen Handlungsrechte und eine Aneignung des Rechts, fremde Handlungen zu kontrollieren, bedarf es jedoch geeigneter Anreize und Gelegenheiten: Nach Coleman sind – bei Abwesenheit externer Instanzen, die sich (analog zu Hobbes' *Leviathan*) die Kontrolle über die Handlungen der Gruppenmitglieder aneignen – durch die Gruppenmitglieder selbst hergestellte Sanktionen notwendig, die Trittbrettfahren bestrafen oder Kooperation belohnen. Eine Norm ist nur dann „effektiv realisiert", wenn diese Sanktionen (oder Sanktionsdrohungen) in hinreichendem Umfang bereitgestellt sind. Coleman verweist darauf, dass in diesem Zusammenhang typischerweise ein *Kollektivgutproblem zweiter Ordnung* auftritt: Normen lösen ein Kollektivgutproblem erster Ordnung, wenn jedes Gruppenmitglied sich an sie hält. Jedoch sind dafür Sanktionen notwendig. Sanktionen sind im Allgemeinen auch für den Sanktionsgeber mit Kosten verbunden. Die Vorteile wirkungsvoller Sanktionen kommen aber – wenn überhaupt – der Gruppe insgesamt zugute, nicht nur dem Sanktionsgeber. Deshalb fragt Coleman nach den Mechanismen, die dieses Dilemma zweiter Ordnung lösen (vgl. Coleman 1990b, S. 269–282). Trittbrettfahren auf beiden Ebenen (fehlende Kooperation erster Ordnung in Form von Normkonformität und zweiter Ordnung in Form von Sanktionierung abweichenden Verhaltens) wird besonders dann auftreten, wenn das Sozialsystem wenig überschaubar ist (z.B. hohe Mitgliederzahl, geringe Netzwerkdichte), die relevanten Tätigkeiten (z.B. Beobachtung und Sanktionierung von Normverletzern) eher unangenehm oder kostenträchtig sind und kaum eine Möglichkeit besteht, die geleisteten Beiträge wie auch die damit verknüpften Resultate einzelnen Akteuren zuzuordnen. Insbesondere in großen Sozialsystemen dürfte daher ein dauerhafter Mangel an realisierten Normen bestehen.

Um dennoch die Verwirklichung von Normen zu erklären, verweist Coleman v.a. auf wechselseitige Kontrolle und gemeinschaftliche Kostenallokation. Danach kann eine Norm dann geschaffen und durchgesetzt werden, wenn es den Akteuren eines Sozialsystems gelingt, sich gegenseitig zu überwachen und sich die entstehenden Kosten der Belohnung von Normenkonformität oder der

Sanktionierung von Normabweichungen zu teilen. Es ist klar, dass diese Bedingungen am ehesten erfüllt sein werden, wenn die Akteure durch hinreichend *enge soziale Beziehungen* (wie z.B. in geschlossenen Netzwerken) miteinander verbunden sind. In dieser Hinsicht stellen geschlossene soziale Strukturen für die Beteiligten Sozialkapital (siehe Abschnitt 5.4) dar: Enge soziale Beziehungen helfen bei der Überwindung des Kooperationsproblems zweiter Ordnung und tragen damit zur Realisierung sozialer Normen bei.

Colemans Überlegungen zu diesem Punkt sind nicht in jeder Hinsicht klar und oft nur angedeutet (vgl. Voss 1998b). Sie weisen aber viele Parallelen zu spieltheoretisch inspirierten Arbeiten auf, die ebenfalls die Existenz sozialstruktureller Bedingungen einer „close-knit"-Gruppe als entscheidende Bedingung für die Entstehung effizienzverbessernder Normen sehen (z.B. Ellickson 1991). Grundidee ist hier, dass wiederholte Interaktionen und Reputationseffekte die Durchsetzung bedingter Kooperation und eine Lösung des Dilemmas erster und zweiter Ordnung erlauben. Wiederholte Interaktionen innerhalb sozialer Beziehungen mit langem „Schatten der Zukunft" (Axelrod 1987) machen es auch für rationale, eigeninteressierte Akteure grundsätzlich attraktiv, sich an den Kosten der Herstellung kollektiver Güter zu beteiligen, weil ihnen die Erträge ihrer Investitionen später zu Gute kommen können. Dieser Gedanke wird spieltheoretisch in den verschiedenen Folk-Theoremen über wiederholte Spiele präzisiert (vgl. für eine Übersicht z.B. Binmore 2005). Allerdings ist diese Theorie der Normentstehung, die grundsätzlich einen Beitrag auch zur Lösung des Hobbesschen Ordnungsproblems darstellt, von verschiedener Seite kritisiert worden, wobei diese Kritik auch Colemans Erklärungsskizzen der Normentstehung trifft. Elster (1989, 2003) verweist darauf, dass viele Normen, die man empirisch beobachten kann, keineswegs im Sinne einer Effizienzverbesserung interpretiert werden könnten und führt verschiedene Beispiele (Normen der Etikette, bestimmte Normen der Reziprozität und Vergeltung, Arbeitsnormen) für Normen ins Feld, die den Beteiligten materielle Kosten auferlegen, ohne dass spürbare materielle Belohnungen diese kompensieren. In einer klassischen Studie von Banfield (1958) wird etwa eine geschlossene Gemeinschaft in einer Region Süditaliens beschrieben, in der eine Norm des „amoralischen Familismus" etabliert ist. Die Regel, die von den Einwohnern in dieser noch traditional geprägten dörflichen Gesellschaft befolgt wurde, lautet: „Maximiere den kurzfristigen materiellen Vorteil deiner Kernfamilie. Nimm an, dass alle anderen das Gleiche tun" (Banfield 1958, S. 83; siehe auch Putnam 1993). Diese Norm ist augenscheinlich ineffizient, weil sie Kooperation zwischen verschiedenen sozialen Einheiten und wirtschaftliche Entwicklung verhindert. In Colemans Theorie fehlen somit klare Kriterien dafür, dass die Gruppe der Normsetzer tatsächlich einen Konsens entwickelt, Normen zu schaffen, die kooperatives, effizienzverbesserndes Verhalten verlangen und sich nicht auf Normen einigt, die alle Beteiligten materiell benachteiligen.

5.4 Soziales Kapital

Soziologen betonen seit langem die Wichtigkeit von Netzwerkbeziehungen. Aus Colemans Sicht sind allerdings nicht nur die Einbettung der Person in ein Beziehungsgeflecht und die damit einhergehenden Einflüsse und Folgen von Interesse. Vielmehr ist für Coleman auch der individuelle Akteur letztlich ein Produkt seiner Beziehungen (siehe Abschnitt 5.5). Zudem formen v.a. das Beziehungsgeflecht und der Handlungskontakt aus Colemans Perspektive das Sozialkapital eines Akteurs.

Der Kapitalbegriff drückt allgemein den Sachverhalt aus, dass Ressourcen für ihre spätere Nutzung aufgebaut und gespeichert werden können. Physisches Kapital (z.b. Maschinen) existiert unabhängig von Personen bzw. lässt sich zwischen verschiedenen Akteuren transferieren. Um physisches Kapital herzustellen, sind in der Regel Investitionen erforderlich. Durch technischen Wandel oder durch Abnutzung verliert Kapital allerdings über die Zeit an Wert. Es muss deshalb regelmäßig erneuert werden, wenn das Kapital weiter genutzt und Erträge bringen soll. Im Gegensatz zu physischem Kapital ist Humankapital (z.B. Wissen, Fähigkeiten) nicht beliebig übertragbar, sondern an die Person gebunden, die es (z.B. durch Lernen oder Erfahrung mit einer Aufgabe) aufbaut oder als Teil der natürlichen Ausstattung zugewiesen bekommen hat (z.B. Aspekte der Intelligenz, körperliche Kraft usw.). Auch hier gibt es analog zu physischem Kapital Investitions- und Abnutzungsprobleme. Humankapital in Form von Bildungswissen kann durch den Fortschritt des Wissens schnell an Wert verlieren und muss durch Weiterbildung auf einen aktuellen Stand gebracht werden. Zum anderen gibt es im Lebensverlauf einen Abbau des Kapitals, z.B. durch Vergessen. Die ökonomische Humankapitaltheorie hat diese Grundgedanken systematisch ausgearbeitet und eine Vielzahl empirischer Anwendungen in der Bildungs- und Arbeitsmarktforschung angeregt, wobei wichtige Pionierarbeiten auf Gary S. Becker zurückgehen. Die Anwendungen beziehen sich auf das Investitionsverhalten (z.B. Jüngere investieren stärker in Bildung als Ältere) und auf die unterschiedlichen Erträge der Humankapitalausstattungen verschiedener Bevölkerungsgruppen (z.B. soziale Ungleichheit zwischen Angehörigen verschiedener sozialer Klassen als Folge differentieller Investitionen in Bildung).

Coleman (1988, 1990b) greift Vorarbeiten anderer Sozialwissenschaftler auf und erweitert den Kapitalbegriff durch Einbeziehung von sozialem Kapital.

Wenn individuelle oder korporative Akteure (z.b. Organisationen) in soziale Beziehungen und Strukturen eingebunden sind, wird es möglich, dass Vertrauenswürdigkeit, realisierte soziale Normen oder bestimmte Organisationsstrukturen entstehen. Vertrauen oder Kooperationsnormen erlauben den beteiligten Akteuren eine bessere Realisierung ihrer Interessen. Kaufleute mit höherer Vertrauenswürdigkeit haben eine bessere Aussicht auf erfolgreiche Geschäftsbeziehungen als ihre Konkurrenten, denen dieses Vertrauenskapital fehlt. Das gilt auch für gesellschaftlich unerwünschte Geschäfte: Schafft beispielsweise ein Drogenhändler eine Organisationsstruktur zur Verteilung illegaler Substanzen und reduziert diese Struktur die Bestrafungsrisiken der beteiligten Personen, so wäre damit Sozialkapital im Sinne Colemans erzeugt. Sozialkapital kann man auch als ein System von Obligationen zwischen den Mitgliedern einer sozialen Gruppe deuten, das bei der Interessenrealisierung dienlich ist. Wichtig ist, dass man diese Kapitalform, im Gegensatz zu physischem Kapital und Humankapital, schwerlich einzelnen Akteuren zuschreiben kann – Sozialkapital liegt vielmehr in den Akteurbeziehungen. Es reflektiert die jeweilige Organisations- und Normstruktur gleichermaßen und weist u.a. deswegen die Merkmale eines öffentlichen Gutes auf. Dabei unterliegt auch Sozialkapital ähnlich wie andere Kapitalformen einer Erosion, die in einem bestehenden Netzwerk nur durch die Pflege und Fortführung etablierter Beziehungen ausgeglichen werden kann.

Sozialkapital verweist auf Netzwerkbeziehungen zwischen Individuen. Besonders hilfreich ist aus Colemans (1988, S. 105–107) Sicht die Einbettung in geschlossene soziale Netzwerke und in multiplexe soziale Beziehungen. Das Konzept der Geschlossenheit wird bei Coleman nicht explizit definiert, sondern durch Beispiele illustriert. Im Falle einer Triade bedeutet Geschlossenheit, dass ein Netzwerk neben einer Beziehung zwischen A und B sowie zwischen B und C eine Beziehung zwischen A und C (d.h. formal gesprochen transitive Relationen) enthält. Die Geschlossenheit kann sich auch über mehrere Generationen erstrecken, so dass in einer nachbarschaftlichen Gemeinschaft Eltern nicht nur ihre eigenen Kinder beaufsichtigen, sondern zusätzlich bei den Kindern ihrer Nachbarn die Geltung von Normen durchsetzen. Auch durch multiplexe soziale Beziehungen (A und B unterhalten mehrere soziale Beziehungen oder interagieren in unterschiedlichen Kontexten miteinander, etwa: Informationsaustausch, gemeinsame sportliche Aktivitäten und Nachbarschaftshilfe bei der Gartenpflege) entsteht nach Coleman soziales Kapital, weil Ressourcen aus dem einen Kontext in einen anderen transferiert werden können. Normen werden durch multiple und geschlossene Beziehungen leichter realisiert, weil Abweichungen von sozialen Normen besser kontrolliert und sanktioniert werden, wenn die Partner in mehreren Austauschbeziehungen interagieren und ein Fehlverhalten im einen Bereich durch eine Sanktion in einem anderen Kontext beantworten.

Im Bereich der Bildung ist Sozialkapital, wie oben angedeutet, wichtig, weil bestimmte Formen von Sozialkapital die Entstehung von persönlichem Humankapital günstig beeinflussen. Coleman (1988, S. 110) berichtet über die anekdotische Beobachtung, wonach Eltern asiatischer Herkunft in den USA gelegentlich *zwei* Exemplare eines Schulbuchs für ihr Kind kaufen, so dass Eltern und Kind gemeinsam den Unterrichtsstoff durcharbeiten können. Dies veranschaulicht den Sachverhalt, dass soziale Beziehungen innerhalb der Familie (hier die Investition von Zeit und Mühe in die Eltern-Kind-Beziehung) zur Produktion von Humankapital, nämlich Schulerfolg, beitragen. Coleman (1988, S. 109–116) berichtet über mehrere empirische Befunde aus seiner Studie *High Schools and Beyond*, die eine kausale Wirkung des innerfamiliären und des außerfamiliären Sozialkapitals auf den Schulerfolg belegen. Er interpretiert die besseren Bildungserfolge von Schülern aus religiös geprägten (v.a. katholischen) Privatschulen als Folge des höheren Bestands an Sozialkapital, besonders durch intergenerational geschlossene soziale Beziehungen. Diese Schulen seien nämlich eingebettet in stabile Nachbarschaften, in denen Eltern untereinander multiplexe soziale Beziehungen unterhielten. Diese und andere Thesen Colemans waren Gegenstand zahlreicher kontroverser Diskussionen über die Bedeutung von Sozialkapital im Bildungssystem. Die Thesen über die Wirkungen des höheren intergenerationalen Sozialkapitals katholischer Privatschulen erwiesen sich im Lichte neuer empirischer Analysen als nur teilweise richtig (z.B. Morgan und Sørensen 1999, Morgan und Todd 2009).

5.5 Verhaltensanomalien, das Selbst und der Sozialisationsvorgang

Coleman geht in seinen Anwendungen der Theorie rationalen Handelns von einer Konzeption aus, die durch ihre Einfachheit besticht, jedoch bei manchen Skeptikern kritische Fragen auslöst, ob damit nicht eine in „psychologischer" Hinsicht „unrealistische", weil zu stark idealisierende Vorstellung verbunden ist, die den Ansatz insgesamt zum Scheitern verurteilt. Sind reale Menschen tatsächlich *rational* im Sinne der Theorie (so dass sie konsistente Präferenzen bilden und auch einige weitere Voraussetzungen der Erwartungsnutzentheorie psychologisch erfüllen)? Kann man davon ausgehen, dass sich die Präferenzen empirisch ausschließlich auf eine Maximierung der eigenen materiellen Ergebnisse erstrecken (*Selbstinteresse*)? Coleman, der in dieser Hinsicht eine ähnliche Auffassung wie Gary S. Becker und andere Ökonomen vertrat, verwendet – wie oben bereits angedeutet – die idealisierende Konzeption eines rationalen Egoismus, weil sie methodologische und heuristische Vorteile besitzt. Die Annahme des rationalen Egoismus lässt sich viel besser in formalisierte Modelle übersetzen, die für viele Erklärungsaufgaben deshalb zwingend notwendig sind, weil nur mit ihrer Hilfe das Transformations- oder (allgemeiner gesprochen) Ableitungsproblem gelöst werden kann: Welche logischen Konsequenzen für das soziale System oder die Makro-Ebene haben die verwendeten Annahmen über individuelles Handeln? Es geht in soziologischen Erklärungen ja gerade um eine Erklärung von Makrophänomenen aus Mikrogesetzen. Es geht auch um die Wirkungen einer sozialstrukturellen Einbettung in soziale Netzwerke auf die Handlungsbedingungen (vgl. Coleman 1986a). Eine Antwort auf diese Fragen ist schwierig oder gar ausgeschlossen, wenn die verwendete Handlungstheorie zu komplex ist. Coleman (1990b, S. 506) vermutet weiterhin, dass bei der Erklärung von Aggregatphänomenen eine einfache Handlungstheorie auch deshalb geeignet ist, weil deren Vorhersagen hinreichend robust sind. Mit anderen Worten ist es in komplexen sozialen Systemen zu erwarten, dass mit einer „Verbesserung" der zugrunde liegenden Mikro-Annahmen keineswegs eine ebensolche „Verbesserung" der Vorhersagen auf der Makro-Ebene verbunden ist. Der Prognose- oder Erklärungserfolg wird also durch „realistischere" Mikroannahmen nicht unbedingt größer. Gary S. Becker (1976) hat in einem klassischen Aufsatz zeigen können, dass beispielsweise die Vorhersagen, die sich unter Verwendung der Annahme rationalen Handelns aus elementaren mikroökonomischen Modellen ableiten lassen – insbesondere die fallende Nachfragekurve auf der Aggregatebene (ein Anstieg des relativen Preises eines Gutes hat eine fallende Nachfrage zur Folge), auch bei verschiedenen Formen irrationalen Handelns der Marktteilnehmer weiterhin gelten. Einige wichtige Theoreme der mikroökonomischen Theorie scheinen also sogar dann ableitbar zu sein, wenn man von Postulaten über das individuelle Verhalten ausgeht, die von vollkommener Rationalität abweichen, z.B. Trägheit oder Impulsivität. Der Grund dafür liegt darin, dass auch irrationale Akteure nur Handlungen wählen können, die innerhalb der Menge verfügbarer Alternativen (dem opportunity set) liegen. Wenn Änderungen relativer Preise die Opportunitätsstruktur verändern, muss auch ein irrationaler Haushalt darauf reagieren. Im Aggregat (eines Marktes mit sehr vielen Haushalten) ergeben sich auch bei irrationalen Akteuren Marktreaktionen (in Gestalt von Nachfragefunktionen mit negativer Steigung), die den Theoremen der Mikroökonomik entsprechen.

Coleman (1990b) konzediert allerdings, dass die Generalisierbarkeit von Überlegungen dieser Art keineswegs garantiert ist. In der kognitiven Psychologie und der Verhaltensökonomik gibt es bekanntlich eine große Zahl *systematischer*

Abweichungen von den Vorhersagen der Theorie rationalen Handelns auf der Mikro-Ebene. Ein Beispiel für eine dieser Anomalien ist das Allais-Paradox der Erwartungsnutzen-Theorie, welches zeigt, dass ein bestimmtes Axiom der Entscheidungstheorie empirisch verletzt ist, so dass in riskanten Situationen, in denen zwischen zwei Wetten oder Lotterien gewählt werden muss, die jeweils mit einer gewissen von Eins verschiedenen Wahrscheinlichkeit ein Ergebnis versprechen, andere Risikopräferenzen wirksam sind (risikofreudig entschieden wird) als in Entscheidungen zwischen einer sicheren und einer riskanten Lotterie, in denen sich die Akteure eher risikoscheu verhalten („Certainty Effect"). Es gibt ferner Framing-Effekte, d.h. unterschiedliche *Beschreibungen* („Frames") einer objektiv gleichen Entscheidungssituation (einmal als „Gewinn", einmal als „Verlust") führen auf unterschiedliche Entscheidungen. In Gewinn-Situationen verhalten sich Menschen eher risikoscheu, in Verlust-Situationen risikofreudig (Kahneman und Tversky 1979).

Anomalien in *intertemporalen* Entscheidungen sind ebenfalls gut dokumentiert: Wenn ein Akteur *heute* (zum Zeitpunkt 0 mit $0<T-t<T$) eine Präferenz für A gegenüber B besitzt, wobei A eine zeitlich später auftretende, im Vergleich zu B aber größere Belohnung ist (Beispiel: A bedeutet gute Gesundheit zum Zeitpunkt T; B bedeutet den Konsum eines Suchtmittels zum Zeitpunkt $T-t$), dann ändert sich die Präferenz („preference reversal") zugunsten der Alternative B, wenn der Zeitpunkt $T-t$ näher rückt. Unmittelbar verfügbare geringe Belohnungen (100 Euro heute) werden also häufig einer erst in ferner Zukunft erwarteten wesentlich höheren Gratifikation (500 Euro in fünf Jahren) vorgezogen, wenn diese den Verzicht auf die kurzfristigen Belohnungen voraussetzt (auf die in fünf Jahren erhältliche Belohnung von 500 Euro zu verzichten, würde sich nur bei extrem unrealistischen Annahmen über die Verzinsung der heute erhaltenen Belohnung von 100 Euro auszahlen). Der Akteur ist also „willensschwach" und nicht in der Lage, das für ihn langfristig vorteilhafte Verhalten gegen sich selbst durchzusetzen (vgl. z.B. Ainslie 1992). Eine theoretische Berücksichtigung dieser Mikro-Effekte ist nach Coleman wünschenswert, weil bestimmte Makrophänomene damit zusammen hängen. Es gibt nach Coleman (1990b, S. 549–550) korporative Akteure, die diese Willensschwäche natürlicher Personen systematisch ausnützen, zum Beispiel verleitet der Einzelhandel, indem er Kreditkarten zulässt, Kunden zu impulsiven Käufen. Auch politische Konjunkturzyklen, also kurz vor einer Wahl durchgeführte Konjunkturprogramme, lassen sich laut Coleman als Versuche eigeninteressierter politischer Unternehmer deuten, die Willensschwäche ihrer Wähler zum eigenen Vorteil zu nützen.

Coleman geht davon aus, dass Anomalien im Verhalten auf eine komplexe innere Struktur des Akteurs verweisen. Eine nähere Untersuchung dieser Struktur ist dann angezeigt, wenn es um eine Erklärung der erwähnten dynamischen Inkonsistenzen oder anderer Anomalien geht. In diesem Fall ist die heuristische Idee hilfreich, dass das Selbst des handelnden Akteurs keine integrierte Einheit bildet, sondern aus unterschiedlichen Komponenten zusammengesetzt ist, die unter Umständen gegenläufige Ziele und Interessen besitzen. Diese heuristische Idee ist nach Coleman ohnehin unvermeidbar, wenn es um eine Erklärung des Handelns korporativer Akteure geht (vgl. Kap. 6), also von geplanten, konstruierten sozialen Gebilden wie etwa Organisationen, die durch eine Zusammenlegung der Ressourcen von natürlichen Personen entstehen. Individuelle Akteure übertragen einer durch Ressourcenpooling gebildeten Körperschaft gemeinsam das Recht, für sie und ihrem Interesse zu handeln. Der korporative Akteur, zum Beispiel ein Wirtschaftsunternehmen, verfügt über Ressourcen, die natürliche Personen (oder andere korporative Akteure) investieren. Diese Mitglieder oder Anteilseigner sind die Prinzipale, die an den korporativen Akteur, der wiederum durch natürliche Personen (Agenten) vertreten wird, gewisse Handlungs- und Verfügungsrechte delegieren. Der korporative Akteur kann und muss nach Coleman als ein Gebilde analysiert werden, das aus zwei Komponenten besteht: einem Handlungs- und einem Objektselbst. Das Handlungsselbst entspricht dem Agenten, dem die Kontrollrechte übertragen wurden und der stellvertretend für die Körperschaft handelt, also zum Beispiel Manager oder Angestellte. Aufgabe dieser Agenten ist es, die Interessen des Objektselbst, nämlich die der Investoren zu befriedigen. Dass es zwischen den beiden Komponenten des korporativen Akteurs Konflikte gibt, die durch geeignete institutionelle Regelungen gemildert werden können, ist seit langem ein zentrales Thema der Organisationsforschung, das bereits in Webers Bürokratietheorie und Michels' ehernem Gesetz der Oligarchie bis hin zur modernen Organisationsökonomik angesprochen wird.

Coleman (1990b, Kap. 19) schlägt vor, diese Unterscheidung zwischen Prinzipal und Agent oder Objekt- und Handlungsselbst, die in Bezug auf korporative Akteure selbstverständlich ist, auch auf natürliche Personen zu beziehen. Damit meint er nicht nur den Zusammenhang, dass die Herausbildung souveräner, handlungsfähiger Personen historisch keineswegs selbstverständlich und sogar in modernen Gesellschaften nicht für sämtliche Individuen garantiert ist. In traditionalen Gesellschaften waren Leibeigene, Nonnen und Mönche, Frauen und Kinder ohne volle Handlungsrechte. Kinder und Jugendliche besitzen auch in modernen Gegenwartsgesellschaften eingeschränkte Handlungsrechte, die sie zu einem Objektselbst machen, dessen Interessen durch ein Handlungsselbst (in der Regel die Eltern) vertreten werden. Man kann zwar laut Coleman sinnvoll annehmen, dass natürliche Personen, deren Rechte nicht in dieser Weise eingeschränkt sind, in den meisten Kontexten als ein einheitliches, integriertes Selbst betrachtet werden können. Es gibt aber auch wichtige Ausnahmen. Diese betreffen beispielhaft Situationen, in denen die oben angedeuteten Anomalien auftreten. Dynamisch inkonsistente Entscheidungen lassen sich in der Weise deuten, dass innerhalb des Selbst ein Konflikt zwischen Objekt- und Handlungsselbst wirksam ist, so dass das Handlungsselbst nur unvollkommen durch das Objektselbst kontrolliert wird. Der Akteur ist dann nicht in der Lage, seine eigenen langfristigen Interessen gegen kurzfristige Versuchungen wirksam durchzusetzen. Analog korporativen Akteuren, die sich institutionellen Regeln (z.B. einer expliziten oder impliziten Verfassung) unterwerfen müssen, die letztlich dazu dienen, die Agenten in ihren Handlungsrechten so zu kontrollieren, dass die Präferenzen des Prinzipals berücksichtigt werden, können sich rationale natürliche Personen durch eine Selbstbindung an Verhaltensregeln dazu zwingen, den eigenen langfristigen Interessen Vorrang vor den kurzfristigen Zielen einzuräumen. Esssüchtige können sich etwa die Regel setzen, die bereitgehalten Vorräte an Nahrungsmitteln zu beschränken (etwa durch Verzicht auf Tiefkühlgeräte, eine kleine Kühlraumgröße usw.). Dadurch wird der Handlungsspielraum für das Handlungsselbst eingeschränkt. Ein weiterer Gesichtspunkt ist die planmäßige Formung von Präferenzen, so dass das Handlungsselbst sich stärker mit dem Objektselbst identifiziert.

Dieser Gedanke einer systematischen Veränderung oder Steuerung der Präferenzen ist für die moderne ökonomische Theorie nicht selbstverständlich. Traditionell geht man – mit guten Gründen – davon aus, dass Präferenzen exogen sind und durch die Rational-Choice-Theorie prinzipiell nicht erklärt werden können. Coleman hält diese Idee, dass die soziologische Analyse mit der Annahme eigeninteressierter rationaler Akteure beginnen soll, für heuristisch sehr wichtig. Man soll sie nicht leichtfertig aufgeben, weil der Preis dafür eine unnötige Verkomplizierung der theoretischen Analyse wäre. Dennoch wird hier ein zentrales Desideratum berührt, an dem Coleman zufolge die zukünftige Forschung anzusetzen hat. Coleman (1990b, Kap. 10, 11; vgl. Kap. 5) hat zu zeigen versucht, dass die Entstehung sozialer Normen aus der Annahme des rationalen Egoismus unter der Bedingung, dass eine geschlossene Sozialstruktur vorliegt, erklärt werden kann. Die Reichweite dieses Ansatzes scheint aber begrenzt, weil nicht erklärt werden kann, dass es auch in offenen Sozialstrukturen und Situationen ohne einen „Schatten der Zukunft" (zumindest gelegentlich) Normkonformität gibt. Coleman (1990b, S. 293) gibt unumwunden zu, dass eine Internalisierung von Normen und damit ein Wandel der Präferenzen eine nicht zu ignorierende Tatsache sei. Deshalb skizziert er einige erste Ideen (1990b, S. 293–299), die den Vorgang der Norminternalisierung plausibel machen sollen. Zunächst geht Coleman davon aus, dass der Sozialisand, der eine Norm internalisieren soll, so etwas wie ein „*inneres*" *Sanktionssystem* ausbilden muss, welches die externen Sanktionen, die Normen üblicherweise durchsetzen, substituiert oder ergänzt. Sozialisation beinhaltet einen Lernvorgang beim Sozialisanden, der von anderen Akteuren initiiert, gesteuert und überwacht wird. In der primären Sozialisation sind die Akteure, die Sozialisation beeinflussen, vorrangig die Eltern eines Heranwachsenden. Geht man von der Prämisse aus, dass Erziehung in diesem Sinne den Eltern Geduld und Anstrengungen abverlangt, so liegt für die Rational-Choice-Theorie die Frage nach den Anreizen nahe, die diese Kosten kompensieren. Coleman skizziert einige zu testende Hypothesen über solche Faktoren, die diese Anreize positiv beeinflussen: Anzahl der verschiedenen Handlungstypen, die durch eine Norm kontrolliert werden; Konsequenzen normkonformen Verhaltens der Kinder für das Ansehen der Eltern; letztere werden in dem Maße höher gewichtet, in dem Kinder lange im elterlichen Haushalt wohnen und in dem die Familie einen stabilen Mehr-Generationen-Haushalt bildet (wie vor allem in traditionalen Gesellschaften); Ausmaß der Identifikation der Eltern mit dem Kind; Abhängigkeit der Eltern von sozialer Anerkennung im engeren sozialen Umfeld und Abhängigkeit des Ausmaßes positiver Reputation der Eltern vom normkonformen Verhalten der Kinder (vgl. Coleman 1990b, S. 296–299). Diese Analyse der Kosten- und Nutzen-Relationen, die die Sozialisationsagenten betreffen, geht nach Coleman unwesentlich oder gar nicht über das hinaus, was durch eine naheliegende Anwendung der Rational-Choice-Theorie an Erkenntnis gewonnen werden kann.

Zu klären ist, und damit werden eindeutig Grenzbereiche der Rational-Choice-Analyse berührt, auf welchen psychologischen Mechanismen beim Sozialisanden Internalisierung beruht. Nach Colemans Vorstellungen ist es hilfreich, hier die Idee einer Erweiterung des Objekt-Selbst durch Identifikation mit anderen Akteuren zu bemühen. Solche Überlegungen wurden in vielen sozialtheoretischen Traditionen angestellt, etwa in Adam Smiths Theorie der ethischen Gefühle oder in verschiedenen interpretativen Ansätzen. Identifikation bedeutet, dass sich das Selbst die Interessen des Akteurs, mit dem es sich identifiziert, in gewissem Grade aneignet. Bedingungen dafür können eine starke Abhängigkeit von der anderen Person und den durch sie gelieferten Belohnungen (wie in der Eltern-Kind-Beziehung) oder eine freiwillige Kontrollrechtsübertragung auf die andere Person (wie in Beziehungen zu charismatischen Führern oder in Eltern-Kind-Beziehungen, in denen ein Elternteil dem Kind Rollenmodell oder „Vorbild" ist) sein. Es gibt möglicherweise neben den Eltern und den Angehörigen der Peergroup viele unterschiedliche Akteure, deren Interessen die Person internalisiert und die sich auf die diversen Ereignisse beziehen, die das Handlungsselbst der Person kontrolliert. Jedem dieser Akteure überträgt das Objektselbst – in Abhängigkeit der inneren „Verfassung" des Selbst – die Analogie zur Verfassung korporativer Akteure ist nach Coleman fruchtbar – ein Teilkontrollrecht über gewisse Handlungen (z.B. solche Handlungen, die bestimmte Normen betreffen, die für einen Akteur wichtig sind). Die Interessen der Akteure, die im Objektselbst der Person präsent sind, können miteinander im Konflikt stehen, d.h. die ursprünglichen Eigeninteressen der Person und die Interessen der verschiedenen konkreten und generalisierten Anderen, mit denen die Person sich identifiziert, sind in der Regel nicht gleichgerichtet. In der traditionellen Soziologie werden diese Situationen z.B. als Rollenkonflikte angesprochen. Eine „Lösung" dieser inneren Konflikte ist nach Coleman vorstellbar, indem das Selbst die Teilkontrollrechte der verschiedenen Akteure über die unterschiedlichen Handlungen der Person sozusagen „austauscht" – analog einem externen Markt sozialer Austauschbeziehungen.

6 Analyse korporativer Akteure und moderner Gesellschaften

Moderne Gesellschaften sind aus Colemans Sicht u.a. dadurch gekennzeichnet, dass die konstruierte soziale Umwelt einen Großteil der Umgebung jedes Menschen ausmacht. Anders gesagt: In modernen Gesellschaften existieren vielfältige Kollektivgebilde wie z.B. öffentliche Verwaltungen, Bildungsorganisationen, freiwillige Vereinigungen sowie Nationalstaaten, mit denen jede natürliche Person unweigerlich zu tun hat. Zunächst ist zu fragen, wie diese Kollektivgebilde funktionieren, wie sie zu Handlungen gelangen und wie etwaige mit ihrer Entstehung etablierte Herrschaftsrechte wieder entzogen werden können. Danach sind einige Aspekte und Folgen zu betrachten, welche mit der Schaffung dieser Kollektivgebilde und ihrer Ausbreitung in der modernen Gesellschaft einhergehen. Abschließend wird diskutiert, welche Aufgabe der Soziologie bei der Untersuchung moderner Gesellschaften zukommt.

6.1 Korporatives Handeln und Herrschaftsentzug

Nach Colemans handlungstheoretischem Bezugsrahmen kann man in der interessensgeleiteten Zusammenlegung von Kontrolle über Ereignisse oder Ressourcen eine Handlungsmöglichkeit von Akteuren in sozialen Systemen sehen. Durch derartige Zusammenlegungen von Ressourcen werden korporative Akteure (d.h. z.B. juristische Personen wie Firmen, Koalitionen, Körperschaften) geschaffen, welche im Rahmen von kollektiven Entscheidungsprozessen koordinierte Handlungen und Leistungen ermöglichen, die den einzelnen beteiligten natürlichen Personen allein nicht möglich gewesen wären. Dabei müssen sich die Akteure nicht nur auf ihre jeweiligen Beiträge einigen und Trittbrettfahrertum weitgehend verhindern. Sie müssen sich überdies über ein Entscheidungsverfahren (z.B. für kollektive Entscheidungen über die Verwendung gemeinsamer Ressourcen) und einen Verteilungsschlüssel für eventuelle Erträge ihrer Kooperation verständigen. Die Lösung dieser Probleme verhindert Konflikte und begründet eine mehr oder weniger explizite Verfassung des korporativen Akteurs.

Die Zusammenlegung von Ressourcen kann man sich je nach dem sozialen Kontext wie folgt vorstellen: Im Fall einer kleinen Gruppe von Personen, die ihrem gemeinsamen Interesse an einer Freizeitaktivität nachgehen wollen, indem sie einen Verein oder Club bilden, bestehen die investierten Ressourcen zunächst v.a. aus der Zeit und der Mühe, die die Einzelnen für eine Vereinsgründung und das Vereinsleben aufwenden. Für die Beteiligten akzeptable Regeln hinsichtlich bindender kollektiver Entscheidungen müssen formell in einer Satzung oder zumindest stillschweigend oder informell festgelegt werden. Ein Kooperationsertrag ergibt sich daraus, dass die Mitglieder Zugang zu den sie interessierenden gemeinsamen Freizeitmöglichkeiten erhalten (z.B. regelmäßige Ausflüge), wobei Verteilungsprobleme auftreten, wenn es unterschiedliche Präferenzen hinsichtlich der alternativen Aktivitäten gibt. Einen Betrieb zu gründen erfordert neben der Zeit und Mühe der Beteiligten auch finanzielle Investitionen in Betriebskapital (wie Räume und Produktionsmittel). Die Unternehmung benötigt eine Art von Verfassung, die eine Regelung über zulässige Verfahren kollektiver Entscheidungsfindung und die Verwendung und Verteilung eines Kooperationsertrags angibt. Es müssen auch Regeln geschaffen werden, die Bedingungen für den Eintritt und den Austritt von Mitgliedern betreffen. In Deutschland existiert eine Reihe von Rechtsvorschriften, an denen sich die Gründer orientieren müssen und die für die verschiedenen Rechtsformen von Firmen eine Art von Verfassung vorgeben. Nach außen sichtbar wird die erfolgreiche Gründung durch den Eintrag der Firma in ein Melderegister (z.B. in Deutschland das Handelsregister) und in andere Verzeichnisse und Datenquellen (z.B. Telefonverzeichnisse, Homepage im Internet), aus denen der Name eines korporativen Gebildes (z.B. XY GmbH) ersichtlich ist. Dieses tritt unter bestimmten Bedingungen als rechtlich eigenständig handelnder Akteur (juristische Person) auf. Wesentlich komplizierter sind die umfassenden korporativen Gebilde, die als Nationalstaaten imponieren. Bekanntlich haben verschiedene klassische Vertragstheorien auch Staatsgründungen – zumindest als hypothetische Gedankenexperimente – als Ergebnisse von Gesellschaftsverträgen analysiert (Hobbes, Locke, Rousseau). Aus dieser Sicht entstehen Staaten (oder legitimiert sich ihre Existenz) durch die gemeinsame Übertragung und Zusammenlegung der Handlungsrechte von Individuen, die dadurch ihre Kooperationschancen verbessern. In der Terminologie Colemans entstehen Staaten durch die Übertragung von Kontrollrechten über eigene Handlungen an eine Herrschaftsinstanz. Die Nutzung der übertragenen Herrschaftsrechte durch den Staat und seine „Agenten" (die stellvertretend im Interesse der Investoren handeln sollen) wird durch Normen kontrolliert, die in modernen Gesellschaften einer Verfassung entsprechen.

Existierende Staaten kontrollieren bestimmte Klassen von Handlungen ihrer Bürger ohne dass zuvor eine unmittelbare Herrschaftsübertragung stattgefunden hätte. In parlamentarischen Demokratien gibt es konstitutionell definierte und durchgesetzte Verfahren einer Veränderung von Herrschaftsrechten, zum Beispiel durch die Abwahl einer Regierung. In totalitären Gesellschaften oder in Gesellschaften mit diktatorischer Herrschaft ist die Situation anders. Für einen Entzug der Herrschaftsrechte des Staates durch die Beherrschten ist in autokratischen und oligarchischen Gesellschaften, in denen die Kontrolle über die Staatsmacht und das Gewaltmonopol in den Händen einer kleinen Elite von Agenten liegt, die legitime Verfahren zu ihrer Ablösung nicht zulassen, praktisch nur die Möglichkeit der Abwanderung gegeben. (Selbst dieser Weg der Wahl einer „Exit"-Option [A. Hirschman] ist in vielen totalitären Staaten versperrt.) Offener politischer Protest oder gar die Organisation einer Protestbewegung sind für die Beteiligten mit hohen Risiken verbunden. Dennoch gelingt ein Herrschaftsentzug über diesen Weg kollektiven Handelns unter geeigneten Bedingungen.

Wie Coleman (1990b, Kap. 18) durch die Rekonstruktion von Theorien der Revolutionsforschung zeigt, ist der Wiederentzug von Herrschaftsrechten keineswegs leicht zu bewerkstelligen, aber – wie zahlreiche historische Beispiele belegen – durchaus möglich. Eine empirische Regelmäßigkeit, die es dabei zu erklären gilt, ist die folgende: Revolten und Revolutionen treten oftmals auf, *nachdem* sich die Situation, mit der weite Teile der Bevölkerung unzufrieden sind, *verbessert* hat. Coleman erwähnt das bereits von Tocqueville in diesem Sinn gedeutete Beispiel der Französischen Revolution von 1789 und die islamistische Revolution durch die Anhängerschaft von Ajatollah Khomeni, die das Regime des Schahs von Persien stürzte, nachdem der Iran in einer Phase wirtschaftlichen Aufschwungs und verbesserter Bildungschancen für Teile der Bevölkerung gewesen war. Wir können heute den weiteren Fall der (mehr oder minder friedlichen) Revolutionen in den durch kommunistische Regimes beherrschten Gesellschaften Osteuropas zitieren. Auch hier fand die Herrschaft von autoritären Regimes ein Ende, *nachdem* diese (namentlich verkörpert durch die Politik von Michail Gorbatschow) eine Politik der maßvollen Liberalisierung eingeleitet hatten.

In der umfangreichen und unübersichtlichen Literatur zu Revolten und Revolutionen gibt es laut Coleman (1990b, Kap. 18) mindestens zwei unterschiedliche Erklärungsprogramme, die auch die erwähnte Regelmäßigkeit in den Blick nehmen. Erstens gibt es zahlreiche Varianten von „Frustrationstheorien" der Revolution. Zweitens gibt es „Machttheorien", die sich als Rational-Choice-Erklärungen rekonstruieren lassen. *Frustrationstheorien* gehen davon aus, dass Revolten und Revolutionen eine Funktion der Unzufriedenheit der betroffenen und beteiligten Akteure mit der herrschenden Ordnung sind. Sie erklären den Zusammenhang zwischen verbesserter Lage und stärkerer Unzufriedenheit (der zunächst paradox erscheint) zum Beispiel (wie etwa auch schon Durkheim in seinen Überlegungen zur Anomie und zum anomischen Selbstmord) mit der Idee, dass eine Verbesserung der Verhältnisse bei vielen Individuen zu relativer Deprivation oder Statusinkonsistenz oder anderen Formen von kognitiv wahrgenommenen Diskrepanzen zwischen Erwartungen und Opportunitäten führt. Verbesserte Bedingungen können zu einer Steigerung der Erwartungen derart führen, dass sie weit über die objektiven Möglichkeiten einer Realisierung dieser Ziele hinausgehen, woraus Unzufriedenheit resultiert. Diese gesteigerte Unzufriedenheit fördert die Bereitschaft, sich gegenüber dem Regime feindselig oder aggressiv zu verhalten.

So attraktiv dieses Erklärungsmuster auf den ersten Blick scheint, weil es von im Kern empirisch bestätigten (aber überraschenden und kontraintuitiven) Annahmen auf der Mikro-Ebene (über den Zusammenhang von verbesserten sozialen Bedingungen und Frustrationen) ausgeht, so wenig überzeugend ist für Coleman die implizit enthaltene Behandlung des Mikro-Makro-Problems in diesen Ansätzen. Coleman sieht in diesem Argument ein Beispiel für eine in der Soziologie unbefriedigende „Aggregatpsychologie". Individuelle Dispositionen (Aggressionsbereitschaft) werden zu angeblich daraus sich ergebenden kollektiven aggressiven Handlungen hoch aggregiert. Übersehen wird dabei, dass Revolten und Revolutionen in der Regel ein gewisses Maß an Organisiertheit voraussetzen. Es gilt politische Programme zu formulieren, ideologisch zu begründen und ggf. einen Massenprotest zu koordinieren und zu organisieren. Eine kopflose emotionsgesteuerte „Masse" ist dazu nicht in der Lage. Aus Sicht der Rational-Choice-Theorie – und das ist ein Grundgedanke der *Machttheorien* von Revolutionen, denen Coleman sich anschließt – sind politische Protestbewegungen, die von Agenten mit gemeinsamen Interessen an einem Herrschaftsentzug getragen sind, mit dem Problem der Produktion kollektiver Güter konfrontiert. Protestverhalten löst für den Einzelnen, der sich engagiert, materielle Kosten aus, die in verschiedenen Formen erwartet werden: Je repressiver das Regime, desto höher die erwarteten Sanktionen, die Regimegegner bei offenem politischen Protest hinnehmen müssen, besonders wenn der Protest den Regimewechsel nicht sicher herbeiführt und wenn das herrschende Regime noch entschlossen ist, seine Gewaltmittel zur Verteidigung der Herrschaft einzusetzen. Ein weiterer Aspekt sind die Opportunitätskosten: Politischer Protest fordert den Einsatz von Ressourcen wie Zeit, Mühe oder Geld, die für andere Zwecke verloren sind (vereinfacht gesagt: Wer sich einer Protestdemonstration anschließt, kann nicht ins Büro oder zur Arbeit gehen und muss auf das entsprechende Arbeitseinkommen verzichten). Auf der anderen Seite trägt erfolgreicher politischer Protest zu einem *kollektiven Gut* bei: Der Herrschaftsentzug kommt sämtlichen Akteuren, die ein Interesse am Niedergang des Regimes haben, zugute – auch den Trittbrettfahrern, die die Kosten nicht getragen haben. Demzufolge muss eine Machttheorie klären, welche Anreize es für rationale Akteure gibt, sich politisch zu engagieren und sich an den Kosten der Herstellung kollektiver Güter zu beteiligen.

Coleman argumentiert, dass zur Klärung dieses Problems nach den selektiven Anreizen im Sinne Olsons (1965) gesucht werden muss, die von den verschiedenen Gruppen von Akteuren erwartet werden, wenn sie sich engagieren. Ein selektiver Anreiz ist definiert als eine (private) Belohnung, die diejenigen Akteure erhalten, die sich an den Kosten der Herstellung eines kollektiven Gutes beteiligen. Ein klassisches Beispiel ist die Institution des „closed shop", auf die Olson hingewiesen hat: Gewerkschaften, die sich für die Interessen einer Berufsgruppe oder der Beschäftigten eines Wirtschaftszweiges einsetzen, sind mit dem Problem konfrontiert, dass auch Nichtmitglieder von ihren Leistungen (z.B. Lohnerhöhung) profitieren. Um dieses Trittbrettfahren auszuschließen, können Gewerkschaften versuchen, Lohnerhöhungen von vornherein auf Mitglieder zu beschränken (eine Option, die vor einiger Zeit in Deutschland diskutiert wurde, aber aus rechtlichen Gründen unzulässig ist) oder gar dafür zu sorgen, dass nur Mitglieder der Gewerkschaft eine Anstellung in den Betrieben des Einflussbereichs der Gewerkschaft erhalten (das entspricht der Institution eines „closed shop"). In vielen revolutionären Bewegungen lassen sich klar zwei Kategorien von Akteuren unterscheiden: Es gibt erstens die große Mehrheit der Bevölkerung, die zwar einen Regimewechsel befürworten mag, aber im Regelfall keine oder nur geringe selektive Anreize für ein entsprechendes Engagement besitzt. Sie wird sich eher neutral verhalten, weil für sie die Kosten eines Engagements die Vorteile nicht aufwiegen. Dagegen gibt es eine zweite, kleine Gruppe von politisch hoch engagierten Individuen, die zwar ebenfalls hohe Kosten in Gestalt von Sanktionserwartungen wahrnehmen. Sie haben aber eine hohe Erwartung, dass ihr Handeln besonders wirksam und entscheidend für den Umsturz des Regimes ist, so dass sich ihre privaten Kosten in einen signifikanten Anstieg der Wahrscheinlichkeit, dass das kollektive Gut hergestellt wird, übersetzen. Zum anderen sind die Angehörigen der oppositionellen Elite in besonderem Maße davon überzeugt, dass sich ihr Engagement im Erfolgsfall durch selektive Anreize auszahlt, nämlich zum Beispiel durch den Zugang zu Positionen oder anderen Ressourcen im nachrevolutionären Herrschaftssystem. Es fragt sich weiterhin, welche Bedeutung die in den Frustrationstheorien beschriebene Verbesserung der sozialen Bedingungen bzw. die (angebliche) Zunahme der Frustrationen in der Bevölkerung haben. Aus Sicht der Machttheorie ist klar, dass verbesserte Bedingungen, besonders in Form verbesserter politischer Freiheiten (z.b. durch Gorbatschows Politik der Perestroika), dazu führen, dass das Regime die eigene Schwäche signalisiert und die Erwartung erzeugt, dass oppositionelle Aktivitäten nicht unbedingt mit harten Sanktionen beantwortet werden. Auf diese Weise sinken die privaten Kosten eines oppositionellen Engagements und es steigt die Erwartung, dass eine Rebellion erfolgreich sein wird.

Aus Sicht der Rational-Choice-Theorie beruht Herrschaft (und auch Gewaltherrschaft und Diktatur) auch auf einem Mindestmaß an „Legitimitätsglauben" (Max Weber) der Beherrschten und der Angehörigen des Herrschaftsapparates oder es muss zumindest gemeinsam geteilte Erwartungen geben, dass das Herrschaftssystem stabil ist. Bereits David Hume hat auf den konventionellen Charakter jeder Herrschaft hingewiesen. In Colemans Terminologie beruht Herrschaft auf Kontrollübertragungen, die in der Erwartung erfolgen, dafür in irgendeiner Weise kompensiert zu werden (und sei es, dass der Einzelne sein physisches Leben und Überleben sichert). Die Aberkennung von Herrschaft ist eine Folge der Erwartung, dass diese Kontrollübertragung nicht mehr kompensiert wird, weil dem Regime die dafür notwendigen Ressourcen entzogen wurden oder werden.

6.2 Untersuchung moderner Gesellschaften

Alltägliche mittelbare oder unmittelbare Erfahrung jedes Individuums ist die Begegnung mit korporativen Akteuren. Keine Person kann sich in modernen Gesellschaften diesen Kontakten entziehen. Es existieren stets soziale Beziehungen zwischen Individuen und Kollektiven. Ebenfalls offensichtlich sind Interaktionen zwischen einzelnen Kollektivgebilden. Tarifverhandlungen, Geschäftsbeziehungen zwischen Firmen oder Koalitionen zwischen politischen Parteien können als Beispiele angeführt werden. Neben sozialen Beziehungen zwischen Individuen lassen sich somit soziale Beziehungen zwischen individuellen und korporativen Akteuren sowie soziale Beziehungen zwischen verschiedenen Kollektivgebilden beobachten.

Nach Coleman wurden korporative Akteure in modernen Gesellschaften in ihren Interaktionen mit Individuen zunehmend mächtiger, weil Personen insbesondere zur Gewährleistung ihrer Beschäftigung und ihres Lebensunterhalts immer mehr auf sie angewiesen sind. Colemans Ausführungen stützen und beziehen sich dabei auch auf seine gesellschaftskritischen und zeitdiagnostischen Bücher *Power and the Structure of Society* und *The Asymmetric Society*. In diesem Zusammenhang diskutiert er u.a. die Fragen, wie korporative Akteure für ihre Taten und deren vielfältige Wirkungen auf ihre Mitglieder und Mitakteure wirksam zur Verantwortung gezogen werden können.

Korporative Akteure sind in modernen Gesellschaften der Gegenwart, ablesbar an verschiedenen empirischen Indikatoren (z.B. Anzahl der Unternehmen, die Körperschaftssteuer zahlen; Anzahl korporativer Akteure im Verhältnis zur Anzahl natürlicher Personen, die in Presseberichten genannt werden; Anzahl von Gerichtsverfahren, in die korporative Akteure involviert sind usw.), quantitativ zunehmend bedeutsam. Jeder Einzelne wächst in einer Gesellschaft heran, die beginnend mit Organisationen der Kinderbetreuung und schulischen Bildung durch korporative Gebilde geprägt wird, die das alltägliche Leben bestimmen. Das berufliche Leben spielt sich in Organisationen ab – sei es auch in Gestalt einer Existenz als („scheinbar") selbstständiger Kleinunternehmer, der von der Auftragsvergabe durch große korporative Akteure abhängt (z.B. Transport- und Briefgewerbe). Der private Konsum einer Vielzahl von Gütern wird durch korporative Akteure bestimmt, die diese Konsumgüter herstellen, bewerben und vertreiben. Informationen und Unterhaltung werden durch Organisationen vermittelt, die die Infrastruktur (Internetprovider, Suchmaschinenanbieter) oder die Inhalte (TV-Sender, Pressemedien usw.) liefern. Freizeitbeschäftigungen werden durch Organisationen angeboten (Sportvereine und Fitnessstudios), ja sogar die Wahl des Lebens- oder Heiratspartners erfolgt über die Vermittlung durch korporative Akteure (z.B. Partnerbörsen im Internet).

In der modernen Gesellschaft hat nach Coleman die Anzahl sozialer Beziehungen erheblich zugenommen, in denen auf der einen Seite ein korporativer Akteur und auf der anderen eine natürliche Person beteiligt ist. Diese Beziehungen sind besonders problembeladen, jedenfalls wenn man sie am Kriterium der Interessenrealisierung der Individuen bemisst. Beispiele sind Beziehungen zwischen natürlichen Personen als Kunden und großen Handelsorganisationen oder Herstellern von Konsumgütern, Beziehungen zwischen Versicherungsnehmern und Versicherungsgesellschaften, Beziehungen zwischen Schülern (und ihren Eltern) und Schulbehörden usw. Laut Coleman gibt es eine „Asymmetrie" in diesen Beziehungen, was die Machtverteilung und die Interessenrealisierung betrifft. Korporative Akteure verfügen häufig allein aufgrund ihrer Größe über einen Machtvorteil gegenüber ihren einzelnen Kunden, Klienten oder Patienten usw. Korporative Akteure handeln zwar vermittelt durch natürliche Personen, die als Agenten (wie Beamte, Angestellte oder freie Mitarbeiter) auftreten – und auch diese Beziehung ist grundsätzlich nicht unproblematisch. Jedoch sind diese im Auftrag ihres Prinzipals handelnden Agenten an institutionelle Regeln gebunden, die – wie etwa in Webers idealtypischer bürokratischer Organisation – formalisiert und strikt durchgesetzt sein können. Auf diese Weise werden viele Verhaltenstendenzen natürlicher Personen eingeschränkt, das Handeln folgt standardisierten Vorgaben und der korporative Akteur handelt im Außenverhältnis (vertreten durch seine Agenten) „berechenbar" (Weber). Die natürlichen Personen, die als Kunden oder Klienten vis-à-vis einem korporativen Akteur in Erscheinung treten, sind dagegen anfällig für Manipulationsversuche seitens der Organisation. Organisationen haben, besonders wenn es sich um profitmaximierende Firmen handelt, Techniken entwickelt und perfektioniert, die darauf abzielen, systematisch die bei natürlichen Personen vorhandene Willensschwäche auszunützen (vgl. Coleman 1990b, S. 547–550, 600–603). Die psychologische Tendenz zur Willensschwäche zeigt sich in impulsivem Handeln, das kurzfristigen Versuchungen folgt statt die eigenen langfristigen Interessen zu bedienen. Willensschwäche der Konsumenten wird in der Werbung für Konsumgüter genutzt. Auch die Option für Kreditkartenkäufe kann Kunden zu unüberlegten Kaufentscheidungen motivieren, die sie später bereuen. Im politischen System ergeben sich aus der Willensschwäche der Wähler für politische Parteien Anreize, sich über das Angebot kurzfristig wirksamer aber langfristig unheilvoller (weil z.B. die Staatsverschuldung vergrößernder) Wahlversprechen (z.B. Transferzahlungen oder Subventionen) Vorteile im politischen Wettbewerb zu verschaffen. Schulkinder werden durch ein allgegenwärtiges häusliches Angebot von Ablenkungen (TV, Internetspiele usw.), die von korporativen Akteuren mit Profitinteressen frei Haus geliefert werden, davon abgehalten, sich im Sinne der eigenen langfristigen Interessen mit akademischen Inhalten zu beschäftigen. Als kumulative Wirkung dieser Beeinflussung ändern sich u.U. die Präferenzen der Jugendlichen (demonstrativer Konsum von Markenkleidung oder neuester technischer Geräte wird höher bewertet als schulischer Erfolg).

Zu dieser Ablenkung trägt auch der Sachverhalt bei, dass in der Gegenwartsgesellschaft der Arbeitsplatz der Väter typischerweise außerhalb des familiären Haushalts liegt und auch die Mütter zunehmend außer Haus einer Erwerbstätigkeit nachgehen. Dadurch geht auch in vollständigen Familien innerfamiliales und nachbarschaftliches Sozialkapital verloren, die außerschulische soziale Kontrolle über das schulbezogene Verhalten (z.B. Hausaufgaben) schwindet, so dass Lernmotivation, Schulbesuch und Schulerfolg der Kinder und Jugendlichen sich ungünstig entwickeln (Coleman 1990b:, S. 590–596).

Coleman hat eine Reihe von Vorschlägen hinsichtlich möglicher Maßnahmen, die zum Abbau der erwähnten Asymmetrie zwischen individuellen und kollektiven Akteuren beitragen können, unterbreitet (z.b. 1990b: Kap. 21, 22). Diese beziehen sich auf Staatseingriffe, interne Umstrukturierungen von Organisationen und die direkte Stärkung der Macht natürlicher Personen (vgl. z.b. Preisendörfer 2005, Kap. 10 für eine knappe Übersicht).

Colemans Überlegungen zum Schwinden innerfamilialen und nachbarschaftlichen Sozialkapitals in der Gegenwartsgesellschaft haben viel öffentliche Aufmerksamkeit aber keine ungeteilte Zustimmung gefunden. Zunächst kann man feststellen, dass es sich teilweise um gesamtgesellschaftliche Trendaussagen handelt, die einen eher deskriptiven Charakter haben und durch das Programm einer in der Rational-Choice-Theorie fundierten Sozialtheorie nicht wirklich erkennbar gestützt werden. Manche Kritiker argumentieren, dass in diesen Analysen deutlich werde, dass Coleman de facto eine Konzeption expressiven Handelns verwende und die vormoderne dörfliche Gemeinschaft romantisch idealisiere (Yair 2008). Auch hinsichtlich der empirischen Gültigkeit von Colemans Trendaussagen über das Schwinden innerfamiliären Sozialkapitals gibt es Zweifel, jedenfalls was das Vorhandensein solcher Trends in Deutschland betrifft (z.B. Bertram 1994).

6.3 Aufgabenstellung der Soziologie

Vor dem Hintergrund der Tendenz, wonach die konstruierte soziale Umgebung einen immer größeren Teil der menschlichen Umwelt bestimmt, ist nach der Rolle der Soziologie in der modernen Gesellschaft und ihren Aufgaben zu fragen. Nur wenige andere bedeutende Soziologen haben in ihrem Werk theoretischen und empirischen Analysen sowie praktischen Folgerungen zu zentralen gesellschaftspolitisch relevanten Problemen einen vergleichbar hohen Stellenwert eingeräumt wie Coleman. Coleman hat Soziologie und allgemein Sozialwissenschaft immer als zu praktischer Gesellschaftsgestaltung anregende und Reformbemühungen wissenschaftlich beratende und stützende Unterfangen angesehen. Seiner Auffassung nach sollte die Soziologie der Gesellschaft im Austausch für finanzielle Unterstützung ihrer Forschungen etwas zurückgeben. Verschiedentlich wurde Colemans Sichtweise der Aufgaben von soziologischer Forschung mit einem ingenieurwissenschaftlichen Ansatz verglichen:

„[...] Coleman's central theme, which is a social engineering approach to social problems [is] inspired by a model, if not theory, of social organization in a complex society. In contrast with the technological fantasies that are found normally in discussions about the future, the simpleminded projections of current trends, or pop philosophical and social psychological projections about alienation and the me decade, Coleman explains how social organization works, how we got where we are, where we are headed, and what concrete social structural changes we should make if we want to alter our destination. For this, a purposive, goal-oriented view of social actors, individual as well as collective, is more suitable than the typological and steady-state conceptions of role theory and organization theory" (Oberschall 1984, S. 1229; ähnlich auch Lindenberg 2004, S. 112).

Auch wenn Coleman selbst diese Verwandtschaft nicht besonders hervorgehoben hat, ist eine Ähnlichkeit mit dem Programm einer Sozialtechnologie und des piecemeal-engineering des Kritischen Rationalismus (vgl. Popper 1987, 1992) nicht schwer zu erkennen. Anders als Apostel umfassender sozialrevolutionärer Veränderungsvorstellungen, die sich auf vermeintliche universelle Entwicklungsgesetze von Gesamtgesellschaften stützen, plädiert Popper für einen bescheidenen Ansatz: Da Gesetzmäßigkeiten auf der Ebene von Gesamtgesellschaften fehlen bzw. bisher unbekannt sind und weil unbedingte Prognosen zukünftiger Entwicklungen und Trends ohne wissenschaftliche Basis sind, muss man sich damit begnügen, erkannte Konstruktionsmängel sozialer Institutionen in kleinen Schritten zu verbessern. Dabei ist dem Sachverhalt Rechnung zu tragen, dass unser handlungstheoretisch begründetes Wissen über gesellschaftliche Funktionszusammenhänge vorläufig und lückenhaft ist, so dass auch aus diesem Grund immer mit unbeabsichtigten Wirkungen von Reformmaßnahmen gerechnet werden muss. Reformprogramme tragen also in sich das Risiko von Fehlschlägen und sollten dann gegebenenfalls korrigiert werden. Das schließt die Bereitschaft ein, auch gesellschaftspolitische Positionen aufzugeben, wenn sie sich als undurchführbar oder mit unerwünschten Nebenwirkungen verknüpft erwiesen haben.

Colemans eigener Ansatz entspricht diesem Programm, was vielleicht am deutlichsten mit seiner Haltung in Bezug auf Desegregationsprogramme im Bildungssystem zu illustrieren ist: Wie oben angedeutet hatten seine Forschungen zum amerikanischen Schulsystem („Coleman-Report") anscheinend ergeben, dass der schlechte Bildungserfolg von Kindern aus bestimmten Minoritätengruppen auch eine Folge segregierter Schulorganisationen ist. Schwarze Schüler profitieren davon, wenn sie in einem ethnisch gemischten Kontext unterrichtet werden, besonders wenn die Majorität ihrer Mitschüler weiße Hautfarbe hat. In der Folge des Coleman-Reports hatten Verfechter einer Politik der Integration von Schülern verschiedener ethnischer Herkunft deshalb umfassende sog. „Busing"-Programme initiiert, die anfänglich auch von Coleman unterstützt wurden. Unbeabsichtigte Folge der „Busing"-Programme war jedoch, dass viele Eltern der weißen Mittelschichten ihre Kinder in Privatschulen anmeldeten bzw. Umzüge in Kauf nahmen, um ihren Kindern einen segregierten Schulkontext zu sichern, so dass die Integrationspolitik am Widerstand der Betroffenen scheiterte. Coleman hat daraufhin seine früheren reformerischen Ziele korrigiert und es in Kauf genommen, deswegen als politisch unkorrekter Verfechter angeblich rassistischer Positionen verleumdet zu werden. Der demokratische US-Senator und Sozialwissenschaftler Daniel P. Moynihan (zitiert in Van Overtveldt 2007, S. 138) hat Coleman in diesem Kontext als einen der ersten politisch inkorrekten Intellektuellen der US-amerikanischen Öffentlichkeit bezeichnet, der gegen den Strom des politischen Zeitgeistes zu schwimmen sich nicht scheute, wenn er aufgrund seiner Forschungsergebnisse von der Gültigkeit empirischer Tatsachenbehauptungen überzeugt war. Nach Moynihan waren Coleman und seine Forschungsresultate häufig Gegenstand bösartiger Attacken politischer Ideologen, die eine Neigung verspürten, „to dissolve every statement of fact into a declaration of purpose" (1996, S. 177). Nach Colemans Überzeugung (der in dieser Hinsicht Max Weber und Karl Popper folgt) ist es aber zwingend, Sachaussagen von Wertaussagen klar zu trennen. Eine empirisch falsche Tatsachenbehauptung wird dadurch nicht annehmbar, dass sie besser zu bestimmten Wertüberzeugungen passt als andere Tatsachenbehauptungen.

In diesem Zusammenhang ist das Verhältnis von empirischer Theorie und normativen Aussagen zu klären. Coleman gehörte nicht nur zu den in der bildungspolitischen Öffentlichkeit einflussreichsten anwendungsbezogenen Sozialwissenschaftlern, sondern hat sich neben seinen herausragenden Arbeiten zur soziologischen Grundlagenforschung auch zu normativen und moralphilosophischen Fragen geäußert (Favell 1993). Ein besonderes Anliegen war es ihm, der Soziologie eine aktive Rolle in der Forschung zur Sozialpolitik („social policy") zuzuweisen. Dabei spielen normative Bewertungen (oder „Werturteile") eine wichtige Rolle. Dass Werturteile von Sachaussagen unterschieden werden müssen, ist für Coleman offenkundig. Dennoch kann die empirische Soziologie auch einen Beitrag zur Analyse von Werturteilen leisten.

Es ist es nach Coleman möglich, Werturteile und normative Empfehlungen einer empirisch fundierten Kritik zu unterziehen. In der praktischen und angewandten Forschung geht es oft darum, soziale Strukturen und Institutionen in ihren Wirkungen auf die soziale Ungleichheit und Verteilungsstruktur einer Gesellschaft zu evaluieren. Beispielsweise fragt es sich, wie verschiedene Organisationsformen von Bildungseinrichtungen (Schulen, Hochschulen) sich auf die soziale Ungleichheit auswirken. Hierbei kommen normative Kriterien ins Spiel, es wird etwa bei der Beurteilung der „Chancengleichheit" im Bildungssystem eine geeignete Explikation dieses Konzepts verlangt. Coleman (1982, 1990b) plädiert für eine Soziologie, die normative Fragen ernst nimmt und insoweit *gegen* eine wertneutrale Sozialwissenschaft (1974, S. 742). Das ist jedoch nicht unbedingt mit einer expliziten Verabschiedung von Webers Postulat einer werturteilsfreien Wissenschaft gleichzusetzen. Webers Postulat basiert bekanntlich auf der Annahme, dass eine *erfahrungswissenschaftliche* Letztbegründung objektiver Werte und Werturteile unmöglich ist. Es impliziert dagegen nicht, dass eine rationale Diskussion normativer Aussagen unmöglich ist. Auch Weber hat eine Aufgabe empirischer Sozialwissenschaft darin gesehen, Werturteile und praktische sozialpolitische Empfehlungen hinsichtlich ihrer objektiven Voraussetzungen und Folgen zu prüfen. Wissenschaft kann zwar keinen objektiven Wertmaßstab liefern, aus dem heraus Werturteile oder andere normative Aussagen gerechtfertigt werden können. Sie kann jedoch die objektiven Folgen und Nebenfolgen aufzeigen, die eine Realisierung praktischer Maßnahmen vermutlich nach sich ziehen wird.

In bildungspolitischen Diskussionen wird beispielsweise oft auf den Wert der „Chancengleichheit" hingewiesen. Schulen sollen so organisiert sein, dass soziale Ungerechtigkeiten sich nicht durch Bildungsungleichheiten verfestigen, indem sie Schülern unterschiedlicher Herkunft „gleiche Chancen" auf Bildungsabschlüsse bieten. In vielen Ländern und auch in Deutschland gibt es Verfechter der Konzeption einer Einheitsschule, die Schülern aller sozialen Herkunftskategorien das gleiche Bildungsangebot offeriert, so dass eine Sortierung in verschiedene Schulstufen (die stark mit Herkunft korreliert) unterbleibt, und – so hofft man – eine höhere Chancengleichheit resultiert. Coleman hat etwa in seinen bildungssoziologischen Arbeiten gezeigt, dass der Schulerfolg von Angehörigen ethnischer Minoritäten nur in engen Grenzen ein Produkt der Organisation von Schulen ist. Zwar führt möglicherweise eine bessere Ausstattung von Schulen, eine besser qualifizierte und motivierte Lehrerschaft und eine ethnisch und sozial heterogene Zusammensetzung der Schülerschaft zu einer Verbesserung des Lernerfolgs von Minoritäten. Dieser Effekt – sofern er überhaupt existiert – ist jedoch von der Größenordnung her viel zu gering, um die Wirkungen der sozialen Herkunft insgesamt annähernd auszugleichen. Es ist sogar möglich, dass in einer Einheitsschule, die mit einer Egalisierung der schulischen Bildungsanstrengungen hinsichtlich bildungsnaher und bildungsferner Herkunftsgruppen verbunden ist, leistungsmäßige Unterschiede zwischen den Herkunftsgruppen besonders hervortreten, wenn die kognitiven, motivationalen und sonstigen Gelegenheiten und Bedingungen für Lernerfolg stark herkunftsabhängig sind. Ein Versuch der

Herstellung von „Chancengleichheit" durch Bildungsreformen, die allein bei Variablen der Schulorganisation ansetzen, ist von daher wenig erfolgversprechend, wenn es darum gehen soll, eine Angleichung der „Resultate" des Bildungssystems oder gar eine Verringerung sozialer Ungleichheit im Erwachsenenalter zu erzielen. Vielmehr müssten in Bildungsreformen auch die sozialen und anderen Mechanismen mit einbezogen werden, die dafür sorgen, dass trotz vergleichbarer schulischer Bedingungen Schüler unterschiedlicher sozialer Herkunft unterschiedlichen Schulerfolg erreichen. Coleman argumentiert, dass eine Verwirklichung von „Chancengleichheit" somit bei den Familien, den Nachbarschaften und den Gemeinden ansetzen müsste und im Extrem zu der Konsequenz führte, dass man Kinder aus „bildungsfernen" sozialen Kontexten entfernt und in die Obhut staatlich kontrollierter Bildungseinrichtungen begibt – eine Konsequenz, die für eine liberale Gesellschaft untragbar scheint oder jedenfalls zentrale andere Werte verletzt (vgl. auch Hayek 1976, S. 84–88). Auch aufgrund dieser Nebenfolgen ist es kein realistisches Ziel vernünftiger Bildungspolitik, sondern illusionär, vollständige „Chancengleichheit" durch geeignete Strukturen von Bildungsorganisationen herstellen zu wollen; ja Coleman meint sogar, dass der Begriff der Chancengleichheit aus dem bildungspolitischen Vokabular gestrichen werden sollte. Realistisches Ziel sei allenfalls eine *Verringerung* der Wirkungen von außerschulischen Gelegenheitsstrukturen und Bedingungen, die Unterschiede in den Lebenschancen beeinflussen (vgl. Coleman 1975).

Ein zweiter Aspekt lässt sich ebenfalls an einem bildungspolitischen Diskussionspunkt illustrieren. Normative Empfehlungen und Werturteile sollten die Interessen *sämtlicher* Betroffener zumindest insoweit einbeziehen, als die Reaktionen bestimmter Akteurgruppen unbeabsichtigte Nebenfolgen auslösen können. Der Coleman-Report hat bekanntlich – wenn auch nicht sehr deutlich und im Licht späterer Re-Analysen der Daten fälschlicherweise – gezeigt, dass die Schulleistungen von Minoritäten in ethnisch weniger segregierten Schulen besser sind als in segregierten, ohne dass die Leistungen der Majorität beeinträchtigt werden. Segregation nach Hautfarbe war in den USA bis in sechziger Jahre für sämtliche formelle Organisationen üblich und wurde erst in der Folge des Civil Rights Act von 1964 aufgehoben. Viele Bürgerrechtsaktivisten haben den Coleman-Report als zusätzliche Legitimationsquelle für lokale „Busing"-Programme verwendet, die das Ausmaß der ethnischen Segregation in öffentlichen Schulen reduzieren sollten. Allerdings traten dabei die Interessen der betroffenen Majoritäten (Weißen) in den Hintergrund. Dieser Sachverhalt ist womöglich nicht nur unter normativen Gesichtspunkten fragwürdig, weil eine faire Gestaltung von Bildungsprogrammen die Interessen *sämtlicher* Betroffener (ohne sie jedoch zwingend gleich zu gewichten) gegeneinander abwägen sollte, sondern hat auch objektiv zu einem Scheitern der Integrationspolitik beigetragen. Große Teile der von „Busing" betroffenen weißen Mittelklassen haben sich durch Umzüge oder durch Wechsel in private Schulen dem Integrationsdruck im öffentlichen Schulsystem widersetzt. Allerdings wurde dieser Sachverhalt in der öffentlichen Debatte weitgehend tabuisiert und ignoriert. Empirisch motivierte Einwände wurden als „rassistisch" und reaktionär klassifiziert und quantitative empirische Forschung über Folgen des „Busing" wurde öffentlich nicht gefördert (Coleman 1976a, S. 309–310). Diese Ignoranz wurde damit erkauft, dass die gewünschten Ziele der Integrationspolitik durch die unbeabsichtigten Effekte des „white flight" konterkariert wurden.

Folgt man einem ethischen Subjektivismus der Art wie ihn David Hume und seine Nachfolger angedeutet haben, so sind Werte und Normen in gewissem Sinne begründbar, wenn gezeigt wird, dass sie mit den Präferenzen realer rationaler Agenten (Hume spricht von „natürlichen Neigungen") vereinbar sind. Das bedeutet erstens, dass die Werte von diesen Akteuren *gewünscht* werden, weil sie zur Verbesserung der Situation der Akteure selbst beitragen können, und zweitens, dass die Akteure auch *motiviert* sind, einen Beitrag zur *Durchsetzung* dieser Werte zu leisten. Ohne auf diese Position direkt zu verweisen, geht Coleman stillschweigend von dieser Vorstellung aus, wenn er sagt, dass es keinen absoluten Beobachtungspunkt gibt, von dem aus die moralische Qualität gesellschaftlicher Institutionen bewertet werden kann (Coleman 1990b, S. 340). Es gibt für Coleman nur den Bezugspunkt der Interessen der Akteure der konkreten Gesellschaft. Das wird zum Beispiel in seinen ausführlichen Auseinandersetzungen mit John Rawls erkennbar, der zu den einflussreichsten politischen Philosophen zu zählen ist, die im weitesten Sinne versucht haben, eine mit Rationalitätsannahmen kompatible Moralkonzeption auszuarbeiten. John Rawls' Gerechtigkeitstheorie (1971) orientiert sich in verschiedenen Hinsichten am vertragstheoretischen Denken der klassischen Sozialphilosophie von Hobbes, Rousseau und Locke. Für Rawls lassen sich Prinzipien für die Gestaltung „gerechter" sozialer Institutionen begründen, indem gezeigt wird, dass sie von rationalen Akteuren gewählt würden. Dabei geht Rawls von einer fiktiven Entscheidungssituation „hinter dem Schleier des Nichtwissens" aus, d.h. die Akteure entscheiden zwischen alternativen institutionellen Arrangements *als ob* sie nicht wüssten, welche sozialen Positionen sie in der Gesellschaft einnehmen. Auf diese Weise soll ein faires Urteil entstehen, das die verschiedenen Interessen der Vertreter unterschiedlicher sozialer Positionen zum Ausgleich bringt. Rawls argumentiert, dass rationale Akteure „hinter dem Schleier des Nichtwissens" bestimmte inhaltliche normative Prinzipien wählen, insbesondere würden sie nur solche institutionellen Regelungen als „gerecht" einstufen, die soziale Ungleichheiten so gestalten, dass die in der Gesellschaft am stärksten benachteiligten sozialen Positionen maximal begünstigt werden („Maximin"-Kriterium).

Coleman (1976b) macht in seiner Rawls-Kritik deutlich, dass die Rawlssche Konzeption auf empirischen Voraussetzungen ruht, die zumindest strittig, wenn nicht unhaltbar sind. Ob rationale Agenten „hinter dem Schleier des Nichtwissens" tatsächlich die Rawlsschen Prinzipien wählen, sei eine empirische Frage, die nicht durch Anwendung apriorischer Prinzipien beantwortet werden könne. Aus empirischer Sicht sei zu erwarten, dass die Akteure, die einen Rawlsschen Gesellschaftsvertrag schließen, auch „hinter dem Schleier des Nichtwissens" heterogene Interessen besitzen und keine einmütige Wahl der institutionellen Ordnung vornehmen. Ferner setze die Rawlssche Formulierung der Entscheidungssituation voraus, dass die Akteure bereit sind, in großem Umfang Handlungsrechte vollständig einem korporativen Akteur, der bei Rawls wie der moderne bürokratische Staat konzipiert sei, zu übertragen. Nur unter dieser Bedingung sei Rawls' Konstruktion sinnvoll. Es ist aber unklar, ob und inwieweit rationale Akteure diese von Rawls vorgegebene Modellierung der moralischen Entscheidung über die institutionelle Ordnung akzeptieren würden. Vielmehr müsse zunächst – bevor die Rawlsschen Konstruktionen in Kraft treten – eine Entscheidung darüber gefällt werden, ob die Individuen überhaupt und in welchem Umfang Kontrollrechte an eine externe Körperschaft übertragen wollen (z.B. Coleman 1990b, S. 335). Am Beispiel der „Chancengleichheit" im Bildungssystem erläutert Coleman seine Vorbehalte gegen eine Konzeption, die sich (wie Rawls) auf utopische Ziele bezieht. Wie oben ausgeführt, sprechen Resultate bildungssoziologischer Studien dafür, dass für den Schulerfolg die außerschulischen Inputs ein höheres Gewicht als die schulischen besitzen. Chancengleichheit lässt sich deshalb vor allem dadurch realisieren, dass man die Kontrollrechte von Eltern aus benachteiligten und „bildungsfernen" sozialen Klassen einschränkt und ihre Kinder in die Obhut staatlich oder gemeinschaftlich kontrollierter Einrichtungen begibt. Diese Konsequenz sei jedoch aus moralischen Gründen inakzeptabel.

Letztlich wirft Coleman Rawls vor, dass seine Gerechtigkeitstheorie eine starke Machtkonzentration in den Händen des Staates voraussetze, woraus sich die Gefahr ergibt, dass mächtige Sonderinteressengruppen sich dieses Staatsapparats bedienen, um diesen für die Verwirklichung dieser Sonderinteressen einzusetzen. In diesem Zusammenhang schließt Coleman (1990b, S. 344) sich der Argumentation des liberalen normativen Sozialtheoretikers von Hayek an.

7   Mathematische Modellierung

Aufgrund seiner naturwissenschaftlichen Vorbildung und seiner weiteren Ausbildung insbesondere bei Paul F. Lazarsfeld war Coleman bereits zu Beginn seiner akademischen Tätigkeit an mathematischen Verfahren und ihren Anwendungen in der Soziologie interessiert. Dabei erschöpfte sich sein Interesse keineswegs in der Anwendung der Mathematik bei der statistischen Analyse quantitativer Datensätze. Vielmehr betrachtete er in seiner gesamten Karriere die Mathematik stets auch als wesentliches Hilfsmittel der Theoriebildung, weil sie eine hinreichend sparsame, jedoch rigorose Modellierung fördert und dabei Deduktionsfehler vermeiden hilft. Gleichzeitig war Coleman der Ansicht, dass Theorien jeweils Empiriebezug haben sollten und empirische Daten letztlich theoretische Aktivitäten stimulieren müssten.

Aufgrund dieser Sichtweisen verwundert es nicht, dass sich Coleman immer wieder mit Fragen der statistischen Analyse beschäftigte. Einen Schwerpunkt bildete dabei zunächst die multivariate Analyse von Attributdaten, d.h. die Analyse von Zusammenhängen zwischen mehreren qualitativen (meist dichotomen) Merkmalen (Coleman 1964a, Kap. 6, 1970; siehe auch Boudon 1974, wo die Grundideen dieser Verfahren lehrbuchartig dargestellt werden). Besonders einflussreich waren Colemans (1964b, 1968) Beiträge zur Analyse von Panel-Daten (d.h. Daten, die Messungen von Merkmalen zu mindestens zwei Zeitpunkten enthalten) und zur Verbindung dynamischer Modelle mit statistischen Analysen von Ereignisdaten (wie etwa 1981 in seinem Buch *Longitudinal Data Analysis*). In diesen Beiträgen verwendet Coleman Modelle stochastischer Prozesse, vor allem Markowprozesse, die übrigens ursprünglich in der statistischen Physik angewendet wurden, zur Schätzung der Wahrscheinlichkeit, dass ein Objekt (z.B. ein Befragter in einer Wiederholungsbefragung) in einen bestimmten Zustand übergeht (z.B. eine politische Einstellung ändert). Ein fruchtbarer heuristischer Gedanke ist dabei, einen Prozess, für den nur einige wenige diskrete Messzeitpunkte vorliegen, durch das Modell eines in *stetiger* Zeit sich entwickelnden Vorgangs abzubilden (vgl. Coleman 1964b). Viele dynamische Modelle der angewandten Statistik beruhen auf einem ähnlichen Ansatz. Colemans Beiträge hatten einen starken Impuls zur Anwendung und Weiterentwicklung solcher statistischer Methoden zur Analyse von Zeitverläufen in der Soziologie (Clogg 1992, S. 189).

Deutlicher manifestierte sich seine Perspektive allerdings in Aufsätzen und Büchern, die explizit die mathematische Modellierung als Mittel der Theoriebildung ansahen. Es ging Coleman dabei – wie oben angedeutet – auch um die Entwicklung von synthetischen „sometimes-true"-Theorien, die unter bestimmten

Bedingungen hilfreiche Werkzeuge etwa zur Beantwortung empirischer soziologischer Fragen darstellen. Im Folgenden werden einige seiner einschlägigen Arbeiten skizziert.

7.1 Soziale Strukturen und Prozesse

Mit der formalen Untersuchung von Zuständen und Vorgängen befasste sich Coleman in dem Werk *Models of Change and Response Uncertainty* und dem über 500 Seiten umfassenden Buch *Introduction to Mathematical Sociology*, die beide im Jahr 1964 veröffentlicht wurden. Während sich das erstgenannte Buch eher mit methodologischen Fragen einschlägiger Studien beschäftigte, hat das letztgenannte Werk die mathematische Modellierung als Weg der Theoriebildung in der Disziplin wesentlich mitbegründet. Insofern ist der Buchtitel *Introduction* zutreffend, der Titel sollte aber nicht in dem Sinn interpretiert werden, dass es sich um eine lehrbuchartige Einführung handeln würde. Das Werk hat die Entwicklung der mathematischen Soziologie durch die rigorose formale Diskussion einer Vielzahl von Problemen und Lösungsmöglichkeiten über Jahrzehnte beeinflusst.

Abgesehen von seinem Hauptwerk *Foundations of Social Theory* betrachtete Coleman dieses Lazarsfeld gewidmete Werk als sein wichtigstes Buch (Clark 1996, S. 4). Es beginnt mit einem Überblick zu den Anwendungen der Mathematik in der Soziologie und deren Grenzen. Danach entwickelt Coleman einen formalen Rahmen für die Untersuchung von sozialen Abläufen und Entwicklungen, der sich wesentlich auf die Mathematik stochastischer Prozesse stützt. Colemans Arbeiten enthalten die ersten wichtigen Anwendungen stochastischer Modelle, zum Beispiel stetiger Markowketten, in der Soziologie überhaupt. Eine ausführliche Exposition von Colemans stochastischen Prozess-Modellen verdeutlicht die Spannweite der verwendeten Modellvarianten und ihrer Anwendungsmöglichkeiten (Jaeckel 1971). Obwohl sich später herausgestellt hat, dass Colemans formale Analysen stochastischer Prozesse in einigen Details nicht fehlerfrei sind (vgl. Singer und Spilerman 1976), haben sie doch die weitere Entwicklung der mathematischen Soziologie entscheidend geprägt – mehr als jeder andere Beitrag (Fararo 1997). Für Genaueres zu diesem Aspekt der Colemanschen Arbeiten sei auf einschlägige Darstellungen und Lehrbücher der mathematischen Soziologie verwiesen (z.B. Fararo 1977; Rapoport 1983; Ziegler 1972). Konkrete Anwendungen dieses Rahmens werden durch Diskussionen der jeweils relevanten statistischen Analysemethoden und ihrer Umsetzungen anhand von zumeist zeitbezogenen Daten begleitet.

Mit seinen Beiträgen zur mathematischen Soziologie erreichte Coleman auch Anerkennung bei Vertretern anderer Disziplinen, u.a. der angewandten Mathematik und Statistik (vgl. z.B. Bartholomew 1982). Der Stil von Colemans Arbeiten ist allerdings grundlegend anders und weniger rigoros als bei professionellen Mathematikern (oder mathematisch orientierten Ökonomen). So finden sich in Colemans Beiträgen keine explizit formulierten Theoreme und Beweise. Seine mathematischen Arbeiten ähneln durch ihren starken Anwendungs- und empirischen Problembezug stilistisch eher den Beiträgen von Physikern oder Ingenieuren.

Eine erste Aufgabe von Formalisierung ist die Präzisierung von theoretischen Begriffen. Einige von Colemans Beiträgen zur mathematischen Soziologie beziehen sich auf Vorschläge zur theoriegeleiteten Messung von Begriffen bzw. Indexbildung. Konkrete Anwendungen dieses Rahmens werden durch Diskussionen der jeweils relevanten statistischen Analysemethoden und ihrer Umsetzungen anhand von zumeist zeitbezogenen Daten begleitet.

Teilweise ausgehend von Einsichten aus anderen Disziplinen präsentiert Coleman zudem Vorschläge zur formalen Erfassung von strukturellen Eigenschaften sozialer Systeme, die insbesondere in der sozialen Netzwerkanalyse nach wie vor rezipiert werden. Ein Beispiel hierfür stellt Colemans Hierarchiemaß dar, welches das informationstheoretische Entropie-Konzept für sozialwissenschaftliche Zwecke adaptiert und weiterentwickelt. Ursprünglich stammt der Entropiebegriff aus der statistischen Mechanik (vgl. Coleman 1964a, S. 441–444). Mit diesem Maß soll es möglich sein, den Grad der sozialen Ungleichheit in einem System zu messen. Ausgangspunkt ist ein soziales System mit insgesamt $n \geq 2$ Akteuren, für die Daten über Proportionen $p_1, ..., p_n$ vorliegen, die $p_i \geq 0$ und $\sum_{i=1}^{n} p_i = 1$ erfüllen. Dabei kann es sich um Anteile in einer Verteilung von z.B. Einkommen oder Macht in dem gegebenen System handeln. Die Entropie gibt das Ausmaß der Unordnung bzw. Unsicherheit in einem geschlossenen System an. Sie ergibt sich in unserem Zusammenhang als

$$E = -\sum_{i}^{n} p_i \ln p_i.$$

Da $p_i \ln p_i \to 0$ für $p_i \to 0$ gilt, wird die Konvention $p_i \ln p_i = 0$ für $p_i = 0$ eingeführt. Unter diesen Prämissen besitzt die Entropiefunktion einen Wertebereich zwischen 0 und $\ln n$, wobei die Gleichheit der Proportionen zur maximalen Entropie führt. Coleman definiert den Hierarchiegrad daher als standardisierte Abweichung der Entropie der beobachteten Verteilung vom Maximalwert der Entropie:

$$H = \frac{\ln n - E}{\ln n} = 1 + \frac{p_i \ln p_i}{\ln n},$$

so dass $0 \leq H \leq 1$. Der Wert von H gibt generell den Grad der Differenzierung bezüglich der betrachteten Variablen in dem jeweiligen System an. Es gilt $H = 0$ bei Gleichverteilung der Proportionen, aber $H = 1$ bei extremster Ungleichverteilung (perfekte Konzentration von z.B. Einkommen oder Macht auf einen Akteur).

Daneben beschäftigt sich Coleman in seinem Buch zur mathematischen Soziologie mit empirischen Regularitäten (z.B. Hypothesen der Migrationsforschung) und der formalen Herleitung logischer Implikationen aus einfachen Annahmen (z.B. Georg Simmels Aussagen über die Wirkungen der relativen Größe von Teilen einer Gruppe). Schließlich werden Diffusionsvorgänge (z.B. die Ausbreitung einer technischen Innovation, einer Mode oder eines Gerüchtes) in unvollständigen Sozialstrukturen (d.h. bei Heterogenität bezüglich der Kontakte zwischen Akteuren) näher besprochen.

Die formale Analyse der sukzessiven Übernahme einer Neuerung in einem Sozialsystem war bereits zuvor Thema des klassischen Aufsatzes, den Coleman 1957 mit seinen Koautoren Katz und Menzel veröffentlichte. In diesem Beitrag und dem 1966 publizierten Buch *Medical Innovation* wurden einfache mathematische Modelle in Gestalt von gewöhnlichen Differentialgleichungen zur Beschreibung deterministischer und stochastischer Prozesse spezifiziert, um empirische Daten zur Übernahme eines neuen Medikaments (d.h. seiner Verschreibung an Patienten) durch Ärzte mit unterschiedlicher Eingebundenheit in das jeweils lokale Mediziner-Netzwerk von vier Gemeinden im mittleren Westen der USA zu beschreiben. Dabei konnten Coleman und seine Mitautoren zwischen zwei Arten der Diffusion des neuen Arzneimittels unterscheiden, nämlich zwischen einer v.a. durch systemexterne Quellen (wie Fachzeitschriften, Medien oder Vertreter) induzierten Übernahme und einem v.a. durch Kontakte innerhalb des jeweiligen Mediziner-Netzes gespeisten Ausbreitungsvorgang (vgl. Abschnitt 3.1).

Weil die grundlegenden Modelle dieser klassischen Arbeiten auch heute noch Bedeutung besitzen, ist eine erneute Besprechung sinnvoll, wobei wir uns auf stochastische Modellvarianten beziehen (vgl. Coleman 1964a, S. 41–46, Kap. 17; die Arbeit Coleman et al. 1957 sowie viele Lehrbücher, auch Mathematik-Lehrbücher zum Calculus, beschreiben die einfacher zu handhabende deterministische Modellvariante von Colemans Modellen – siehe z.B. Goldstein et al. 1999). Beide Modelle beschäftigen sich mit der Verbreitung eines binären Merkmals (z.B. Beginn oder Nichtbeginn des regelmäßigen Verschreibens eines neuen Medikaments, Kauf oder Nichtkauf eines neuen Produkts, Übernahme oder Nichtübernahme einer neuen Technologie) in einem gegebenen sozialen System. Um eine möglichst einfache Darstellung der Zusammenhänge zu gewährleisten, werden im Folgenden relative Größen (Anteile) betrachtet. Die Rekonstruktion absoluter Größen bleibt möglich, falls die Gesamtgröße des Systems bestimmbar ist.

Mit T sei eine nicht-negative stetige Zufallsvariable der Zeit bis zum Merkmalseintritt (Ankunftszeit oder Verweildauer, je nach Betrachtungsweise) mit Verteilungsfunktion $F(t)$ und Dichtefunktion $f(t) = dF(t)/dt$ bezeichnet. Weil $F(t)$ den Anteil der Population bezeichnet, der bis zum Zeitpunkt t durch den Merkmalseintritt gekennzeichnet werden kann, repräsentiert $1 - F(t)$ den komplementären Populationsanteil ohne Merkmalseintritt bis zu diesem Zeitpunkt.

Das erste von Coleman, Katz und Menzel spezifizierte Modell beruht auf der Exponentialverteilung. Der dadurch beschriebene Diffusionsprozess bezieht sich auf ein Wachstum der Merkmalsträger in der Population, das nicht durch Ansteckungen im Gefolge von Interaktionen zwischen potentiellen und aktuellen Merkmalsträgern bewerkstelligt wird. Der damit korrespondierende Ausbreitungsvorgang stellt vielmehr auf Beeinflussungen durch Werbung und Information via Medien (wie Zeitungen, Fernsehen oder Radio) oder andere externe Quellen (z.B. Vertreter) ab. Die Differentialgleichung

$$\frac{dF(t)}{dt} = \beta\left(1 - F(t)\right) = f(t)$$

mit dem konstanten Schätzparameter $\beta > 0$ stellt die klassische Hypothese der kontaktunabhängigen Ausbreitung dar. Sie korrespondiert mit einer konkaven Verteilungsfunktion

$$F(t) = 1 - e^{-\beta t}$$

und einer hyperbelartig verlaufende Dichtefunktion

$$f(t) = \beta\, e^{-\beta t},$$

wobei der konstante Parameter β (näherungsweise) die bedingte Wahrscheinlichkeit des Zustandswechsels im sehr kleinen Zeitintervall $[t, t + \Delta t]$ angibt, wenn bis zum Zeitpunkt t noch kein Merkmalseintritt erfolgt ist.

Der zweite von Coleman, Katz und Menzel (1957) spezifizierte Diffusionsprozess beruht auf dem logistischen Modell, das infektionsartige Ausbreitungsvorgänge beschreibt. Beispiele für soziale Ansteckungsprozesse sind leicht zu finden: Die Verbreitung bestimmter Moden (z.B. Baustile, Kleider) und Erfindungen (z.B.

Bücher, Medikamente, Musikstücke) lassen sich prinzipiell als Konsequenzen von Interaktionen zwischen Merkmalsträgern und Nichtinfizierten auffassen. Die zugehörige Differentialgleichung lautet

$$\frac{dF(t)}{dt} = \alpha F(t)(1 - F(t)) = f(t),$$

wobei $\alpha > 0$ einen konstanten Schätzparameter der Ausbreitungsgeschwindigkeit (bzw. der Stärke des Stimulus, das Merkmal zu übernehmen oder sich „anstecken" zu lassen) repräsentiert. Die zugehörige Verteilungsfunktion hat einen sigmoiden (d.h. S-förmigen) Verlauf:

$$F(t) = \frac{F_0 \, e^{\alpha t}}{1 - (1 - e^{\alpha t}) F_0},$$

wobei hier mit $F(0) = F_0$ ein positiver Anfangswert der Verteilungsfunktion vorausgesetzt wird. Die Dichtefunktion kann man dann wie folgt schreiben:

$$f(t) = \frac{\alpha \, F_0 \, e^{\alpha t}}{1 - (1 - e^{\alpha t}) F_0} - \frac{\alpha \, (F_0 \, e^{\alpha t})^2}{(1 - (1 - e^{\alpha t}) F_0)^2}.$$

Auch dadurch wird reflektiert, dass die Dichte eine quadratische Funktion des jeweiligen Merkmalsträgeranteils darstellt. Weil die Übernahmerate durch eine Konstante bestimmt ist und sich der Merkmalsträgeranteil sigmoid in der Zeit entwickelt, steigt die bedingte Wahrscheinlichkeit des Zustandswechsels im sehr kleinen Zeitintervall $[t, t + \Delta t]$ (näherungsweise) zuerst zunehmend und später abnehmend mit der Prozessdauer, wenn bis zum Zeitpunkt t noch kein Merkmalseintritt erfolgt ist.

Diese beiden Modellierungen verwenden die Annahmen, dass entweder (praktisch) keine sozialen Ansteckungseffekte in der Population relevant sind oder dass (praktisch) jeder Akteur mit gleicher Wahrscheinlichkeit mit jedem anderen interagiert, d.h. dass das soziale Netzwerk der interpersonellen Beziehungen vollständig verbunden ist. Diese Annahmen können durchaus annähernd realitätsgerecht sein. Dennoch ist es wichtig, auch davon abweichende sozialstrukturelle Bedingungen zu analysieren, d.h. unvollständig verbundene Strukturen, so dass die Population in verschiedene Teilgruppen zerfällt, die in unterschiedlichen Maße in Interaktionen eingebunden sind (Coleman 1964a, Kap. 17). Coleman (1964a) beschreibt auch einfache Modelle, die quellenabhängige und soziale Effekte der „Ansteckung" kombinieren. Solche Modelle werden heute standardmäßig u.a. in der Marktforschung angewendet (als sog. Bass-Modell bekannt). Diese Modelle werden immer noch als relevant angesehen und auch bei der Untersuchung von Ausbreitungsvorgängen angewendet (z.B. Braun 1995). Angeregt wurden durch die Arbeiten von Coleman und seinen Koautoren mehrere Nachfolgestudien sowie die Entwicklung komplexerer Diffusionstheorien, die jeweils beide Ausbreitungswege und Heterogenität der Akteure in verschiedenem Ausmaß berücksichtigen (siehe Rogers 2003 für einen Überblick).

Im Übrigen können die mathematischen Modelle nach entsprechenden Anpassungen auch für die dynamische Analyse von Prozessen verwendet werden, die wenig mit sozialer Diffusion im engeren Sinne zu tun haben. Zudem lassen sich die Modellannahmen modifizieren. Ein Beispiel ist das Modell für den Eintritt in eine erste Heirat des Coleman-Schülers Hernes (Hernes 1972, 1976; Diekmann 1989). Dieses Modell, das formal in einer Modifikation der Differentialgleichung besteht, die auf eine logistische Funktion führt, konzipiert den Eintritt in den Zustand Erst-Heirat als dynamischen Prozess, der u.a. durch den sozialen Druck der Peergroup ausgelöst wird. Genauer ist das Heiratsrisiko proportional zum Produkt der Anteile der Verheirateten und der Unverheirateten in der Kohorte sowie einem als *zeitabhängig* modellierten Proportionalitätsfaktor. Der zeitabhängige Proportionalitätsfaktor kann so dargestellt werden, dass er die Vorstellung eines mit der Zeit abnehmenden Stimulus ausdrückt, der ein Mitglied einer Alterskohorte zur Heirat motiviert. (Die Idee ist, dass nach langer Zeit unverheiratet gebliebene Akteure mehr und mehr „immun" werden gegen das Risiko, sich zu verehelichen. In den Standardmodellen wird dagegen ein „homogener" Prozess vorausgesetzt, in dem die Wirkung des Proportionalitätsfaktors über die Zeit konstant ist.) Mit diesen Modellen lassen sich empirische Vorhersagen über die Heiratsquoten bestimmter Alterskohorten treffen (z.B. Goldstein und Kenney 2001).

Im Rahmen von Arbeiten zu mathematischen Untersuchungen des sozialen Wandels zeigt Coleman (z.B. 1968) Anwendungsmöglichkeiten dynamischer Modelle u.a. anhand einer einfachen linearen Differentialgleichung („partial adjustment model"), die man als eine leichte Verallgemeinerung des obigen Modells der kontaktunabhängigen Ausbreitung begreifen kann. In der etwas generalisierten Form werden absolute Größen betrachtet und es wird ein Gleichgewichtswert als Obergrenze eingeführt. Damit eignet sich die Differentialgleichung zur Abbildung eines deterministischen Anpassungsprozesses, in dem die momentane Veränderungsrate einer Größe (z.B. Lohn in einer Firma) sich proportional zur vorhandenen Differenz dieser Größe zu einem bestimmten Höchstwert (z.B. Maximallohn in der Branche) entwickelt, aber mit geringerer Distanz abnimmt.

Neben derartigen Modellierungen von zeitabhängigen Phänomenen beschäftigte sich Coleman auch mit der möglichst präzisen Beschreibung von institutionellen Gegebenheiten in korporativen Akteuren. Einen Schwerpunkt seiner Tätigkeit legte er auf die formale Untersuchung der internen Machtstrukturen und der Handlungsfähigkeit von Körperschaften.

7.2 Macht in korporativen Akteuren

Im Rahmen seiner Untersuchungen von institutionellen Gegebenheiten in Körperschaften und ihren Folgen interessierte sich Coleman (1971) besonders für Kollektivitäten mit Abstimmungsentscheidungen (wie etwa Parlamenten in repräsentativen Demokratien). Für Coleman ist die formale Verteilung von Kontrolle über die Handlungen einer Körperschaft unter deren Mitglieder ein wesentliches Element der Verfassung der betrachteten Kollektivität. In Körperschaften mit Abstimmungen hängt die Ausübung der Kontrolle wesentlich ab von der zumeist in der Verfassung vorgeschriebenen und nicht zufallsbedingten Entscheidungsregel (wie z.b. der Einstimmigkeitsregel, der Zweidrittel-Regel oder der Regel der einfachen Mehrheit). Sobald eine Verfassung festgelegt wird, werden damit die interne Machtstruktur und die Handlungsfähigkeit der Körperschaft weitgehend bestimmt.

Um nun diese Machtstruktur und Handlungsfähigkeit in Entscheidungsgremien zu erfassen, beschäftigte sich Coleman zunächst einmal mit einem bereits vorliegenden Beitrag von Lloyd Shapley und Martin Shubik (1954), in dem ein bis heute populäres Maß zur Bestimmung der Macht von Mitgliedern einer Körperschaft mit Abstimmungen vorgeschlagen wurde. Dieses Maß beruht hauptsächlich auf dem Konzept des Shapley-Wertes aus der kooperativen Spieltheorie und dessen Standardisierung für Abstimmungsspiele mit einer Mehrheitsregel. Der Shapley-Wert bezieht sich auf Verhandlungen über die Aufteilung eines gegebenen Ertrags zwischen mehreren Akteuren; für die Berechnung des Maßes wird angenommen, dass die Spieler jeweils Koalitionen zur Realisierung und Teilung eines Gewinns bilden. Wie Coleman allerdings zu Recht betont, ist eine derartige Situation in legislativen Körperschaften (z.B. Parlamente) und Entscheidungsgremien internationaler Organisationen (z.B. Sicherheitsrat der Vereinten Nationen) oder anderen Kollektivitäten (z.B. kommunale Ausschüsse) zumeist nicht gegeben. Dort geht es in der Regel um die Kontrolle von Handlungen der Körperschaft, aber nicht um die Aufteilung von z.B. gemeinsam erzielten Gewinnen. Die Körperschaft hat typischerweise festzulegen, ob ein Gesetz angenommen, eine Resolution verabschiedet oder eine Maßnahme (z.B. zur Herstellung eines öffentlichen Gutes oder zur kostenintensiven Abstellung eines Übels) durchgeführt werden soll. Eine solche (Verpflichtung zur) Handlung hat üblicherweise jeweils spezifische und durch irgendwelche Übereinkünfte kaum veränderliche Konsequenzen für die Entscheidungsträger. Aus Colemans Sicht scheint das Shapley-Shubik-Maß zur Untersuchung von Entscheidungen in Körperschaften mit Abstimmungen daher oftmals wenig geeignet, weil es Macht unrealistischerweise nur im Sinne von verhandelbaren Gewinnanteilen auffasst und seine Anwendung die Gültigkeit der Mehrheitsregel erfordert.

In seiner Analyse verzichtet Coleman auf die einschränkende Voraussetzung der Mehrheitsregel, d.h. alle deterministischen Entscheidungsregeln (wie z.B. Handlung bei einem Drittel der Stimmen oder bei Dreiviertel-Mehrheit) sind generell zulässig. Macht interpretiert er als Potenzial zur Einflussnahme bei Abstimmungen. Genauer gesagt definiert Coleman drei verschiedene Machtkonzepte, die sich auf unterschiedliche Akteure (Körperschaft oder ihre Mitglieder) und verschiedene Handlungen (nämlich deren Initiierung oder Verhinderung) beziehen: Die Macht der Kollektivität zur Handlung, die Macht jedes Mitglieds einer Körperschaft zur Verhinderung einer Handlung und die Macht jedes Mitglieds der Kollektivität zur Initiierung einer Handlung.

Zu ihrer formalen Einführung sind einige Annahmen notwendig. Eine Körperschaft treffe Entscheidungen über die Ablehnung oder Durchführung von Handlungen und ihr Entscheidungsgremium bestehe aus einer endlichen Menge N von Mitgliedern, die mit $i = 1, 2, ..., n$ bezeichnet werden. Sie verwende eine Entscheidungsregel, welche durch die Quote q die minimale Stimmenzahl für jede ihrer etwaigen Handlungen festlegt. Sei s die Zahl der Mitglieder, die für eine bestimmte Handlung stimmen und der Teilmenge S von N angehören. Die insgesamt von der Teilmenge S abgegebenen Stimmen seien durch die Gewichtungsfunktion $g(S)$ erfasst. Dabei sind Unterschiede zwischen Mitgliedern der Kollektivität im Sinne einer verschiedenen Stimmengewichtung zulässig. Letzteres reflektiert z.B. unterschiedliche Positionen in der Hierarchie der Körperschaft oder verschiedene Eigentumsverhältnisse (z.B. Stimmrechte bei Aktiengesellschaften).

Generell wird die Kollektivität handeln, wenn $g(S) = q$ erfüllt ist. Sei h die Zahl der in diesem Sinn gewinnenden Teilmengen. Dann kann man mit Coleman die Macht der Kollektivität zur Handlung („power of a collectivity to act") definieren:

$$A = \frac{h}{2^n}.$$

Die Macht A ist die relative Zahl der Abstimmungsausgänge, die zu einer Handlung der Kollektivität führen. Insgesamt gibt es nämlich 2^n mögliche Abstimmungsresultate, von denen h die Bedingung für das Handeln der Kollektivität erfüllen. Anders gesagt: Das Maß A ist die Wahrscheinlichkeit, dass sich eine Mehrheit für eine kollektive Handlung vor dem Hintergrund der Größe der Körperschaft, ihrer Entscheidungsregel und der Verteilung der Stimmgewichte unter ihre Mitglieder erzielen lässt. Wird z.b. die Einstimmigkeitsregel verwendet, dann besitzen alle Mitglieder der Kollektivität jeweils ein Veto-Recht. Es müssen also alle Akteure der Handlung zustimmen. Daher gelten $q = g(N) = 1$, $h = 1$ und $A = 1/2^n$, was bei steigender Zahl von abstimmungsberechtigten Mitgliedern zu einer weitgehenden Handlungsunfähigkeit der Kollektivität (d.h. $A \to 0$ für sehr großes n) führt. Bei einer einfachen Mehrheitsregel gilt dagegen $q = g(N)/2$, wodurch wegen $h = 2^{n-1}$ der Wert $A = 1/2$ als prinzipiell maximale Macht einer Körperschaft zur Handlung resultiert.

Neben diesem Maß für die Kollektivität definierte Coleman auch Konzepte für die Untersuchung ihrer internen Machtstrukturen. Hier ist sein Ausgangspunkt die Überlegung, dass individuelle Macht in einem Entscheidungsgremium die Fähigkeit ist, eine Abstimmung durch das eigene Stimmverhalten zu entscheiden. Sei g_i das individuelle Gewicht von Akteur i bei den Abstimmungen der Körperschaft. Ein Mitglied i kann durch sein Stimmverhalten unter Umständen entscheidend sein, d.h. sein Umschwenken („swing") wird den Ausgang der Abstimmung verändern. Voraussetzung dafür ist die Existenz einer Teilmenge S der Mitgliedermenge N, so dass $q - g_i = g(S) < q$ gilt. Mit s_i wird die Anzahl von Teilmengen bezeichnet, für die Mitglied i in diesem Sinne entscheidend für einen Wahlausgang ist. Unter Verwendung der definierten Größen kann man nun die individuelle Macht zur Verhinderung einer Handlung der Kollektivität („power to prevent action") festlegen:

$$P_i = \frac{s_i}{h} \quad \text{für alle } i.$$

Damit ist die Blockade-Macht jedes Mitglieds errechenbar. Genauer gesagt lässt sich dadurch bestimmen, in welchem Ausmaß jeder Akteur in der Körperschaft durch das Versagen seiner Zustimmung aus einer Mehrheit für eine kollektive Handlung eine Minderheit machen kann. Jeder Wert der Blockade-Macht ist eine Wahrscheinlichkeit, wobei sich die individuellen Macht-Werte innerhalb einer Körperschaft keineswegs auf Eins addieren müssen. Bei einem Akteur mit Veto-Recht entspricht die Blockade-Macht dem Wert Eins, jedoch können andere Akteure durchaus auch eine gewisse Macht zur Verhinderung von Handlungen des Kollektivs besitzen. Generell gibt das Maß an, inwieweit ein beliebiges Mitglied allein durch sein eigenes Umschwenken eine Handlung der Kollektivität ausschließen kann. Es ist nicht verwunderlich, dass Coleman auch eine Definition für die individuelle Macht zur Initiierung einer Handlung der Körperschaft („power to initiate action") bereit stellt:

$$I_i = \frac{s_i}{2^n - h} \quad \text{für alle } i.$$

Auch dieses Maß ist eine Wahrscheinlichkeit und wiederum addieren sich seine individuellen Ausprägungen in der Körperschaft nicht zu Eins. Im Zähler steht die Zahl der Teilmengen aller Mitglieder, in denen der Akteur i durch ein Umschwenken entscheidend sein kann; der Nenner wird durch das Komplement der gewinnenden Teilmengen (d.h. die Zahl der verlierenden Teilmengen) bestimmt. Somit drückt I_i die Möglichkeit von Mitglied i aus, durch sein eigenes Umschwenken eine Mehrheit zugunsten einer Handlung des Kollektivs zu beschaffen. Erfasst wird durch das Maß also die jeweilige Initiierungsmacht des betrachteten Mitglieds. Es gilt z.B. $I_i = 1$, wenn der Akteur i ein Diktator ist; dann sind $g_i = q, h = s_i = 2^{n-1}$ und $P_i = 1$. Die Macht der Körperschaft zur Handlung entspricht, wenn sie von einem Diktator geführt wird, mit $A = 1/2$ genau dem maximalen Wert.

Freilich ist darauf hinzuweisen, dass die Handlungsfähigkeit einer Kollektivität bei Gültigkeit der Regel der einfachen Mehrheit ebenfalls dieses Optimum erreicht. Im Unterschied zu anderen Konstellationen (z.B. Zweidrittel-Mehrheit, Entscheidungen mit Veto-Rechten) entsprechen sich bei einfachen Mehrheitsentscheidungen im Kollektiv überdies die Verteilungen der Macht zur Initiierung und Verhinderung von Handlungen der Körperschaft. Es gilt also $I_i = P_i$ bei Entscheidungen, die nach der Regel der einfachen Mehrheit in der Kollektivität getroffen werden.

Im Gegensatz zu den in der kooperativen Spieltheorie getroffenen Annahmen können auf der Grundlage von Colemans Formalisierung auch Entscheidungssituationen untersucht werden, in denen lediglich eine Minderheit der Kollektivität zur Handlungsdurchführung notwendig ist und im Grenzfall sogar nur ein Akteur dafür hinreicht (z.B. Entscheidung über Notruf). Generell gilt in derartigen Situationen $0 < q < g(N)/2$. Die Entscheidungsregel im Beispielsfall eines für die Handlung hinreichenden einzelnen Mitglieds lautet $q = \min(g_1, g_2, ..., g_n)$, wodurch wegen $h = 2^n - 1$ die Handlungsfähigkeit der Kollektivität durch $A = 1 - 2^{-n}$ bestimmt ist. Für jedes Individuum ist jeweils nur ein Umschwenken möglich. Seine Initiierungsmacht ist aber perfekt, während die Blockade-Macht mit zunehmender Mitgliederzahl geringer ausfällt $(P_i = 1/(2^n - 1))$. Soll also beispielsweise öffentlicher Schaden verhindert werden, dann ist die öffentliche Handlungsfähigkeit im Regelfall sehr groß, die Initiierung einer entsprechenden Handlung der Allgemeinheit ist sicher und die individuellen Chancen zu ihrer Blockade sind relativ klein.

Derartige Folgerungen lassen sich mit anderen Formalisierungen schwerlich erzielen. Es ist daher verwunderlich, dass Colemans Arbeiten zur Macht in Kollektivitäten erst in der jüngeren Vergangenheit an Popularität gewonnen haben (z.B. Felsenthal und Machover 1998, 2005). Eine verbreitete Praxis in der spieltheoretisch orientierten Lehrbuchliteratur zur Macht in Abstimmungssituationen (z.B. Holler und Illing 2006) ist allerdings, die Machtkonzepte von Coleman einfach als Transformationen eines anderen bekannteren Index zu betrachten und auf ihre detaillierte Behandlung zu verzichten. Ein Macht-Index, der Colemans Ansatz ähnlich ist, wurde von Lionel Penrose (1946) eingeführt und, unabhängig davon, von John Banzhaf (1965) nochmals entwickelt (Felsenthal und Machover 2005). In der Spieltheorie ist es deshalb auch üblich, von einem Banzhaf-Coleman-Index zu sprechen (Owen 1978, 1995). Genauer gesagt gibt es den Penrose-Banzhaf-Index (Absolutmacht), der die Wahrscheinlichkeit der entscheidenden Stimmabgabe durch ein Mitglied erfasst, und den Banzhaf-Index (Relativmacht), der jeweils die normalisierte Version dieser Wahrscheinlichkeit angibt. Zur Berechnung der Absolutmacht zählt man für jedes Mitglied der Körperschaft, wie häufig dessen Stimmen bei allen denkbaren Abstimmungskonstellationen den Ausschlag gibt und bezieht das Ergebnis dann auf die Zahl der Möglichkeiten, wie sich die anderen Mitglieder der Körperschaft in zwei Lager spalten können. Unter Verwendung der eingeführten Notation lässt sich die Absolutmacht wie folgt definieren:

$$M_i = \frac{s_i}{2^{n-1}} \quad \text{für alle } i.$$

Die Relativmacht informiert darüber, wie groß der Anteil jedes Mitglieds an der aufsummierten Absolutmacht aller Mitglieder der Kollektivität ist:

$$R_i = \frac{M_i}{\sum_i^n M_i} \quad \text{für alle } i.$$

Coleman waren beide Indizes nicht bekannt. Konzentriert man sich auf die absoluten Machtkonzepte, dann bestehen Unterschiede und Beziehungen zwischen den einzelnen Maßen:

$$M_i = 2P_i A = \left(\frac{1}{2}\left(\frac{1}{P_i} + \frac{1}{I_i}\right)\right)^{-1} = 2I_i(1-A) \quad \text{für alle } i.$$

Die Absolutmacht lässt sich also durch gewichtete Produkte der Coleman-Indizes ausdrücken. Zudem ist die Absolutmacht das harmonische Mittel der individuellen Machtkonzepte von Coleman (d.h. der Kehrwert des arithmetischen Mittels ihrer Kehrwerte), was ihre tiefere Begründung als Durchschnittsmaßzahl erlaubt. Zu betonen ist freilich, dass die Absolutmacht vor diesem Hintergrund weniger informativ ist als die beiden individuellen Coleman-Indizes. Es erscheint daher wenig sinnvoll, sich in Anwendungsfällen nur auf die Bestimmung der Absolutmacht zu beschränken.

Berechnet man die absoluten individuellen Machtindizes für eine betrachtete Körperschaft und standardisiert dann jeweils deren Werte, so dass sich die resultierenden Normalisierungen über die Mitglieder auf Eins addieren, dann ergibt sich aufgrund der gleichen Zähler der Maße stets die Verteilung der Relativmacht. Für das Ergebnis ist es also unerheblich, ob man die Absolutmacht, Blockade-Macht oder Initiierungsmacht standardisiert.

Freilich ist jedes der absoluten individuellen Machtkonzepte informativer als die Relativmacht, was ihre explizite Berücksichtigung in Anwendungsfällen nahelegt. Zudem hat Coleman auch die Macht der Kollektivität zur Handlung definiert, die man keinesfalls etwa bei der Beurteilung, Gestaltung und Reform von institutionellen Regelungen in korporativen Akteuren vernachlässigen sollte. Insgesamt eignen sich die Coleman-Maße beispielsweise dazu, die Machtverteilungen in internationalen Organisationen (u.a. Europäische Gemeinschaft, Weltwährungsfonds) zu bestimmen und ihre möglichen Variationen im Gefolge von geplanten Gremienerweiterungen und etwaigen Verfassungsänderungen zu erfassen. Zu betonen ist jedoch, dass sie in allen klar definierten Kollektiven mit Entscheidungsregeln für die Aufnahme gemeinsamer Handlungen zur systematischen Analyse der internen Machtstruktur und der Handlungsfähigkeit der Körperschaft verwendet werden können. Gerade in der neueren Literatur finden sich zunehmend empirische Arbeiten, die Colemans Machtindizes (einschließlich weiterer Ideen aus Coleman 1973) für die Untersuchung der Machtverteilung in verschiedenen Abstimmungsprozessen auf der transnationalen oder nationalen Ebene anwenden (z.B. Heinemann 2002, Kaniovski und Leech 2009).

7.3 Lineares Handlungssystem

Bekanntlich führte insbesondere die Entwicklung eines Gesellschaftsspiels zum Stimmentausch in legislativen Körperschaften dazu, dass Coleman die Annahme des zielgerichteten individuellen Handelns aus der Ökonomik bei der Theoriebildung in der Soziologie zu verwenden begann. Aufgrund ihrer Einfachheit erschien sie als brauchbares Postulat bei denjenigen Theorien, die einen empirisch gegebenen Sachverhalt oder Prozess auf der Makroebene des Sozialsystems als Resultat der Verflechtung individueller Handlungen auf der Mikroebene der Entscheidungsträger im System erklären wollen.

Mit der Konstruktion solcher Theorien und ihrer Formalisierung beschäftigte sich Coleman in den nächsten Jahrzehnten. Der Stimmentausch im Gesellschaftsspiel lieferte eine Grundlage für die Entwicklung eines formalen Modells kollektiver Entscheidungen, das Coleman seit 1964 in verschiedenen Aufsätzen und nach seinem Wechsel an die University of Chicago im Jahr 1973 in dem Buch *The Mathematics of Collective Action* publizierte. Dieses Modell stimulierte weitere theoretische und empirische Arbeiten zur kollektiven Entscheidungsfindung durch Soziologen und Politologen (z.B. Marsden 1983; Henning 2000; Pappi und Kappelhoff 1984; Kappelhoff 1993). Insbesondere aber stellen seine Weiterentwicklungen, Reinterpretationen und Variationen die Kernstücke von Colemans Hauptwerk *Foundations of Social Theory* dar, das im Jahr 1990 veröffentlicht wurde. Auch in diesem, seinem anderen akademischen Lehrer Robert K. Merton gewidmeten Buch bemüht sich Coleman um Präzision – immerhin ein Drittel des fast 1000 Seiten umfassenden Textes ist mathematischen Modellierungen von theoretischen Überlegungen und ihren empirischen Um setzungen gewidmet.

Den Hintergrund vieler dieser Modellierungen bildet das „lineare Handlungssystem", das sich auf Austauschvorgänge in einem sozialen System bezieht. Betrachtet wird ein geschlossenes und daher wohldefiniertes Sozialsystem (z.B. Schulklasse, Betrieb, Partei, Parlament), das eine endliche Zahl von rationalen egoistischen Akteuren (z.B. Individuen, Organisationen) umfasst. Jeder Akteur besitzt eine gegebene stabile Verteilung von Interessen an einer endlichen Zahl von Gütern und Leistungen und eine gleichfalls exogen bestimmte Anfangsausstattung an Kontrolle über diese Güter und Leistungen. Bei unterschiedlichen Interessen und/oder Kontrollausstattungen der Akteure werden sich demnach Tauschhandlungen zwischen den Akteuren lohnen. Statt von Gütern oder Leistungen spricht Coleman entweder von Ressourcen (bei Teilbarkeit der Kontrolle wie z.B. bei privaten Gütern) oder Ereignissen (bei Unteilbarkeit der Kontrolle wie z.B. bei Stimmrechten in Parlamentsentscheidungen).

Coleman betrachtet den Fall der Teilbarkeit der Kontrolle als das Grundmodell eines perfekten Sozialsystems. Ein Beispiel für eine damit einhergehende konkrete Anwendungssituation des Modells wäre etwa die Untersuchung des Austausches von Fotografien von Fußballspielern vor und während eines Turniers durch Fans. Coleman trifft dabei eine Reihe von Annahmen:

- *Standardisierung:* Sämtliche Modellgrößen sind so normalisiert, dass Mengeneinheiten keine Rolle spielen. Es werden also nur relative Verteilungen betrachtet, d.h. jede Modellverteilung ist nicht-negativ und summiert sich zu Eins (100%).

- *Nutzen:* Die Akteure besitzen bestimmte Präferenzen bezüglich der gewünschten Kontrolle über die Ressourcen, die sich durch linear homogene Cobb-Douglas Nutzenfunktionen repräsentieren lassen. Im Gegensatz zur Praxis der theoretisch orientierten Ökonomen (aber in Übereinstimmung mit empirisch orientierten Arbeiten von Ökonometrikern) wird die Zielfunktion jedes Akteurs somit spezifiziert. Die dabei gewählte funktionale Repräsentation ist annähernd kompatibel mit Gesetzmäßigkeiten aus der Psychophysik (Weber-Fechner-Gesetz). Sie erlaubt eine relativ einfache Modellierung der wesentlichen Befunde zum Tauschverhalten rationaler Akteure (z.B. Nichtsättigung, abnehmender Grenznutzen, Ablehnung extrem zusammengestellter Güterbündel).
- *Markt:* Der Tausch von Ressourcen findet in einem perfekten Wettbewerbsmarkt statt. Ein solcher Markt existiert, wenn nicht nur die bereits bekannten Bedingungen für das Vorliegen eines perfekten Marktes erfüllt sind, sondern zusätzlich kein merkbarer Einfluss eines Marktteilnehmers auf das Marktgeschehen besteht. Dementsprechend wird unterstellt: Vollständige Markttransparenz aller Akteure, Präsenz hinreichend homogener und teilbarer Ressourcen, Abwesenheit persönlicher, örtlicher und zeitlicher Differenzierungen zwischen Tauschpartnern, Unabhängigkeit der Marktentscheidungen aller Akteure.

Unter diesen Voraussetzungen werden sämtliche Transaktionen durch einen neutralen und kostenlos arbeitenden „Auktionator" vermittelt, der jeweils verschiedene Preise verkündet, die entsprechenden Marktpläne der Anbieter und Nachfrager notiert und diese schließlich durch geeignete Preisvariationen zum Ausgleich bringt. Dieser auf den Ökonomen Léon Walras zurückgehende „Tatonnement"-Prozess ist eine theoretische Fiktion zur Abbildung des Marktmechanismus bei vollständiger Konkurrenz. Sämtliche Transaktionen erfolgen zu den Gleichgewichtspreisen, d.h. es existieren vernachlässigbare oder zumindest nur symmetrische Transaktionskosten.

Zudem gilt: Jeder Akteur handelt als Preisnehmer, d.h. jeder bestimmt seine Marktpläne nach denselben systemweiten Preisen der Ressourcen; der Reichtum jedes Akteurs ergibt sich als Linearkombination seiner mit den Preisen bewerteten Anfangsausstattung an Kontrolle über die Ressourcen. Coleman bezeichnet den Wert der Anfangsausstattung als die „Macht" des Akteurs im Tauschsystem. Dies reflektiert, dass der Wert der Anfangsausstattung eines Akteurs im betrachteten System seine relativen Kaufmöglichkeiten festlegt. Macht im linearen Handlungssystem ist damit eine Optimierungsbeschränkung. Anders gesagt: Niemand kann mehr ausgeben als er ursprünglich besitzt.

Auf dieser Grundlage lassen sich folgende Modellgrößen im Rahmen einer statischen Gleichgewichtsanalyse endogen aus den exogenen Modellgrößen (Verteilung der Interessen und Anfangsausstattungen an Ressourcen) bestimmen: Endverteilung der Kontrolle über die Ressourcen, Preise oder Werte der Ressourcen, Verteilung der Macht unter den Akteuren.

Zur Begründung dieser im Gleichgewicht bestimmten Größen ist die Unterscheidung zwischen Nachfrage und Angebot sinnvoll. Aus der individuellen Maximierung der Cobb-Douglas Nutzenfunktion unter der Nebenbedingung der jeweiligen Macht ergibt sich die Nachfrage jedes Akteurs bezüglich jeder Ressource, d.h. der gewünschte endgültige Kontrollanteil jedes Akteurs über jedes Tauschgut. Auf der Nachfrageseite ergeben sich dabei u.a. folgende Zusammenhänge: Die gewünschte Kontrolle über jede Ressource sinkt mit dem Wert dieser Ressource im System (d.h. negativer Zusammenhang zwischen Preis und Menge im Sinne des Gesetzes der Nachfrage); die gewünschte Kontrolle über jede Ressource steigt mit der Macht und dem Interesse des Akteurs.

In dem betrachteten perfekten Tauschsystem kann und wird jeder rationale Akteur seine gesamte Anfangsausstattung an Kontrolle über Ressourcen zu Tauschzwecken anbieten. Damit ist die Angebotsfunktion jedes Akteurs bezüglich jeder beliebigen Ressource jeweils die Anfangsausstattung des Akteurs bezüglich dieser Ressource.

Die einfache Aggregation aller Angebots- und Nachfragepläne führt zu einem allgemeinen Gleichgewicht des Konkurrenzsystems oder, kürzer, Wettbewerbsgleichgewicht, in dem das Gesamtangebot jeder Ressource genau der Gesamtnachfrage nach dieser Ressource entspricht. Der im Gleichgewicht bestimmte Preisvektor räumt den Markt. Jeder Akteur erhält im Tausch gegen die Anfangsausstattung jeweils die gewünschte Kontrolle über die Ressourcen. Jeder Akteur realisiert daher ein Nutzenmaximum unter Erfüllung der jeweils relevanten Kaufbeschränkung (Macht).

Diese Aussagen werden klarer, wenn man sich die Zusammenhänge aus formaler Sicht verdeutlicht. Betrachtet wird eine endliche Menge von rationalen egoistischen Akteuren ($i = 1, 2, \ldots, n$), die Kontrollanteile über hinreichend homogene und teilbare Ressourcen ($j, k = 1, 2, \ldots, m$) nach ihren Interessen tauschen können. Angenommen wird:

- Jeder Akteur hat ein gegebenes Interesse an Ressourcen: $x_{ji} \geq 0$, $\sum_j x_{ji} = 1$.
- Zudem besitzt jeder eine gegebene Anfangsausstattung an Kontrolle über Ressourcen: $c_{ij} \geq 0$, $\sum_i c_{ij} = 1$.
- Transaktionen finden in einem perfekten Wettbewerbsmarkt statt, so dass der Vektor der Preise eine Systemvariable ist: $\mathbf{v} = (v_j)$, $\sum_j v_j = 1$.

- Der Marktwert der Anfangsausstattung bestimmt die Macht jedes Akteurs: $r_i = \sum_j c_{ij} v_j$.
- Jeder Akteur hat Cobb–Douglas Präferenzen: $u_i = \prod_j c_{ij}^{x_{ji}}$.

Als Konsequenz dieser Annahmen bestehen strukturelle Interdependenzen zwischen den Akteuren und zwischen den Ressourcen. Diese Interdependenzen können, wie insbesondere Coleman (1973) zeigt, durch die Bestimmung der beiden Produkte von Interessen- und Kontrollmatrizen numerisch konkretisiert werden. Ohne dies hier zu vertiefen, kann man aufgrund dieser Verflechtungen die Existenz eines sozialen Systems postulieren. Die damit einhergehenden gerichteten Graphen sind als Repräsentanten der Netzwerkstrukturen zwischen den Akteuren und zwischen den Ressourcen aufzufassen und lassen sich mit Methoden der sozialen Netzwerkanalyse (z.B. Wasserman und Faust 1994) untersuchen.

Unabhängig von derartigen Analysen löst in Colemans linearem Handlungssystem jeder Akteur i das Optimierungsproblem

$$\max u_i = \prod_j c_{ij}^{x_{ji}} \text{ bei } r_i = \sum_j c_{ij} v_j$$

durch die Wahl seiner individuellen Nachfragen nach Kontrolle über die interessierenden Ressourcen. Die Lösung dieser beschränkten Optimierungsaufgabe ergibt sich mithilfe der Lagrange-Funktion

$$L_i = \prod_j c_{ij}^{x_{ji}} + \lambda_i \left(r_i - \sum_j c_{ij} v_j \right),$$

in der λ_i den Lagrange-Multiplikator bezeichnet. Differenzieren nach den Anteilen an Kontrolle über die Ressourcen und den Lagrange-Multiplikator ergibt insgesamt $(m+1)$ Bedingungen erster Ordnungen, die für ein Optimum an der Stelle c_{ij}^* allesamt gleich Null werden:

$$\frac{\partial L_i}{\partial c_{ij}} = \frac{x_{ij}}{c_{ij}^*} u_i - \lambda_i v_j = 0 \text{ für alle } j \text{ und } \frac{\partial L_i}{\partial \lambda_i} = r_i - \sum_j c_{ij}^* v_j = 0.$$

Kombiniert man die Bedingungen erster Ordnungen für j und k durch Umstellen nach λ_i und Gleichsetzen, so ergibt sich

$$\frac{x_{ij}}{c_{ij}^* v_j} = \frac{x_{ik}}{c_{ik}^* v_k}$$

und deswegen auch $x_{ij}\, c_{ik}^* v_k = x_{ik}\, c_{ij}^* v_j$. Addiert man nun über den Güterindex j, dann ergibt sich wegen $\sum_j x_{ij} = 1$ und der Nebenbedingung $r_i = \sum_j c_{ij}^* v_j$ die individuelle Nachfrage $c_{ik}^* = (x_{ik}\, r_i / v_k)$ und daher auch $c_{ij}^* = (x_{ji}\, r_i / v_j)$. Es existieren daher $n \times m$ Nachfragefunktionen

$$c_{ij}^* = \frac{x_{ji} r_i}{v_j}.$$

Um diese Nachfrage zu realisieren, bietet jeder Akteur i jeweils seine gesamte anfängliche Kontrolle über jede Ressource j zum Tausch an (d.h. es wird jedes c_{ij} offeriert). Die Aggregation aller Marktpläne im System erbringt (wegen $\sum_i c_{ij} = 1 = \sum_i c_{ij}^*$ für alle j) ein Wettbewerbsgleichgewicht, in dem

$$v_j = \sum_i x_{ji} r_i \quad \text{für alle } j \quad \text{und} \quad r_i = \sum_j c_{ij}^* v_j \quad \text{für alle } i.$$

Dieses Gleichgewicht ist ein eindeutiger sozialer Ruhezustand. Eine genauere Untersuchung weist dessen Stabilität nach (Braun 1990): Das Wettbewerbsgleichgewicht ist (global) stabil, wenn das System nicht in voneinander separable Teilsysteme zerlegbar ist und dabei sämtliche Ressourcen keine Bruttokomplemente sind (bei einer Steigerung des Preises einer Ressource darf also keine negative Reaktion der Nachfrage nach einer anderen Ressource auftreten). Das Gleichgewicht wird damit von jedem Ausgangspunkt erreicht, wenn systemweiter indirekter Tausch aller Ressourcen sichergestellt ist. Das Wettbewerbsgleichgewicht ist daneben effizient relativ zur gegebenen Anfangsausstattung (d.h. kein Akteur wird durch die Transaktionen schlechter gestellt als am Anfang und niemand kann seine Situation kostenneutral für andere noch weiter verbessern).

Generell stellt das Wettbewerbsgleichgewicht in Colemans linearem Handlungssystem ein Beispiel für die logische Berechtigung von Adam Smiths (1776) Vermutung der Wirkung der „unsichtbaren Hand" des Marktes dar. Tatsächlich ergibt sich unter den spezifizierten Modellbedingungen mit dem Wettbewerbsgleichgewicht ein sozial effizienter Endzustand aus den individuell optimierenden Verhaltensentscheidungen von egoistischen Tauschpartnern. Das lineare Handlungssystem erscheint aus der Perspektive der ökonomischen Theorie des allgemeinen Konkurrenzgleichgewichts (Arrow und Hahn 1971; Debreu 1959) als ein spezieller Anwendungsfall – dieser Sachverhalt war Coleman allerdings zunächst keineswegs bekannt, er entwickelte seine Ideen weitgehend unabhängig mit nur rudimentären Kenntnissen der ökonomischen Theorie (vgl. auch Coleman 1992, S. 121). Dennoch gibt es eine ganze Reihe von Einwänden gegen das Tauschmodell von Coleman. Seine Schwächen beruhen insbesondere auf den folgenden, durch die besprochenen Annahmen der Theorie implizierten Vereinfachungen (die z.T. miteinander zu tun haben, aber zu Präsentationszwecken getrennt aufgelistet werden):

- Sicherstellung perfekter Informationen aller Akteure durch eine zentrale Instanz (Markt),
- Vorliegen einer Entscheidungssituation unter Sicherheit, d.h. jeder Akteur hat perfekte Voraussicht (Fehlen von Risiken und Ungewissheiten),
- Abwesenheit unsicherer Eigentumsrechte und asymmetrischer Transaktionskosten,
- Akzeptanz der Marktvorschläge (d.h. es gibt keine abweichenden bilateralen Verhandlungslösungen),
- Ausblendung von Externalitäten (d.h. der Tausch zwischen zwei Individuen hat keinen Einfluss auf das Nutzenniveau eines anderen Akteurs),
- Indifferenz bezüglich der Wahl der Tauschpartner.

Diese Voraussetzungen sind allesamt in realen Tauschsystemen kaum erfüllt. Allerdings ist damit die Liste der Postulate noch keineswegs vollständig. Weitere Implikationen der starken Annahmen des linearen Handlungssystems sind:

- Homogenität der Akteure bezüglich ihrer Geduld (jeder wartet mit seinen Transaktionen solange bis das Gleichgewicht erreicht ist),
- Abwesenheit zeitlicher Asymmetrien zwischen Angebot und Nachfrage (es gibt also nur „spot exchanges"),
- Fehlen von Preisdifferenzierung und Produktheterogenität,
- Vorliegen vollständiger Netzwerkbeziehungen (jeder Akteur hat perfekten Zugriff zu jedem anderen Akteur, da Tausch zentralisiert ist),
- Ausschluss komplementärer und perfekt substituierbarer Güter oder Leistungen.

Auf den ersten Blick erscheint die Theorie des Wettbewerbsgleichgewichts für die Analyse sozialer Tauschsysteme überdies wenig geeignet. Damit wird ja unterstellt, dass soziale Tauschvorgänge zeitlose (unendlich schnelle), unpersönliche und zentralisierte Aktivitäten sind. Soziale Tauschbeziehungen kann man eher als Ausgänge sequentieller und dezentralisierter Verhandlungsprozesse auffassen; daneben lassen sie sich durch unerzwingbare Verträge und vorhandene Anreize für individuelle Defektionen charakterisieren (z.B. Voss 1985). Nimmt man diese Überlegungen ernst, so dürfte die Theorie der nichtkooperativen Verhandlungsspiele einen adäquateren Analyserahmen für sozialen Tausch liefern. Interessanterweise lässt sich zeigen, dass das Nash-Gleichgewicht bei dezentralisierten, sequentiellen Verhandlungen zwischen einander zufällig zugeordneten Partnern mit dem Wettbewerbsgleichgewicht zusammenfallen kann, sofern hinreichend geduldige Akteure bezüglich ihrer tatsächlichen Tauschpartner indifferent sind (Osborne und Rubinstein 1990). Die Wettbewerbslösung ist also robuster, als dies der erste Eindruck nahe legt.

Dennoch stellt sich aufgrund der vielfältigen Einwände die Frage nach dem Sinn des Tauschmodells. Nach Coleman kann und soll sein Modell als Ausgangs- und Bezugspunkt für die Entwicklung und Beurteilung von realistischeren Modellen dienen, in denen eine oder mehrere der genannten Schwachpunkte vermieden werden. Insbesondere lassen sich die Resultate eines realistischeren Modells mit denen des Bezugsmodells vergleichen, um so die reinen Wirkungen der eingeführten Friktionen (z.B. asymmetrische Transaktionskosten, begrenzte Informationen) zu studieren. Coleman hat diese Aufgabe in seinem 1990er Buch *Foundations of Social Theory* durch die Diskussion zahlreicher Varianten und Modifikationen seines Modells begonnen.

Teil III: Wirkungen und Aktualität

Die zahlreichen Arbeiten von Coleman haben vielfältige Beachtung gefunden und nicht wenige Anschlussarbeiten angeregt oder beeinflusst. Nach der Besprechung ausgesuchter Konsequenzen und Folgearbeiten werden die Aktualität seiner Beiträge und damit verknüpfte Anregungen abschließend diskutiert.

8 Wirkungen und Weiterentwicklungen

Man kann insbesondere drei Bereiche identifizieren, in denen nachhaltige Effekte und Verfeinerungen von Colemans Arbeiten ausgingen: Empirische Bildungsforschung, Netzwerk- und Sozialkapitalforschung, Rational-Choice Soziologie.

8.1 Empirische Bildungsforschung

Die große Bedeutung der Arbeiten und auch des persönlichen Engagements von James Coleman für die Bildungsforschung sind unstrittig. Tatsächlich kann man den Beginn ernsthafter empirischer Bildungssoziologie, jedenfalls wenn es um die Untersuchung der Effektivität von Schulen geht, mit dem Coleman-Report ansetzen (Ditton 2011). Folgende Aspekte des Coleman-Reports sind wichtig und kennzeichnen eine Vielzahl von Nachfolgestudien: Der Coleman-Report hatte das Ziel, an sich plausible Annahmen über die Wirkungen der Ausstattung von Schulen mit materiellen Ressourcen, Lehrpersonal usw. auf die Schülerleistungen, besonders der Angehörigen von Minoritäten, empirisch zu prüfen. Diese und ähnliche Annahmen (wie etwa: Je kleiner die Klassen, desto besser die Leistungen der Schüler; Je mehr spezieller Förderunterricht, desto besser werden Defizite im Lernverhalten oder im Schulwissen ausgeglichen, usw.) wurden und werden oft ohne nähere empirische Evaluation in öffentlichen Debatten behauptet und sind

Grundlage bildungspolitischer Reformen. Generell verfügen die im Bildungssystem tätigen „Experten" über ihrer Meinung nach mit der Zeit gewachsenes Erfahrungswissen zu den Stärken und Schwächen der Organisation von Schulen, das sie für intuitiv einsichtig halten. In der Pädagogik als akademischer Disziplin dominierte lange Zeit ein geisteswissenschaftlicher Ansatz, der in Deutschland erst in den letzten Jahren durch eine erfahrungswissenschaftliche Vorgehensweise ergänzt oder abgelöst wurde. Der Coleman-Report bildet den ersten groß angelegten Versuch in der Geschichte der empirischen Sozialforschung, solche Annahmen mit quantitativen Daten zu prüfen. Wie so oft zeigte sich, dass auch plausibel klingende Überzeugungen (Je mehr Inputs für die Ausstattung der Schule, desto höher der Output an Bildungserfolgen) der empirischen Prüfung nicht standhielten. Robert K. Merton (1968b) spricht in solchen Fällen generell von „serendipity". Dieser Sachverhalt verdeutlicht nach Merton, dass empirische Forschung nicht nur der Prüfung vorhandener Theorien (auch Alltagstheorien) dient, sondern unerwartete Befunde zutage fördern kann, die durch das vorhandene Wissen nicht leicht erklärt werden und Anlass zur Suche nach besseren Theorien und Erklärungen geben. Es stellte sich im Coleman-Report heraus, dass die relativen Effekte der materiellen Ausstattung deutlich hinter den Wirkungen des familialen Hintergrunds oder auch der sozialen Zusammensetzung der Klassen zurück blieben. Ein bis heute weitgehend anerkannter Befund des Coleman-Reports scheint also zu sein, „dass die simple Vorstellung, schulische Effektivität sei im Wesentlichen von materiellen Bedingungen abhängig, wenig tragfähig ist. Verabschieden sollte man sich ebenfalls von der Phantasie, Schule könnte allein auf sich gestellt – unabhängig von gesellschaftlich-sozialen Rahmenbedingungen – beliebig erfolgreich sein" (Ditton 2011, S. 250). Daraus ergaben sich zahlreiche neue Forschungsfragen zu den Wirkungen der Schulorganisation. Colemans eigene Arbeiten wurden oben bereits beschrieben (Abschnitt 3.3). Sie gipfelten in Colemans Überlegungen zu den Auswirkungen der unterschiedlichen Ausstattung mit Sozialkapital auf den Aufbau von persönlichem Humankapital. Dieses Sozialkapital ist nach Auffassung Colemans beispielsweise verantwortlich für die in seinen späteren Studien festgestellten Unterschiede im Bildungserfolg von Schülern konfessionell geprägter und anderer privater Schulen im Vergleich zu öffentlichen Schulen. Die empirische Bildungsforschung nach dem Vorbild des Coleman-Reports hat in den letzten Jahren einen erheblichen Aufschwung erlebt und bestimmt auch in Deutschland mehr und mehr die bildungspolitischen Debatten.

Die Forschungen zur Effektivität von Schulen haben in den letzten Jahren stark zugenommen und dabei eine internationale Perspektive eingenommen (vgl. z.B. Ditton 2011 für das Folgende). Die wohl in Deutschland bekannteste

Untersuchung ist die von der OECD initiierte sogenannte PISA-Studie, die sowohl empirisch fundierte Aussagen über die Effektivität von Schulen im internationalen Vergleich als auch für verschiedene Regionen innerhalb eines Landes (in Deutschland vor allem Bundesländer und Stadtstaaten) nahe legt. Diese Untersuchungen lassen vermuten, dass es eine gewisse Variation in den Wirkungen von Schulorganisationen und auch von institutionellen Regelungen, die den Zugang zu den Schullaufbahnen steuern, auf die Leistungen gibt. Für Deutschland hat sich allerdings (ähnlich wie für die USA) gezeigt, dass die Effekte der sozialen Herkunft auf den Schulerfolg im Vergleich zu anderen Ländern besonders stark sind. Die PISA-Daten lassen übrigens Auswertungen zu verschiedenen Thesen Colemans über Wirkungen bestimmter Aspekte des sozialen Kapitals auf den Schulerfolg zu, die sich zum Teil bestätigen (Jungbauer-Gans 2004).

Die Kontroversen rund um den Coleman-Report waren zum Teil der Tatsache geschuldet, dass es sich um ein sehr komplexes Querschnittdesign handelte. Es wurden für jeden untersuchten Schüler zu einem einzigen Erhebungszeitpunkt Daten gesammelt. Mit solchen Daten lassen sich nur bedingt Schlüsse über die kausale Wirkung von Einflussfaktoren auf die abhängigen Variablen begründen. Ein Grund ist unbeobachtete Heterogenität, d.h. ein beobachteter Zusammenhang (wie: Schüler, die, wie auch in Berlin möglich, bereits nach der 4. Klasse und nicht erst nach der 6. Klasse in das Gymnasium übergetreten sind, haben bessere sprachliche Kompetenzen) kann darauf beruhen, dass z.B. ein Selektionseffekt vorliegt (Beispiel: Schüler mit besseren Sprachkompetenzen in Klasse 4 wählen häufiger einen frühen Zeitpunkt für den Übertritt in das Gymnasium). Solche Effekte können im Prinzip durch die Erhebung von Längsschnittdaten kontrolliert werden. Panel-Datensätze, die bei den gleichen Untersuchungseinheiten mehrere Erhebungszeitpunkte umfassen, werden mittlerweile auch dank erheblicher Fortschritte in der Entwicklung und praktischen Umsetzung von statistischen Analyseverfahren standardmäßig ausgewertet. Eine umfassende deutsche empirische Bildungsstudie ist das Nationale Bildungspanel (NEPS), in dessen Rahmen Panel- und ergänzende Querschnittdaten über Bildungsverläufe von der frühen Kindheit bis ins hohe Erwachsenenalter erhoben werden. Daten aus den ersten Erhebungswellen sind seit 2011 für die Wissenschaft verfügbar.

In methodischer Hinsicht sind nicht nur Erhebungen zu mehreren Zeitpunkten wünschenswert, um Kausalschlüsse verlässlicher zu stützen, sondern auch Untersuchungsdesigns, die die Mehrebenenstruktur des Bildungssystems berücksichtigen. Allein die empirische Untersuchung der Effektivität von Schulen erfordert Messungen nicht nur der Merkmale der untersuchten Schüler (wie Leistungen in den Schulfächern), sondern auch der Organisationsform der Schule (z.B. öffentlich versus privat), des sozialen Kontextes der Schulklasse (z.B.

ethnische Zusammensetzung der Schülerschaft), von Merkmalen des Elternhauses und des nachbarschaftlichen Kontextes. In ländervergleichenden Studien können auch die länderspezifischen Kontexte berücksichtigt werden. Coleman war einer der Pioniere dieser Untersuchungsanordnungen, die auch mit schwierigen Fragen der Stichprobenziehung verbunden sind. Auf diesem Gebiet hat es in den letzten Jahren viele Fortschritte bei den statistischen Analyseverfahren gegeben (vgl. z.B. Snijders und Bosker 1999 für ein Lehrbuch). Eine Darstellung der Anwendungsprinzipien neuerer statistischer Auswertungsverfahren hierarchischer Mehrebenendaten, die gleichzeitig neue Auswertungen der Daten aus der Studie *High School Achievement: Public, Catholic, and Other Private Schools Compared* (Coleman et al. 1982) präsentiert und Interpretationen der Resultate Colemans korrigiert, geben Raudenbush und Bryk (1986).

8.2 Soziale Netzwerke und Sozialkapital

Colemans wissenschaftliches Werk weist trotz der Hinwendung zur Rational-Choice-Theorie, die explizit seit den sechziger Jahren erfolgte, eine hohe Kontinuität auf. Das zeigt sich besonders an der durchgängigen Betonung informeller sozialer Beziehungen. Bereits in seiner Studienzeit an der Columbia University gehörte Coleman zu einer Gruppe von jüngeren Wissenschaftlern (den sog. „young turks"), die eine Neuausrichtung empirischer Sozialforschung anstrebten. Im Unterschied zur üblichen Forschungspraxis sollte empirische Forschung den Befragten nicht als Individuum, das sich in einem sozialen Vakuum befindet, untersuchen. Vielmehr ging es darum, die Einbettung in einen sozialen Kontext entscheidend zu berücksichtigen. Dieser Ansatz wurde in den frühen empirischen Arbeiten wohl am konsequentesten in der Diffusionsstudie von Coleman, Katz und Menzel (1957, 1966a; vgl. auch Abschnitt 3.1) umgesetzt. Es zeigte sich – so der Tenor dieser Studie – eine Wirkung der Einbettung in das soziale Netzwerk informeller Beziehungen zu Kollegen in mindestens doppelter Hinsicht: Eine Neuerung verbreitet sich schneller unter den Individuen, die stärker in soziale Kontakte eingebunden sind. Ferner gestaltet sich der zeitliche Verlauf (d.h. die Geschwindigkeit) des Diffusionsprozesses anders und folgt einer logistischen Funktion im Falle der von sozialen Netzwerkverbindungen ausgehenden Beeinflussungen. Diese Untersuchung wird allgemein als früheste empirische soziologische Untersuchung gewertet, die die Bedeutung sozialer Netzwerke für sozialen Wandel demonstrieren konnte. Sie wird bis heute (mit zunehmender Rate) rezipiert (vgl. z.B. Christakis und Fowler 2011) und hat Nachfolgestudien motiviert, die belegen, dass (bei geeigneter Kontrolle von Marketing-Maßnahmen und Anwendung neuer Verfahren der Auswertung von Netzwerkdaten) anscheinend tatsächlich auch im von Coleman et al. untersuchten Feld der ärztlichen Verschreibungspraxis neuer Medikamente soziale „Ansteckungseffekte" nachweisbar sind (Iyengar et al. 2011). Allgemein war Coleman, gerade aufgrund seiner frühen netzwerkanalytischen Arbeiten, ein wichtiger Impulsgeber der sich in den letzten Jahrzehnten besonders stark und multidisziplinär entwickelnden Analyse sozialer Netzwerke.

Auch in späteren Beiträgen hat Coleman immer wieder produktive Wirkungen sozialer Beziehungen betont. In besonderer Weise hat Coleman die Effekte geschlossener sozialer Netzwerke herausgestellt. Diese sind nach Coleman hilfreiches soziales Kapital, wenn es um die Entstehung von Vertrauensbeziehungen und die Durchsetzung sozialer Kooperationsnormen geht.

Einige entscheidende Arbeiten zur Netzwerkforschung stammen von Colemans Schüler Ronald Burt (z.B. 2005), der hervorhebt, dass die Einbettung in soziale Netzwerke sowohl integrierend (weil Vertrauen und Kooperation fördernd) als auch verschiedene Komponenten eines sozialen Systems überbrückend (und damit zu schnellerem Informationsfluss beitragend) wirken kann. Nach Burt sind geschlossene Strukturen weniger hilfreich, wenn es darum geht, dass Akteure innerhalb von Wettbewerbsstrukturen schnell an knappe Informationen gelangen und diese Informationsvorteile produktiv umsetzen wollen.

Colemans Ideen haben die umfangreiche Sozialkapitalforschung nachhaltig geprägt. Die bekannten Arbeiten des Politikwissenschaftlers Putnam (1993, 2000) beziehen sich auf Colemans Überlegungen zum Sozialkapital und laufen auf die viel diskutierte These hinaus, dass die Mitgliedschaft in verschiedenen Gruppen und freiwilligen Vereinigungen Netzwerkverbindungen generiert, die Vertrauen und Normen bürgerschaftlichen Engagements unterstützen. Knack und Keefer (1997) haben in einer viel beachteten empirischen Arbeit gezeigt, dass Vertrauen und die Anerkennung von Kooperationsnormen (jeweils gemessen über Items international vergleichender Umfragestudien, v.a. den verschiedenen Datensätzen des World Value Survey) verschiedene wirtschaftliche Erfolgsindikatoren von Gesellschaften (v.a. Wirtschaftswachstum) positiv beeinflussen. Jedoch konnte in dieser Studie kein kausaler Zusammenhang zwischen Vereinsmitgliedschaft und Vertrauen aufgezeigt werden. Die Ergebnisse der mittlerweile in sehr großer Zahl vorliegenden empirischen Studien lassen sich in wenigen Sätzen kaum zusammenfassen. Für einen Überblick zu dieser Literatur sei auf die informativen Beiträge in Franzen und Freitag verwiesen (2007).

Das Sozialkapitalkonzept Colemans hat nicht nur eine Vielzahl empirischer Studien angeregt, sondern auch theoretische Weiterentwicklungen, darunter einige in den Wirtschaftswissenschaften. Gary S. Becker, der grundlegende

Arbeiten zur Humankapitaltheorie beigesteuert hat, legte (gemeinsam mit Kevin Murphy) unter dem Titel *Social Economics* ein Buch vor, das u.a. versucht, das Sozialkapitalkonzept explizit in die Rational-Choice-Theorie zu integrieren (Becker und Murphy 2000). Diese Überlegungen sind geeignet, einige nicht ganz unberechtigte Kritikpunkte an der Verwendung des Sozialkapitalbegriffs zu entkräften. Oft wird der Begriff in einer Weise verwendet, dass unklar ist, ob man ihn nicht ohne Informationsverlust durch andere Begriffe (wie „geschlossenes soziales Netzwerk", „Gemeinschaft", „Vertrauen", „Normen") ersetzen könnte (vgl. z.B. Baron und Hannan 1994; Bowles und Gintis 2002 für ähnliche Kritikpunkte). Die Kritik lautet mithin, dass die Benennung der genannten Phänomene mit dem Sozialkapitalbegriff keinen zusätzlichen empirischen Gehalt für die in Frage stehenden Erklärungen, sondern redundante Information bedeutet und zu inflationärer Verwendung des an sich fruchtbaren Kapitalbegriffs einlädt. Coleman (1990b) hat zwar auf die spezifischen Kapitaleigenschaften und damit das Investitions- und Abschreibungsproblem hingewiesen, diese Themen jedoch nicht wirklich systematisch theoretisch untersucht. Becker und Murphy (2000, Kap. 2) zeigen auf, wie Investitions- und Abschreibungsaspekte von Sozialkapital theoretisch analysiert werden können. Sie formulieren einen allgemeinen modelltheoretischen Rahmen, der es grundsätzlich erlaubt, auch die Komplementaritäten bzw. Interdependenzen zwischen Akteuren einzubeziehen. Beispielsweise können Aktivitäten der Mitglieder des sozialen Netzwerks eines Akteurs den Nutzen erhöhen, den dieser Akteur aus einer bestimmten Aktivität zieht. Auf diese Weise werden humankapitaltheoretische Erklärungen von Gewohnheiten und Traditionen (etwa die Entstehung von günstigen oder weniger günstigen Gewohnheiten, z.B. Drogenabhängigkeit oder anderes Suchtverhalten – vgl. Braun 2002, Berger 2003) durch Annahmen über die Wirkungen der Interaktionen mit den Mitgliedern der Peergroup erweitert. Glaeser et al. (2002) wenden ebenfalls explizit ein ökonomisches Investitionskalkül auf die individuelle Entscheidung, in das eigene Sozialkapital zu investieren, an, und können einige neue Vorhersagen begründen, zum Beispiel: Analog zum Humankapital (wie Bildung) steigt die Bereitschaft zur Investition in Sozialkapital mit dem Lebensalter zunächst an, um dann abzunehmen (konkaver Zusammenhang). Individuen, die in Humankapital investieren, investieren auch in Sozialkapital. Insgesamt hat die durch Colemans Vorarbeiten angeregte Sozialkapitalforschung eine sehr stürmische Entwicklung genommen, die keineswegs auf die Soziologie beschränkt ist.

8.3 Rational-Choice Soziologie

Innerhalb der Soziologie gehört die Rational-Choice-Theorie gegenwärtig zu den Theorieprogrammen, die einen festen Platz innerhalb der Curricula von Universitäten einnimmt. Auch in der Forschungsliteratur, die in den führenden Fachzeitschriften publiziert wird, ist der Anteil von Arbeiten, die diese Perspektive einnehmen oder sich kritisch mit ihr auseinandersetzen, hoch. Das gilt sowohl für theoretische Beiträge als auch für quantitative empirische Studien, die besonders in der Sozialstrukturanalyse fast durchweg auf Rational-Choice-Argumente (oft auch auf Ideen der neoklassischen Ökonomik) Bezug nehmen. Es wäre keine Übertreibung zu sagen, dass sowohl die wissenschaftlichen Arbeiten als auch die Aktivitäten von James Coleman als Gründer verschiedener Institutionen für den international beachtlichen Aufschwung dieses Forschungsprogramms unverzichtbar waren. Im Folgenden werden einige spezielle Forschungsthemen vorgestellt, die durch Colemans Beiträge wesentlich angeregt worden sind.

Coleman hat seit den 1960er Jahren ein Modell *sozialer Tauschbeziehungen* (vgl. Abschnitt 7.3) ausgearbeitet, dessen letzte Fassung im umfangreichen Teil V seiner *Grundlagen der Sozialtheorie* (1990a; dieser Teil V bildet den dritten Band der dreibändigen deutschen Übersetzung) dargestellt ist. Diese Arbeiten haben verschiedene Weiterentwicklungen ausgelöst. Sie beziehen sich auf die Analyse von Austausch- und Machtbeziehungen in subinstitutionellen (Kleingruppen) und institutionell stärker strukturierten Kontexten (z.B. Gremien in politischen Organisationen). Einige dieser Arbeiten haben versucht, das Coleman-Modell stärker mit netzwerkanalytischen Ideen zu verbinden (z.B. Marsden 1983, Braun 1994). In der Mikrosoziologie gibt es seit den 1960er Jahre eine Forschungstradition zu sozialen Tauschbeziehungen und Tauschnetzwerken, die durch Richard Emerson initiiert worden ist und zahlreiche neuere empirische Forschungen, darunter auch Laborexperimente, angeregt hat (z.B. Cook und Emerson 1978; neuere Studien stammen u.a. von Karen Cook, Edward Lawler, Linda Molm und Toshio Yamagishi). Ein Problem dieser Tradition ist die unklare mikrotheoretische Fundierung der zahlreichen Hypothesen über Abhängigkeit, Macht und Kooperation (die als Funktionen der Struktur des Tauschnetzwerkes, in das die Akteure eingebunden sind, aufgefasst werden). In frühen Beiträgen Emersons wurde versucht (angeregt durch George C. Homans), eine lerntheoretische Fundierung der Tauschvorgänge auszuarbeiten, später wurden ad hoc auch Ideen aus der kognitiven Sozialpsychologie und der Rational-Choice-Theorie aufgenommen. Yamaguchi (1996) kann zeigen, dass sich viele empirische Befunde dieser Emerson-Cook-Tradition mithilfe einer modifizierten Version des Coleman-Modells erklären und theoretisch besser integrieren lassen. Ein wichtiges Anwendungsfeld des Coleman-Modells sind Verhandlungen und Tauschvorgänge innerhalb politischer Institutionen und Organisationen. Eine frühe Anwendung widmete sich Tauschvorgängen und Machtbeziehungen innerhalb der Gemeindepolitik einer bundesdeutschen Kleinstadt (siehe Pappi und Kappelhoff 1984; Kappelhoff 1993). Neuere Arbeiten, die zum Teil von Politikwissenschaftlern und Ökonomen durchgeführt worden sind, richten sich auf die Erklärung von Verhandlungsprozessen in der Europäischen Union (z.B. Henning 2000, siehe auch Linhart und Thurner 2004).

Das Coleman-Modell stellt Verhandlungs- und Austauschvorgänge in Systemen mit einer kleinen Anzahl beteiligter Akteure dar, indem die vereinfachende Annahme verwendet wird, dass es keine strategischen Interdependenzen zwischen den Akteuren gibt. Strategische Interdependenz zwischen zwei Akteuren A und B im Sinne der Spieltheorie bedeutet grob gesprochen, dass Akteur A's Handlungsergebnisse auch von den Handlungsentscheidungen von Akteur B abhängig sind und nicht nur von A's eigenen Entscheidungen (und vice versa). Das Coleman-Modell geht davon aus, dass die Akteure sich wechselseitig nicht direkt in ihren Handlungswahlen beeinflussen, sondern dass sie die soziale Umgebung, die aus den anderen Akteuren besteht, jeweils nur vermittelt über aggregierte Marktparameter (nämlich die Werte oder Preise der Ressourcen bzw. die Macht oder Kaufkraft der Akteure) wahrnehmen und auf diese fixen Parameter reagieren. Kein einzelner Akteur ist in diesem Modell in der Lage, diese Parameter allein zu beeinflussen. Diese Annahmen mögen in vielen Fällen brauchbare Näherungen darstellen. Dennoch ist es wünschenswert, auch strategische Interdependenzen in der Analyse von Verhandlungsprozessen zu berücksichtigen und damit auch die starke Hinwendung zur Spieltheorie nachzuvollziehen, die sich seit 1990er Jahren in der Rational-Choice-Theorie abzeichnet. Neuere Arbeiten zum Tausch in Netzwerken (Braun und Gautschi 2004; Braun 2004; siehe auch Braun und Gautschi 2011, Kap. 8) verwenden explizit die Annahme strategischer Interdependenzen und erweitern spieltheoretische Verhandlungsmodelle, um für beliebige Tauschnetzwerke („Märkte" sozialer Tauschbeziehungen) Vorhersagen darüber formulieren zu können, wer mit wem tauscht und welche Anteile vom „Kuchen" nach dem Tauschvorgang bei den einzelnen Akteuren vorhanden sind.

Weitere Forschungsfelder, die durch Coleman angeregt worden sind, betreffen Vertrauensbeziehungen und soziale Kooperationsnormen. Coleman (1990b) hat eine sehr einflussreiche Analyse elementarer *Vertrauensbeziehungen* vorgeschlagen, die auf der Grundidee basiert, dass die Vergabe von Vertrauen einer rationalen Entscheidung unter Risiko entspricht. Diese Konzeption führt – wie oben angedeutet – auf einige interessante empirische Hypothesen. Dennoch kann man argumentieren, dass ein entscheidender Aspekt von Vertrauensbeziehungen nicht abgebildet wird, nämlich die strategische Interdependenz (vgl. z.B. Diekmann 2007; Raub 1999; Voss 1998a). Die Einschätzung der Vertrauenswürdigkeit eines Partners ist nicht vergleichbar mit der Einschätzung, dass in einem fairen Glücksspiel eine bestimmte Zahl gezogen wird. Die Vertrauenswürdigkeit ist keine parametrische Größe, sondern Resultat der (zukünftigen) Entscheidungen des Treuhänders und muss deshalb explizit als Ergebnis der Struktur der strategischen Interdependenzen modelliert werden. Es ist üblich geworden zu diesem Zweck eine elementare Interaktionssituation zu betrachten, die als Vertrauensspiel bezeichnet wird und ein einseitiges Gefangenendilemma darstellt. Treugeber können durch Vergabe von Vertrauen in Vorleistung gehen, in einem zweiten Zug entscheidet der Treuhänder darüber, ob Vertrauen honoriert wird oder nicht. Spieltheoretische Analysen legen Hypothesen über die Mechanismen nahe, die rationale Akteure zu einer Vergabe von Vertrauen motivieren: Wiederholte Interaktionen, Reputation, Signaling, bindende Commitments von Seiten des Treuhänders usw. Eine ganze Reihe empirischer Untersuchungen wurden durchgeführt, um diese Art Hypothesen zu prüfen (für eine Übersicht vgl. Raub und Buskens 2008).

Die Arbeiten von James Coleman (1964c, 1990b) zur *Entstehung sozialer Normen* waren sehr einflussreich für die Entwicklung der soziologischen Theoriebildung. Diese Arbeiten sind v.a. auf die Erklärung solcher Normen, die die Effizienz (oder Wohlfahrt) einer Gruppe oder Gesellschaft steigern, gerichtet. Ferner hat Coleman das sog. Kooperationsproblem zweiter Ordnung für die Erklärung der „effektiven Realisierung" von Normen betont und auf die Vorteile geschlossener sozialer Beziehungen hingewiesen. Kritisch diskutiert wurde in der nachfolgenden Literatur wiederum der Sachverhalt, dass gerade in Hinsicht auf das Problem zweiter Ordnung eine explizite Analyse strategischer Interdependenzen zwingend ist (z.B. Voss 1998b). Auch die Androhung oder Anwendung von (negativen) Sanktionen ist nämlich eine strategische Entscheidung, die von den konkreten Anreizen der Situation abhängt und aus spieltheoretischer Sicht „glaubwürdig" sein muss, damit sie eine Wirkung zeigt. Spieltheoretische Analysen verdeutlichen mindestens zwei Mechanismen, die bei der Lösung des Problems öffentlicher Güter zweiter Ordnung hilfreich sind:

1. *Wiederholte Interaktionen* können Sanktionsdrohungen, die in einem einmaligen Spiel deshalb unglaubwürdig sind, weil der Sanktionsgeber sich durch die Anwendung der Sanktion selbst schädigen würde (Sanktionen lösen in der Regel auch für den Sanktionsgeber Kosten aus), zur Glaubwürdigkeit verhelfen. Die Grundidee ist, dass – unter geeigneten Bedingungen – durch einen langen „Schatten der Zukunft" die mit der Ausführung einer Sanktion *heute*

verbundenen Nachteile durch die Vorteile eines höheren Kooperationsniveaus *in der Zukunft* kompensiert werden (vgl. z.B. Binmore 2005, Kap. 5).
2. Ein anderer Mechanismus kann sogar in einmaligen Situationen ohne einen Schatten der Zukunft die Durchsetzung von Kooperationsnormen erleichtern. Es handelt sich um die Idee, dass zumindest einige Akteure Reziprozitätsnormen, *soziale Präferenzen* oder bestimmte Emotionen in ihre Handlungsentscheidungen einbeziehen. Diese lassen sich als Ergebnisse von Sozialisationsvorgängen oder Teil der natürlichen Ausstattung (im Sinne eines evolutionären Erbes) auffassen. Fehr und Gächter (2000; siehe auch Fehr und Fischbacher 2004) präsentieren Befunde von Laborexperimenten, in denen ein Gemeinschaftsprojekt analog zu der von Coleman (1990b, Kap. 10) beschriebenen Situation simuliert wurde. In kleinen Gruppen (die in ihrer Zusammensetzung von Runde zu Runde wechselten) konnten die Probanden einen Beitrag zu einem öffentlichen Gut leisten und einen frei wählbaren Anteil der für die Teilnahme am Experiment erhaltenen Anfangsausstattung in einen gemeinsamen Fond einzahlen. Sie hatten im Anschluss an diese Beitragsphase des Experiments die Möglichkeit, die einzelnen anderen Gruppenmitglieder der jeweiligen Runde kostenpflichtig zu bestrafen. Es zeigte sich, dass Teilnehmer, die selbst hohe Beiträge geleistet hatten, diese direkte Bestrafungsmöglichkeit tatsächlich häufig anwendeten, indem sie Trittbrettfahrer bestraften. Zudem stieg das Kooperationsniveau in den Experimenten, die eine solche Bestrafungsoption zuließen.

Eine Erklärung für dieses Ergebnis liegt in der Annahme, dass die Beteiligten neben den materiellen Ergebnissen auch immaterielle Gesichtspunkte in ihre Handlungsentscheidungen haben einfließen lassen. „Soziale Präferenzen" können sich so auswirken, dass Akteure die eigenen Handlungsergebnisse mit denen ihrer Partner vergleichen. Trittbrettfahrertum löst bei Akteuren, die selbst kooperiert haben, einen sozialen Vergleich dergestalt aus, dass diese sich relativ benachteiligt fühlen. Dies wiederum motiviert dazu, die materiellen Vorteile der Trittbrettfahrer durch Anwendung von Bestrafungen zu reduzieren, auch wenn dies dem Sanktionsgeber selbst Kosten auferlegt (vgl. z.B. Diekmann und Voss 2008). Dieser zweite Mechanismus kann dann in Betracht kommen, wenn die Annahme eines homo oeconomicus, der ausschließlich seine materiellen Ergebnisse maximiert, aufgegeben wird. Coleman selbst hat diese Möglichkeit gelegentlich selbst erwogen (v.a. 1990b, Kap. 11, 19), wenn er etwa Bedingungen der Norminternalisierung oder das Konzept des (geteilten) Selbst analysiert. Dagegen ist es nicht zwingend notwendig, auf die Rationalitätsannahme zu verzichten.

In der experimentellen Spieltheorie wurden mittlerweile zahlreiche Modelle modifizierter Nutzen- oder Motivationsfunktionen vorgeschlagen, die allesamt auf Versuche hinauslaufen, soziale Aspekte der Fairness, des Altruismus oder der Reziprozität sowie damit verbundene emotionale Dispositionen zu modellieren und die Vorhersagen dieser Überlegungen an Laborexperimenten zu prüfen (vgl. Diekmann 2008, Ockenfels und Raub 2010). Die Forschung zu diesem Gegenstand wird im Moment mit großer Intensität betrieben und lässt sich in ihrer weiteren Entwicklung schwer einschätzen.

9 Aktualität und Anregungen

James Coleman hat auf unterschiedlichen Arbeitsgebieten der Soziologie und ihren Nachbardisziplinen wie z.B. Pädagogik und Politologie Herausragendes geleistet. Zweifellos existieren Verbindungen zwischen den diskutierten Arbeitsbereichen. Dennoch hat Coleman ihre Überlappung und Komplementarität in seinen Schriften kaum thematisiert. In *Foundations of Social Theory* legte er zwar eine partielle Verknüpfung zwischen mathematischer Modellierung und Rational-Choice Theoriebildung vor, verzichtete aber fast vollständig auf die Integration von empirischen Befunden aus seiner Bildungs- und Jugendforschung (siehe hierzu Mayer 1997). Sieht man von den erwähnten Ausführungen zum Thema „Sozialkapital" einmal ab, so finden sich auch seine handlungs- und gesellschaftstheoretischen Überlegungen nur begrenzt in seinen empirischen Untersuchungen wieder.

Trotz der wenig ausgearbeiteten Verbindungen zwischen den Hauptbereichen seines Werkes hatte Coleman klare Vorstellungen über Theorie und Empirie. Er diskutiert diese in den Kapiteln von *Foundations of Social Theory*, die sich mit den Möglichkeiten und Grenzen der Soziologie beschäftigen. Coleman betont hier zum einen, dass die Soziologie auch sich selbst erforscht, also eine reflexive Disziplin ist. Daher hat der Inhalt einer soziologischen Theorie u.a. ihren Zweck und ihre Folgen zu erklären – dieses Kriterium erfüllt, wie Coleman anhand von Beispielen belegt, keineswegs jede Sozialtheorie. Für Coleman ist zum anderen wesentlich, die Rolle soziologischen Wissens für die Funktionsweisen der Gesellschaft empirisch zu untersuchen. Sofern sich bei einer derartigen Untersuchung zeigt, dass die Sozialtheorie oder die Sozialforschung keine Auswirkungen auf die Gesellschaft und ihre Funktionsweisen hat, würde sich für Coleman die Frage nach der Daseinsberechtigung der Soziologie stellen.

Dies reflektiert Colemans Anspruch als Sozialtheoretiker und Sozialforscher. Nach seiner Auffassung sollten theoretisch fundierte Erkenntnisse und empirische Befunde der Soziologie zum Entwurf geeigneter Mechanismen genutzt werden, um die Probleme der gegenwärtigen Gesellschaften durch rationale Gestaltung der Sozialstruktur und der sozialen Institutionen lösen zu helfen. Bemerkenswerterweise hatte Coleman diese Überzeugung trotz der erwähnten negativen Erfahrungen mit der politischen Bewertung und Umsetzung einiger seiner bildungssoziologischen Resultate. Sie hat vermutlich dazu beigetragen, dass Coleman u.a. als Mitbegründer und Herausgeber angesehener wissenschaftlicher Journale (z.B. *Public Choice, Rationality and Society*) tätig wurde, die sich mehrheitlich mit Rational-Choice Anwendungen beschäftigen. Wohl auch aufgrund dieser Aktivitäten erlangte der Rational-Choice-Ansatz in der Soziologie inzwischen eine stark gewachsene Bedeutung, was sich an seiner vermehrten Diskussion in Lehrbüchern (z.B. Esser 1993) und der verstärkten empirischen Forschung zu seinen nutzen- und spieltheoretischen Grundlagen zeigt.

Obwohl die Rational-Choice-Theorie zwar international verwendet wird und keineswegs an Disziplingrenzen gebunden scheint, konnte sie in der Soziologie bisher aber keine ähnlich dominante Stellung erlangen wie etwa in der Volkswirtschaftslehre oder der US-amerikanischen Politikwissenschaft. Vermutlich hat dies neben anderen Aspekten etwas mit der Mathematik-Aversion soziologischer Theoretiker und ihrem Desinteresse an empirischen Befunden zu tun. Wahrscheinlich reflektiert es auch die Theorieverdrossenheit einiger quantitativ orientierter empirischer Sozialforscher. Typischerweise bleibt ein Sozialforscher genauso in seinem Schrebergarten wie ein Theoretiker in seinem Park. Im Regelfall kümmert sich der Theoretiker weder um empirische Überprüfungen seiner Überlegungen noch um die Spezifikation von Vorschriften zur Messung seiner Konstrukte. Der Empiriker interessiert sich häufig nur für einige prüfbare Hypothesen einer Theorie, aber nicht für die restliche Theorie und die theoretische Weiterarbeit auf der Grundlage seiner oder fremder empirischer Resultate. Entgegen aller andersartigen Beteuerungen in Lehrbüchern beider Teildisziplinen existieren Theorie und Empirie weitgehend ohne Berührungspunkte und Konfliktlinien friedlich nebeneinander. Dies hat zumindest eine unerfreuliche Konsequenz: Nach wie vor existiert kein mitteilbarer Bestand an empirisch geprüften und theoretisch fundierten Aussagen über soziales Handeln, soziale Strukturen und soziale Ordnungen in modernen Gesellschaften, der in der Soziologie weithin akzeptiert wird.

Selbst wenn man die Rational-Choice Orientierung von James Coleman ablehnt, kann man mit dem Zustand der Soziologie nach über 100 Jahren Forschertätigkeit daher nicht zufrieden sein. Vor dem Hintergrund von Colemans Anspruch an das Fach ergeben sich vielmehr Anregungen für die künftige Arbeit – allein deshalb kann man von einer hohen Aktualität von Colemans Ansichten und Arbeiten sprechen. Greift man beispielsweise seine Sichtweise der Soziologie als Erfahrungswissenschaft auf, so sind bestimmte Minimalforderungen für die Theoriebildung zu erheben, deren Erfüllung keine Kompromisse erlauben. Diese Forderungen reflektieren den erfahrungswissenschaftlichen Theoriebegriff, wonach eine Theorie aus deduktiv verknüpften Behauptungen besteht, die zumindest teilweise an der Realität scheitern können. Mit logischer Vereinbarkeit und empirischer Prüfbarkeit von Hypothesen sind die Anforderungen benannt, die aus der Perspektive eines Erfahrungswissenschaftlers wie Coleman an jede soziologische Theorie zu richten sind. Leider erfüllen keineswegs die meisten vermeintlich theoretischen Arbeiten in der gegenwärtigen Soziologie diese Standards.

Orientiert man sich daneben wie Coleman an Max Weber, so müsste die Soziologie einem moderaten methodologischen Individualismus, einem Mehrebenenschema der Erklärung und einer handlungstheoretischen Mikrofundierung ohne Psychologisierung verpflichtet sein. Reine Klassifikationen und Beschreibungen, hermeneutische Interpretationen und anderweitige Suchen nach Sinn und Deutungsmustern ohne jede Erklärung verfehlen diese Ansprüche, obwohl sie oft eine Orientierung an der Weberschen Soziologie behaupten. Diesen Ansprüchen werden viele der mit dialektischen Sprachspielen durchsetzten Zeitdiagnosen und die oft in Feuilletons überregionaler Zeitungen erscheinenden kulturpessimistischen Stellungnahmen zu gesellschaftlichen Ereignissen oder Entwicklungen kaum gerecht, auch wenn sie von Soziologen stammen.

Nimmt man überdies die durch Colemans Werdegang geprägte Orientierung an den Naturwissenschaften und deren Umsetzungen ernst, dann wäre eine stärkere Verwendung mathematischer Modellierung, statistischer Analyse und experimenteller Forschung auch in der Soziologie geboten. Die damit umrissene naturwissenschaftliche Methodik und die inzwischen erheblich fortgeschrittenen Möglichkeiten der Computersimulation sind aufgrund ihrer relativen Genauigkeit ja wesentlich für den Erfolg dieser Disziplinen verantwortlich. Gerade wenn man wie Coleman die Gestaltbarkeit sozialer Institutionen und Mechanismen auf der Grundlage wissenschaftlicher Erkenntnisse als anstrebenswert erachtet, scheint eine entsprechende Umorientierung der Soziologie in Richtung erfolgreicher Erfahrungswissenschaften zumindest langfristig zwingend erforderlich.

Ebenso ist es aus der Sicht von Coleman notwendig, die Beurteilung und Weiterentwicklung von Theorien in Abhängigkeit von der Erfahrungswirklichkeit und damit einschlägigen empirischen Befunden vorzunehmen. Werden die hinreichend präzisen testbaren Aussagen von Theorien nämlich regelmäßig durch die Daten widerlegt, so sind die Theorien anzupassen oder aufzugeben, aber nicht beizubehalten. Zielsetzung ist nicht die Ansammlung von Theorien mit empirisch falschen Implikationen, sondern der Aufbau eines empirisch geprüften und theoretisch fundierten Wissensbestandes der Soziologie.

Literatur

Literatur (im Text zitiert)

Ainslie, George. 1992. *Picoeconomics: The strategic interaction of successive motivational states within the person.* Cambridge, UK: Cambridge University Press.
Arrow, Kenneth J., und Frank H. Hahn. 1971. *General Competitive Analysis.* San Francisco: Holden Day.
Axelrod, Robert. 1987. *Die Evolution der Kooperation.* München: R. Oldenbourg.
Banfield, Edward C. 1958. *The Moral Basis of a Backward Society.* New York: Free Press.
Banzhaf, John F. 1965. „Weighted Voting Doesn't Work: A Mathematical Analysis." *Rutgers Law Review* 19: 317-343.
Baron, James N., und Michael T. Hannan. 1994. „The Impact of Economics on Contemporary Sociology." *Journal of Economic Literature* 32: 1111-1146.
Bartholomew, David J. 1982. *Stochastic Models for Social Processes*, 3. Aufl. Chichester: Wiley.
Baurmann, Michael. 1996. *Der Markt der Tugend. Recht und Moral in der liberalen Gesellschaft.* Tübingen: Mohr-Siebeck.
Becker, Gary S. 1957. *The Economics of Discrimination.* Chicago: University of Chicago Press.
Becker, Gary S. 1964. *Human Capital.* New York: Columbia University Press.
Becker, Gary S. 1968. „Crime and Punishment: An Economic Approach." *Journal of Political Economy* 76: 169-217.
Becker, Gary S. 1976. *The Economic Approach to Human Behavior.* Chicago: University of Chicago Press.
Becker, Gary S. 1991. *A Treatise on the Family*, 2, erweiterte Aufl. Cambridge, MA: Harvard University Press.
Becker, Gary S. 1996. *Accounting for Tastes.* Cambridge, MA: Harvard University Press.
Becker, Gary S. und Kevin M. Murphy. 1988. „A Theory of Rational Addiction." *Journal of Political Economy* 96: 675-700.
Becker, Gary S. und Kevin M. Murphy. 2000. *Social Economics: Market Behavior in a Social Environment.* Cambridge, MA: Harvard University Press.
Berger, Roger. 2003. *Gewohnheit, Sucht und Tradition.* Leipzig: Leipziger Universitätsverlag.
Bertram, Hans. 1994. „Die Stadt, das Individuum und das Verschwinden der Familie." *Aus Politik und Zeitgeschichte* (Beilage zu *Das Parlament*) 29-30/94.

Binmore, Ken. 2005. *Natural Justice*. New York: Oxford University Press.
Blau, Peter M. 1964. *Exchange and Power in Social Life*. New York: Wiley.
Boocock, Sarane S, und James S. Coleman. 1966. „Games with Simulated Environments in Learning." *Sociology of Education* 39: 215-236.
Boudon, Raymond. 1974. *The Logic of Sociological Explanation*. Harmondsworth: Penguin.
Boudon, Raymond. 2003. „La conversion de Coleman à la théorie du choix rationnel: impressions et conjectures." *Revue française de Sociologie* 44: 389-398.
Bowles, Samuel, und Herbert Gintis. 2002. „Social Capital and Community Governance." *Economic Journal* 112: 419-436.
Bowles, Samuel, und Henry M. Levin. 1968. „The Determinants of Scholastic Achievement: An Appraisal of Some Recent Evidence." *Journal of Human Resources* 3: 1-24.
Braun, Norman. 1990. „Dynamics and Comparative Statics of Coleman's Exchange Model." *Journal of Mathematical Sociology* 15: 271-276.
Braun, Norman. 1994. „Restricted Access in Exchange Systems." *Journal of Mathematical Sociology* 19: 129-148.
Braun, Norman. 1995. „Individual Thresholds and Social Diffusion." *Rationality and Society* 7: 167-182.
Braun, Norman. 2002. *Rationalität und Drogenproblematik*. München: R. Oldenbourg.
Braun, Norman. 2004. „Tausch in Netzwerken." S. 129-141 in *Rational-Choice-Theorie in den Sozialwissenschaften: Anwendungen und Probleme*, Hrsg. Andreas Diekmann und Thomas Voss. München: R. Oldenbourg.
Braun, Norman. 2007. „James S. Coleman." S. 216-239 in *Klassiker der Soziologie, Bd. 2*, 5. Aufl, Hrsg. Dirk Kaesler. München: C.H. Beck.
Braun, Norman, und Thomas Gautschi. 2004. „Wer bekommt wie viel vom Kuchen? Ein Modell für Tauschnetzwerke und seine Anwendungen." *Zeitschrift für Soziologie* 33: 493-510.
Braun, Norman, und Thomas Gautschi. 2011. *Rational-Choice-Theorie*. München: Juventa.
Braun, Norman, Marc Keuschnigg und Tobias Wolbring. 2012. *Wirtschaftssoziologie I* und *II*. München: R. Oldenbourg.
Burt, Ronald S. 1987. „Social Contagion and Innovation. Cohesion Versus Structural Equivalence." *American Journal of Sociology* 92: 1287-1335.
Burt, Ronald S. 2005. *Brokerage and Closure – An Introduction to Social Capital*. Oxford: Oxford University Press.
Cavalli-Sforza, Luigi L. und Marcus W. Feldman. 1981. *Cultural Transmission and Evolution. A Quantitative Approach*, Princeton, NJ: Princeton University Press.
Christakis, Nicholas A. und James H. Fowler. 2011. „Contagion in Prescribing Behavior Among Networks of Doctors." *Marketing Science* 30: 213-216.
Clark, Jon (Ed.) 1996. *James S. Coleman*. London: Falmer Press.
Clogg, Clifford C. 1992. „The Impact of Sociological Methodology on Statistical Methodology." *Statistical Science* 7: 183-196.
Coleman, James S. 1954. „An Expository Analysis of Some of Rashevsky's Social Behavior Models." S. 105-165 in *Mathematical Thinking in the Social Sciences*, Hrsg. Paul F. Lazarsfeld. New York: Free Press.
Coleman, James S. 1957. *Community Conflict*. New York: Free Press.
Coleman, James S. 1958. „Relational Analysis: The Study of Social Organization with Survey Method." *Human Organization* 17: 28-36.
Coleman, James S. 1961. *The Adolescent Society*. New York: Free Press.

Coleman, James S. 1964a. *Introduction to Mathematical Sociology.* New York: Free Press.
Coleman, James S. 1964b. *Models of Change and Response Uncertainty.* Englewood Cliffs: Prentice Hall.
Coleman, James S. 1964c. „Collective Decisions." *Sociological Inquiry* 34: 166-181.
Coleman, James S. 1966. „Foundations for a Theory of Collective Decisions." *American Journal of Sociology* 71: 615-627.
Coleman, James S. 1968. „The Mathematical Study of Change." S. 428-478 in *Methodology in Social Research,* Hrsg. Hubert M. Blalock und Ann B. Blalock. New York: McGraw-Hill.
Coleman, James S. 1969. „Beyond Pareto Optimality." S. 415-439 in *Philosophy, Science, and Method: Essays in Honor of Ernest Nagel,* Hrsg. Sidney Morgenbesser, Patrick Suppes und Morton White. New York: St. Martin's Press.
Coleman, James S. 1970. „Multivariate Analysis for Attribute Data." *Sociological Methodology* 2: 217-245.
Coleman, James S. 1971. „Control of Collectivities and the Power of a Collectivity to Act." S. 269-300 in *Social Choice,* Hrsg. Bernhardt Lieberman. London: Gordon & Breach.
Coleman, James S. 1973. *The Mathematics of Collective Action.* London: Heinemann.
Coleman, James S. 1974. *Power and the Structure of Society.* New York: Norton.
Coleman, James S. 1975. „Equal Educational Opportunity: A Definition." *Oxford Review of Education* 1: 25-29.
Coleman, James S. 1976a. „Policy Decisions, Social Science Information, and Education." *Sociology of Education* 49: 304-312.
Coleman, James S. 1976b. „Rawls, Nozick, and Educational Equality." *The Public Interest* 43: 121-128.
Coleman, James S. 1981. *Longitudinal Data Analysis.* New York: Basic Books.
Coleman, James S. 1982. *The Asymmetric Society.* Syracuse: Syracuse University Press.
Coleman, James S. 1986a. „Social Theory, Social Research, and a Theory of Action." *American Journal of Sociology* 91: 1309-1335.
Coleman, James S. 1986b. *Individual Interests and Collective Action.* Cambridge, UK: Cambridge University Press.
Coleman, James S. 1987. „Microfoundations and Macrosocial Behavior." S. 153-173 in *The Micro-Macro Link,* Hrsg. Jeffrey Alexander, Bernhard Giesen, Richard Münch und Neil J. Smelser. Berkeley: University of California Press.
Coleman, James S. 1988. „Social Capital in the Creation of Human Capital." *American Journal of Sociology:* 94 Supplement: S95-S120.
Coleman, James S. 1990a. „Columbia in the 1950s." S. 75-103 in *Authors of Their Own Lives,* Hrsg. Bennent M. Berger. Berkeley: University of California Press.
Coleman, James S. 1990b. *Foundations of Social Theory.* Cambridge, MA: Belknap.
Coleman, James S. 1990c. *Equality and Achievement in Education.* Boulder: Westview Press.
Coleman, James S. 1991. *Grundlagen der Sozialtheorie.* München: R. Oldenbourg (deutsche Übersetzung von 1990b).
Coleman, James S. 1992. „The Vision of Foundations of Social Theory." *Analyse und Kritik* 14: 117-128.
Coleman, James S. 1993. „The Impact of Gary Becker's Work on Sociology." *Acta Sociologica* 36: 169-178.

Coleman, James S. 1995. „Interview from July 1991" in: Jürgen Friedrichs, Robert Keczkes und Christof Wolf, „James S. Coleman – A Biographical Sketch", *Kölner Zeitschrift für Soziologie und Sozialpsychologie* 47: 392-402
Coleman, James S., Ernest Q. Campbell, Carlo J. Hobson, James McPartland, Alexander M. Mood, Frederick D. Weinfeld, und Robert L. York. 1966b. *Equality of Educational Opportunity.* Washington, D.C.: US Government Printing Office.
Coleman, James S. und Thomas Hoffer. 1987. *Public and Private High Schools: The Impact of Communities.* New York: Basic Books.
Coleman, James S., Thomas Hoffer, und Sally Kilgore. 1982. *High School Achievement: Public, Catholic, and Private Schools Compared.* New York: Basic Books.
Coleman, James S., Elihu Katz, und Herbert Menzel. 1957. „The Diffusion of an Innovation Among Physicians." *Sociometry* 20: 253-270.
Coleman, James S., Elihu Katz, und Herbert Menzel. 1966a. *Medical Innovation.* Indianapolis: Bobbs-Merrill.
Coleman, James S., Sara D. Kelly, und John A. Moore 1975. *Trends in School Segregation, 1968-73.* Washington, D.C.: Urban Institute.
Cook, Karen S. und Richard M. Emerson. 1978. „Power, Equity and Commitment in Exchange Networks." *American Sociological Review* 43: 721-739.
Debreu, Gerard. 1959. *Theory of Value.* New Haven: Yale University Press.
Diekmann, Andreas. 1989. „Diffusion and Survival Models for the Process of Entry into Marriage." *Journal of Mathematical Sociology* 14: 31-44.
Diekmann, Andreas. 2007. „Dimensionen des Sozialkapitals." S. 47-65 in *Sozialkapital. Grundlagen und Anwendungen,* Sonderheft 47/2007 der *Kölner Zeitschrift für Soziologie und Sozialpsychologie,* Hrsg. Axel Franzen und Markus Freitag. Wiesbaden: VS Verlag.
Diekmann, Andreas. 2008."Soziologie und Ökonomie: Der Beitrag der experimentellen Wirtschaftsforschung zur Sozialtheorie", *Kölner Zeitschrift für Soziologie und Sozialpsychologie* 60: 528-550.
Diekmann, Andreas, und Thomas Voss. 2008. „Soziale Normen und Reziprozität. Die Bedeutung „sozialer" Motive für die Rational-Choice-Erklärung sozialer Normen." S. 83-100 in *Rational Choice. Theoretische Analysen und empirische Resultate. Festschrift für Karl-Dieter Opp,* Hrsg. Andreas Diekmann, Klaus Eichner, Peter Schmidt und Thomas Voss. Wiesbaden: VS Verlag.
Ditton, Hartmut. 2011. „Familie und Schule – eine Bestandsaufnahme der bildungssoziologischen Schuleffektforschung von James S. Coleman bis heute." S. 237-256 in *Lehrbuch der Bildungssoziologie,* Hrsg. Rolf Becker. Wiesbaden: VS Verlag.
Ellickson, Robert C. 1991. *Order without Law.* Cambridge, MA: Harvard University Press.
Elster, Jon. 1989. „Social Norms and Economic Theory." *Journal of Economic Perspectives* 3: 99-117.
Elster, Jon. 2003. „Coleman on Social Norms." *Revue française de Sociologie* 44: 297-304.
Emerson, Richard M. 1962. „Power–Dependence Relations." *American Sociological Review* 27: 31-41.
Esser, Hartmut. 1993. *Soziologie: Allgemeine Grundlagen.* Frankfurt a.M.: Campus.
Esser, Hartmut. 1999. *Soziologie: Spezielle Grundlagen – Band 1: Situationslogik und Handeln.* Frankfurt a.M.: Campus.
Fararo, Thomas J. 1973. *Mathematical Sociology. An Introduction to Fundamentals.* New York: Wiley.

Fararo, Thomas J. 1997. „Reflections on Mathematical Sociology." *Sociological Forum* 12: 73-101.
Favell, Adrian. 1993. „James Coleman: Social Theorist and Moral Philosopher?" *American Journal of Sociology* 99: 590-613.
Fehr, Ernst, und Urs Fischbacher. 2004. „Social Norms and Human Cooperation." *Trends in Cognitive Sciences* 8: 185-190.
Fehr, Ernst, und Simon Gächter. 2000. „Cooperation and Punishment in Public Goods Experiments." *American Economic Review* 90: 980-994.
Felsenthal, Dan S, und Moshe Machover. 1998. *The Measurement of Voting Power: Theory and Practice, Problems and Paradoxes*. London: Edward Elgar.
Felsenthal, Dan S, und Moshe Machover. 2005. „Voting Power Measurement: A Story of Misreinvention." *Social Choice and Welfare* 25: 485-506.
Franzen, Axel, und Markus Freitag (Hrsg.). 2007. *Sozialkapital. Grundlagen und Anwendungen*, Sonderheft 47/2007 der *Kölner Zeitschrift für Soziologie und Sozialpsychologie*. Wiesbaden: VS Verlag.
Glaeser, Edward L., David Laibson, und Bruce Sacerdote. 2002. „An Economic Approach to Social Capital." *Economic Journal* 112: 437-458.
Goldstein, Joshua R. und Catherine T. Kenney. 2001. „Marriage Delayed or Marriage Forgone? New Cohort Forecasts of First Marriage for U.S. Women." *American Sociological Review* 66: 506-519.
Goldstein, Larry J., David C. Lay, und David I. Schneider. 1999. *Calculus and Its Applications*, 8. Aufl. Upper Saddle River, N.J: Prentice Hall.
Hayek, Friedrich A. 1976. *Law, Legislation and Liberty, Vol. 2: The Mirage of Social Justice*. London: Routledge & Kegan Paul.
Heckman, James J. und Derek A. Neal. 1996. „Coleman's Contributions to Education: Theory, Research Styles, and Empirical Research." S. 81-102 in *James S. Coleman*, Hrsg. Jon Clark. London: Falmer Press.
Hedström, Peter. 2008. *Anatomie des Sozialen – Prinzipien der Analytischen Soziologie*. Wiesbaden: VS Verlag.
Hedström, Peter, und Richard Swedberg (Eds.). 1998. *Social Mechanisms*. Cambridge, UK: Cambridge University Press.
Heinemann, Friedrich. 2002. „The Political Economy of EU Enlargement and the Treaty of Nice." *European Journal of Political Economy* 19: 1-12.
Hempel, Carl G., und Paul Oppenheim. 1948. „Studies in the Logic of Explanation." *Philosophy of Science* 15: 135-175.
Henning, Christian H. C. A. 2000. *Macht und Tausch in der europäischen Agrarpolitik: Eine positive Theorie kollektiver Entscheidungen*. Frankfurt a.M.: Campus.
Hernes, Gudmund. 1972. „The Process of Entry Into First Marriage." *American Sociological Review* 37: 173-182.
Hernes, Gudmund. 1976. „Structural Change in Social Processes." *American Journal of Sociology* 82: 513-547.
Hoerster, Norbert. 2003. *Ethik und Interesse*. Stuttgart: Reclam.
Holler, Manfred, und Gerhard Illing. 2006. *Einführung in die Spieltheorie*, 6. Aufl. Berlin: Springer.
Homans, George C. 1950. *The Human Group*. London: Routledge & Kegan Paul.
Homans, George C. 1974. *Social Behavior: Its Elementary Forms*, 2. Aufl. New York: Harcourt Brace Jovanovich.

Hume, David. 1971. *Eine Untersuchung über den menschlischen Verstand.* Übersetzt und hrsg. von Herbert Herring. Stuttgart: Reclam.
Hunt, Morton. 1991. *Die Praxis der Sozialforschung.* Frankfurt a.M.: Campus.
Iyengar, Raghuram, Christophe van den Bulte, und Thomas W. Valente. 2011. „Opinion Leadership and Social Contagion in New Product Diffusion." *Marketing Science* 30: 195-212.
Jackson, Matthew O. 2008. *Social and Economic Networks.* Princeton, NJ: Princeton University Press.
Jaeckel, Martin. 1971. „Coleman's Process Approach." *Sociological Methodology* 3: 236-275.
Jungbauer-Gans, Monika. 2004. „Einfluss des sozialen und kulturellen Kapitals auf die Lesekompetenz. Ein Vergleich der PISA 2000–Daten aus Deutschland, Frankreich und der Schweiz." *Zeitschrift für Soziologie* 33: 375-397.
Kahneman, Daniel, und Amos Tversky. 1979. „Prospect Theory. An Analysis of Decision under Risk." *Econometrica* 47: 263-291.
Kandel, Denise. 1996. „Coleman's Contribution to Understanding Youth and Adolescence." S. 33-45 in *James S. Coleman*, Hrsg. Jon Clark. London: Falmer Press.
Kaniovski, Serguei, und Dennis Leech. 2009. „A Behavioral Power Index." *Public Choice* 141: 17-29.
Kappelhoff, Peter. 1993. *Soziale Tauschsysteme.* München: R. Oldenbourg.
Katz, Elihu. 1957. „The Two-Step Flow of Communication: An Up-To-Date Report on an Hypothesis." *Public Opinion Quarterly* 21: 61-78.
Kliemt, Hartmut. 1985. *Moralische Institutionen – Empiristische Theorien ihrer Evolution.* Freiburg: Alber.
Kilduff, Martin und Hongseok Oh. 2006. „Deconstructing Diffusion", *Organizational Research Methods* 9: 432-455.
Knack, Stephen und Philip Keefer 1997. „Does Social Capital Have an Economic Payoff? A Cross-Country Investigation". *Quarterly Journal of Economics* 112: 1251-88.
Lazarsfeld, Paul F., und Robert K. Merton. 1954. „Friendship as Social Process: A Substantive and Methodological Analysis." S. 18-66 in *Freedom and Control in Modern Society*, Hrsg. Monroe Berger, Theodore Abel und Charles H. Page. New York: Octagon Books.
Levine, Donald N. 1995. *Visions of the Sociological Tradition.* Chicago: University of Chicago Press.
Lindenberg, Siegwart M. 2004. „James Coleman." S. 111-115 in *Encyclopedia of Social Theory Vol. 1*, Hrsg. George Ritzer. Thousand Oaks: Sage.
Linhart, Eric, und Paul W. Thurner. 2004. „Die Erklärungskraft spiel– und tauschtheoretischer Verhandlungsmodelle bei gegebenem Institutionalisierungsgrad. Ein empirischer Vergleich am Beispiel des Endgames der Regierungskonferenz 1996." S. 261-292 in *Die Institutionalisierung internationaler Verhandlungen*, Hrsg. Franz U. Pappi, Eibe Riedel, Paul W. Thurner und Roland Vaubel. Frankfurt a.M.: Campus.
Lipset, Seymour M, Martin Trow, und James S. Coleman. 1956. *Union Democracy: The Internal Politics of the International Typographical Union.* New York: Free Press.
Marsden, Peter V. 1983. „Restricted Access in Networks and Models of Power." *American Journal of Sociology* 88: 686-717.
Mayer, Karl U. 1997. „James Colemans Untersuchungen zum amerikanischen Bildungswesen und ihr Verhältnis zu seiner Handlungs– und Gesellschaftstheorie." *Berliner Journal für Soziologie* 7: 347-356.

Merton, Robert K. 1968a. „Sozialstruktur und Anomie." S. 283-313 in *Kriminalsoziologie*, Hrsg. Fritz Sack und René König. Frankfurt a.M.: Akademische Verlagsgesellschaft.

Merton, Robert K. 1968b. *Social Theory and Social Structure*, 3, erweiterte Aufl. New York: Free Press.

Michels, Robert. 1908. „Die oligarchischen Tendenzen der Gesellschaft. Ein Beitrag zum Problem der Demokratie." *Archiv für Sozialwissenschaft und Sozialpolitik* 27: 73-135.

Mises, Ludwig von. 1922. *Die Gemeinwirtschaft. Untersuchungen über den Sozialismus*. Jena: Gustav Fischer.

Monro, David H. 1972. *A Guide to the British Moralists*. London: Fontana & Collins.

Morgan, Stephen L, und Aage B. Sørensen. 1999. „Parental Networks, Social Closure, and Mathematics Learning: A Test of Coleman's Social Capital Explanation of School Effects." *American Sociological Review* 64: 661-681.

Morgan, Stephen L, und Jennifer J. Todd. 2009. „Intergenerational Closure and Academic Achievement in High School: A New Evaluation of Coleman's Conjecture." *Sociology of Education* 82: 267-286.

Mosteller, Frederick, und Daniel P. Moynihan. 1969. *Equality of Educational Opportunity*. Boston.

Mosteller, Frederick, und Daniel P. Moynihan. 1972. *On the Equality of Educational Opportunity*. New York: Vintage Books.

Moynihan, Daniel P. 1996. Speech Given at the Memorial Service. S. 376-377 in: *James S. Coleman*. Edited by Jon Clark. London: Falmer Press.

Nagel, Ernest. 1956. *Logic without Metaphysics*. New York: Free Press.

Nagel, Ernest. 1961. *The Structure of Science*. London: Routledge & Kegan Paul.

Nash, John F. 1951. „Noncooperative Games." *Annals of Mathematics* 54: 289-295.

Norkus, Zenonas. 2001. *Max Weber und Rational Choice*. Marburg: Metropolis.

Oberschall, Anthony. 1984. „Review of The Asymmetric Society by James S. Coleman." *American Journal of Sociology* 89: 1226-1230.

Ockenfels, Axel, und Werner Raub. 2010. „Rational und Fair." S. 119-136 in *Soziologische Theorie kontrovers*. Sonderheft 50/2010 der *Kölner Zeitschrift für Soziologie und Sozialpsychologie*, Hrsg. Gert Albert und Steffen Sigmund. Wiesbaden: VS Verlag.

Olson, Mancur, jr. 1965. *The Logic of Collective Action. Public Goods and the Theory of Groups*. Cambridge, MA: Harvard University Press.

Osborne, Martin, und Ariel Rubinstein. 1990. *Bargaining and Markets*. San Diego, CA: Academic Press.

Owen, Guillermo. 1978. „Characterization of the Banzhaf–Coleman Index." *SIAM Journal on Applied Mathematics* 35: 315-327.

Owen, Guillermo. 1995. *Game Theory*, 3. Aufl. San Diego, CA: Academic Press.

Pappi, Franz U, und Peter Kappelhoff. 1984. „Abhängigkeit, Tausch und kollektive Entscheidungen in einer Gemeindeelite." *Zeitschrift für Soziologie* 13: 87-117.

Parsons, Talcott. 1937. *The Structure of Social Action*. New York: McGraw-Hill.

Penrose, Lionel. 1946. „The Elementary Statistics of Majority Voting." *Journal of the Royal Statistical Society* 109: 53-57.

Popper, Karl R. 1987. *Das Elend des Historizismus*, 6. Aufl. Tübingen: Mohr Siebeck.

Popper, Karl R. 1992. *Die offene Gesellschaft und ihre Feinde, Bd. II: Falsche Propheten: Hegel, Marx und die Folgen*, 7. Aufl. Tübingen: Mohr Siebeck.

Popper, Karl R. 1994. *Logik der Forschung*, 10. Aufl. Tübingen: Mohr Siebeck.

Popper, Karl R. 1995. „Das Rationalitätsprinzip." S. 350-359 in *Karl Popper Lesebuch*, Hrsg. David Miller. Tübingen: Mohr Siebeck.
Preisendörfer, Peter. 2005. *Organisationssoziologie. Grundlagen, Theorien und Problemstellungen*. Wiesbaden: VS Verlag.
Putnam, Robert D. 1993. *Making Democracy Work*. New Haven: Yale University Press.
Putnam, Robert D. 2000. *Bowling Alone*. New York: Simon & Schuster.
Rapoport, Anatol. 1983. *Mathematical Models in the Social and Behavioral Sciences*. New York: Wiley.
Raub, Werner. 1999. „Vertrauen in dauerhaften Zweierbeziehungen: soziale Integration durch aufgeklärtes Eigeninteresse." S. 239-268 in *Soziale Integration*, Sonderheft 39/1999 der *Kölner Zeitschrift für Soziologie und Sozialpsychologie*, Hrsg. Jürgen Friedrichs und Wolfgang Jagodzinski. Opladen: Westdeutscher Verlag.
Raub, Werner, und Vincent Buskens. 2008. „Theory and Empirical Research in Analytical Sociology: The Case of Cooperation in Problematic Social Situations." *Analyse und Kritik* 30: 689-722.
Raudenbush, Stephen, und Anthony S. Bryk. 1986. „A Hierarchical Model for Studying School Effects." *Sociology of Education* 59: 1-17.
Rawls, John. 1971. *A Theory of Justice*. Cambridge, MA: Belknap.
Rogers, Everett M. 2003. *Diffusion of Innovations*, 5. Aufl. New York: Free Press.
Schneider, Barbara. 2000. „Social Systems and Norms - A Coleman Approach." S. 365-385 in *Handbook of the Sociology of Education*, Hrsg. Maureen T. Hallinan. New York: Springer.
Schneider, Barbara, und James S. Coleman. 1993. *Parents, Their Children, and Schools*. Boulder: Westview Press.
Schneider, Louis. 1967. *The Scottish Moralists on Human Nature and Society*. Chicago: University of Chicago Press.
Shapley, Lloyd, und Martin Shubik. 1954. „A Method for Evaluating the Distribution of Power in a Committee System." *American Political Science Review* 48: 787-792.
Singer, Burton, und Seymour Spilerman. 1976. „The Representation of Social Processes by Markov Models." *American Journal of Sociology*: 1-54.
Smith, Marshall S. 1972. „Equality of Educational Opportunity: The Basic Findings Reconsidered." S. 230-242 in *On the Equality of Educational Opportunity*, Hrsg. Frederick Mosteller und Daniel P. Moynihan. New York: Vintage Books.
Snijders, Chris. 1996. *Trust and Commitments*. Amsterdam: Thesis Publishers.
Snijders, Tom, und Roel Bosker. 1999. *Multilevel Analysis*. London: Sage.
Stinchcombe, Arthur L. 1968. *Constructing Social Theories*. Chicago: University of Chicago Press.
Stinchcombe, Arthur L. 1975. „Merton's Theory of Social Structure." S. 11-33 in *The Idea of Social Structure*, Hrsg. Lewis A. Coser. New York: Harcourt Brace Jovanovich.
Taylor, Michael. 1987. *The Possibility of Cooperation*. Cambridge, UK: Cambridge University Press.
van den Bulte, Christophe, und Gary L. Lilien. 2001. „Medical Innovation Revisited: Social Contagion Versus Marketing Effort." *American Journal of Sociology* 106: 1409-1435.
van Overtveldt, Johan. 2007. *The Chicago School*. Chicago: Agate.
Vanberg, Viktor. 1975. *Die zwei Soziologien - Individualismus und Kollektivismus in der Sozialtheorie*. Tübingen: Mohr Siebeck.

Voss, Thomas. 1985. *Rationale Akteure und soziale Institutionen. Beitrag zu einer endogenen Theorie des sozialen Tauschs*. München: R. Oldenbourg.
Voss, Thomas. 1998a. „Vertrauen in modernen Gesellschaften. Eine Spieltheoretische Analyse." S. 91-129 in *Der Transformationsprozess. Analysen und Befunde aus dem Leipziger Institut für Soziologie*, Hrsg. Regina Metze, Kurt Mühler und Karl-Dieter Opp. Leipzig: Leipziger Universitätsverlag.
Voss, Thomas. 1998b. „Strategische Rationalität und die Realisierung sozialer Normen." S. 117-135 in *Norm, Herrschaft und Vertrauen. Beiträge zu James S. Colemans Grundlagen der Sozialtheorie*, Hrsg. Hans-Peter Müller und Michael Schmidt. Opladen: Westdeutscher Verlag.
Wasserman, Stanley, und Katherine Faust. 1994. *Social Network Analysis: Methods and Applications*. Cambridge, UK: Cambridge University Press.
Yair, Gad. 2008. „Insecurity, Conformity and Community : James Coleman's Latent Theoretical Model of Action." *European Journal of Social Theory* 11: 51-70.
Yamaguchi, Kazuo. 1996. „Power in Networks of Substitutable and Complementary Exchange Relations: A Rational-Choice Model and an Analysis of Power Centralization." *American Sociological Review* 61: 308-332.
Ziegler, Rolf. 1972. *Theorie und Modell. Der Beitrag der Formalisierung zur soziologischen Theorienbildung*. München: R. Oldenbourg.

Ausgewählte Schriften von James Coleman

1 Bücher und Monographien
Coleman, James S. 1957. *Community Conflict*. New York: Free Press.
Coleman, James S. 1961. *The Adolescent Society*. New York: Free Press.
Coleman, James S. 1964. *Introduction to Mathematical Sociology*. New York: Free Press.
Coleman, James S. 1964. *Models of Change and Response Uncertainty*. Englewood Cliffs: Prentice Hall.
Coleman, James S. 1973. *The Mathematics of Collective Action*. London: Heinemann.
Coleman, James S. 1974. *Power and the Structure of Society*. New York: Norton.
Coleman, James S. 1981. *Longitudinal Data Analysis*. New York: Basic Books.
Coleman, James S. 1982. *The Asymmetric Society*. Syracuse: Syracuse University Press.
Coleman, James S. 1986. *Individual Interests and Collective Action*. Cambridge, UK: Cambridge University Press.
Coleman, James S. 1990. *Foundations of Social Theory*. Cambridge, MA: Belknap.
Coleman, James S. 1990. *Equality and Achievement in Education*. Boulder: Westview Press.
Coleman, James S, Ernest Q. Campbell, Carlo J. Hobson, James McPartland, Alexander M. Mood, Frederick D. Weinfeld, und Robert L. York. 1966. *Equality of Educational Opportunity*. Washington, D.C.: US Government Printing Office.
Coleman, James S, und Thomas Hoffer. 1987. *Public and Private High Schools: The Impact of Communities*. New York: Basic Books.
Coleman, James S, Thomas Hoffer, und Sally Kilgore. 1982. *High School Achievement: Public, Catholic, and Private Schools Compared*. New York: Basic Books.
Coleman, James S, Elihu Katz, und Herbert Menzel. 1966. *Medical Innovation*. Indianapolis: Bobbs-Merrill.

Lipset, Seymour M, Martin Trow, und James S. Coleman. 1956. *Union Democracy: The Internal Politics of the International Typographical Union.* New York: Free Press.
Schneider, Barbara, und James S. Coleman. 1993. *Parents, Their Children, and Schools.* Boulder: Westview Press.

2 Zeitschriftenaufsätze und Sammelbandbeiträge

Coleman, James S. 1958. „Relational Analysis: The Study of Social Organization with Survey Method." *Human Organization* 17: 28-36.
Coleman, James S. 1964. „Collective Decisions." *Sociological Inquiry* 34: 166-181.
Coleman, James S. 1966. „Foundations for a Theory of Collective Decisions." *American Journal of Sociology* 71: 615-627.
Coleman, James S. 1968. „The Mathematical Study of Change." S. 428-478 in *Methodology in Social Research*, Hrsg. Hubert M. Blalock und Ann B. Blalock. New York: McGraw-Hill.
Coleman, James S. 1970. „The Benefits of Coalition." *Public Choice* 8: 45-61.
Coleman, James S. 1971. „Control of Collectivities and the Power of a Collectivity to Act." S. 269-300 in *Social Choice*, Hrsg. Bernhardt Lieberman. London: Gordon & Breach.
Coleman, James S. 1972. „Systems of Social Exchange." *Journal of Mathematical Sociology* 2: 145-163.
Coleman, James S. 1973. „Loss of Power." *American Sociological Review* 38: 1-17.
Coleman, James S. 1976. „Rawls, Nozick, and Educational Equality." *The Public Interest* 43: 121-128.
Coleman, James S. 1980. „Authority Systems." *Public Opinion Quarterly* 44: 143-163.
Coleman, James S. 1982. „Systems of Trust: A Rough Theoretical Framework." *Angewandte Sozialforschung* 10: 277-299.
Coleman, James S. 1986. „Social Theory, Social Research, and a Theory of Action." *American Journal of Sociology* 91: 1309-1335.
Coleman, James S. 1987. „Microfoundations and Macrosocial Behavior." S. 153-173 in *The Micro-Macro Link*, Hrsg. Jeffrey Alexander, Bernhard Giesen, Richard Münch und Neil J. Smelser. Berkeley: University of California Press.
Coleman, James S. 1988. „Social Capital in the Creation of Human Capital." *American Journal of Sociology*: 94 Supplement: S95-S120
Coleman, James S. 1990. „Rational Organization." *Rationality and Society* 2: 94-105.
Coleman, James S. 1991. „Matching Processes in the Labor Market." *Acta Sociologica* 34: 3-12.
Coleman, James S. 1993. „The Rational Reconstruction of Society." *American Sociological Review* 58: 1-15.
Coleman, James S., und Anthony Babinec. 1978. „The Corporate Structure of the Economy and Its Effects on Income." *Zeitschrift für Soziologie* 7: 335-346.
Coleman, James S., Elihu Katz, und Herbert Menzel. 1957. „The Diffusion of an Innovation Among Physicians." *Sociometry* 20: 253-270.
Coleman, James S., Sara D. Kelly, und Moore, John A. 1975. *Trends in School Segregation, 1968-73.* Washington, D.C.: Urban Institute.

Symposia über Colemans Foundations of Social Theory in Fachzeitschriften:

Analyse und Kritik 14/15 (1992/93): Beiträge von M. Baurmann, P. M. Blau, A. Diekmann, R. Hardin, D. Mueller, K.-D. Opp, W. Raub u. a. und Antworten des Autors.

Revue française de sociologie 44 (2) (2003): Sonderheft „La théorie du choix rationnel"; Beiträge u.a. von P. Abell, R. Boudon, J. Elster, E. Lazega, S. Lindenberg, S. Lukes (z.T. in Englisch).

Theory and Society 21 (2) (1992): Rezensionsessays von A. L. Stinchcombe, J.C. Alexander u.a. mit einer ausführlichen Antwort des Autors.

Ausgewählte Sekundärliteratur zu Foundations of Social Theory und Quellen zur (Auto-)Biographie von James S. Coleman

Abell, Peter. 1991. Review essay: Foundations of Social Theory by James S. Coleman, *European Sociological Review* 7: 163-172.

Adams, Julia. 2010. "The Unknown James Coleman: Culture and History in Foundations of Social Theory", *Contemporary Sociology* 39: 253-258.

Clark, Jon (Ed.) 1996. *James S. Coleman*. London: Falmer Press.

Clark, Jon. 1997. "A New Sociology for a New Social Structure: The Legacy of James S. Coleman", *International Sociology* 12: 227-238.

Coleman, James S. 1990. „Columbia in the 1950s." S. 75-103 in *Authors of Their Own Lives*, Hrsg. Bennent M. Berger. Berkeley: University of California Press.

Coleman, James S. 1995. „Interview from July 1991" in: Jürgen Friedrichs, Robert Keczkes und Christof Wolf, „James S. Coleman – A Biographical Sketch", *Kölner Zeitschrift für Soziologie und Sozialpsychologie* 47: 392-402

Favell, Adrian.1993. "James Coleman: Social Theorist and Moral Philosopher?" *American Journal of Sociology* 99: 590-613.

Frank, Robert H. 1992. "Melding Sociology and Economics: James Coleman's Foundations of Social Theory", *Journal of Economic Literature*, 30: S. 147-170.

Lindenberg, Siegwart. 2004. "James Coleman", S. 111-115 in: G. Ritzer (ed.) *Encyclopedia of Social Theory Vol.1*, Thousand Oaks: Sage.

Marsden, Peter V. 2005. "The Sociology of James S. Coleman", *Annual Review of Sociology* 31: 1-24.

Müller, Hans Peter und Michael Schmid (Hrsg.). 1998. *Norm, Herrschaft und Vertrauen: Beiträge zu James S. Colemans Grundlagen der Sozialtheorie*. Opladen.

Sørensen, Aage B. 2001. "James Samuel Coleman (1926-94)", S. 2200-2204 in: Paul Baltes und Neil Smelser (eds.), *International Encyclopedia of Social and Behavioral Sciences*, New York: Elsevier.

Sørensen, Aage B. und Seymour Spilerman (Eds.).1993. *Social Theory and Social Policy: Essays in Honor of James S. Coleman*, New York: Praeger.

Swedberg, Richard. *Economics and Sociology. Redefining their Boundaries: Conversations with Economists and Sociologists*. Princeton: Princeton University Press, 1990, S. 47-60 (Kap. 2: "James S. Coleman" (Interview)).

White, Harrison. 1990. "Control to Deny Chance, But Thereby Muffling Identity", *Contemporary Sociology* 19: 783-788

Curriculum Vitae von James S. Coleman

12. Mai 1926 Geburt in Bedford, Indiana.

1944	Abschluss der DuPont Manual High School in Louisville, Kentucky Kurze Collegeaufenthalte Militärdienst bei der US-Marine mit Ausbildung zum Piloten
1947	Beginn eines naturwissenschaftlich orientierten Studiums an der Purdue Universität in Indiana
1949	Bachelor-Abschluss in Chemical Engineering (Verfahrenstechnik) an der Purdue University Chemie-Ingenieur bei der Eastman-Kodak-Company, Rochester, New York
1951	Beginn eines Graduiertenstudiums der Soziologie an der Columbia University, New York
1953	Research Associate im Bureau of Applied Social Research der Columbia University
1955	PhD, Columbia University (Sociology), Gastaufenthalt Center for Advanced Study in the Behavioral Sciences in Palo Alto/Kalifornien
1956–59	Assistant Professor, Department of Sociology, University of Chicago
1959–73	Associate Professor, ab 1961 Professor, Department of Social Relations, John Hopkins University, Baltimore/Maryland
1973	Rückkehr nach Chicago/Illinois, Professor am Department of Sociology der University of Chicago und am National Opinion Research Center (NORC)
1989	Gründung der Zeitschrift *Rationality and Society*
1991	Präsident der American Sociological Association

25. März 1995 Tod in Chicago, Illinois

The manufacturer's authorised representative in the EU is Springer Nature Customer Service Centre GmbH, Europaplatz 3, 69115 Heidelberg, Germany. If you have any concerns regarding our products, please contact ProductSafety@springernature.com

Printed and bound by CPI Group (UK) Ltd, Croydon, CR0 4YY

23/03/2026

02076395-0011